PRENTICE HALL
Realidades

Teacher's Resource Book
Temas 5–9

PEARSON

Prentice
Hall

Boston, Massachusetts
Upper Saddle River, New Jersey

ISBN 0-13-036044-9

8 9 10 07 06

Table of Contents

Welcome to *Realidades!*

Realidades is based on the belief that the purpose of learning Spanish is to communicate with the people who speak it and to understand their cultures. It is designed to help your students achieve that goal by getting them to communicate right from the start. This *Teacher's Resource Book* is intended to help you accomplish that goal by giving you the support you need to teach Spanish effectively to all your students.

Organization of the *Teacher's Resource Book*

This *Teacher's Resource Book* is divided into two volumes. Volume 1 contains the teaching resources to supplement the preliminary chapter, called *Para empezar,* and *Temas* 1–4. Volume 2 includes the resources needed for *Temas* 5–9. For your convenience, both volumes are also provided electronically on the *Teacher Express CD-ROM.*

The following resources are provided for each chapter in *Realidades.*

Theme Project

Each *Tema* has a classroom theme project. These projects span the two chapters within the *Tema* and encourage students to prepare products and presentations directly related to the *Tema* subject matter. These projects help students internalize both vocabulary and grammar, and allow them to use their knowledge of Spanish in a meaningful way. The blackline masters in this section introduce students to the theme project and contain instructions for preparing the project. A rubric is also provided for students so that they will understand how their presentation will be evaluated.

School-to-Home Connection Letter

Parental involvement plays an integral part in student success and in supporting language learning at home. To that end, we provide a model letter for each chapter that you can either photocopy or personalize and send home to parents or guardians. The letter explains what the student will learn:

the chapter communication objectives, vocabulary topics, grammar structures, language learning strategies, and video highlights. It also outlines the development of reading, writing, and speaking skills throughout the chapter. A brief activity at the end allows parents to participate in their child's learning.

Resource Checklist

The Resource Checklist is a chart that visually represents where each supporting component appears in the *Realidades* program for each section of every chapter. This includes both teacher and student components: the Assessment Program, the Video Program, the Audio Program, the *Practice Workbook,* the *Writing, Audio & Video Workbook,* the *Heritage Language Learner Workbook,* and the *TPRS Storytelling Book,* in addition to additional technology components such as the *ExamView Test Bank CD-ROM* and the *Fine Arts Transparencies.* It also highlights where each component in this *Teacher's Resource Book* can be used. This chart serves as a checklist to ensure that you bring to class what you need for any given chapter section. For your convenience, chapter resources are also indicated at point of use within the *Teacher's Edition* of the textbook.

A primera vista Input Scripts

Each chapter of *Realidades* has a language input section called *A primera vista* that introduces vocabulary and lexical uses of grammatical structures to students. The Input Scripts offer a step-by-step approach to presenting the concepts of *A primera vista* in a contextualized manner that engages students, yet requires minimal production on the learner's part. They can be followed in their entirety or they can be used as a resource for ideas to supplement the suggestions found in the *Teacher's Edition.* The Input Scripts are based on the theory of comprehensible input as a teaching tool. (For more information on the Input Scripts and how to use them, see the discussion under *Teaching with Input Scripts* in the section Teaching Tips for the *Teacher's Resource Book.*)

Audio Scripts

This section contains the complete audio script for that chapter of *Realidades.* These include scripts for use with all of the listening activities within the *Student Edition,* as well as for pronunciation, end-of-chapter vocabulary, and assessment. Also included are scripts for the listening activities for the *Writing, Audio & Video Workbook.* Use these to complement the accompanying audio program or as a student comprehension aid in class. You may want to use them to familiarize yourself with the activities before using them in class, or in cases where you do not wish to play the recording.

Video Scripts

The *Realidades* program has a comprehensive video component to support each chapter. The captivating input video for the *A primera vista* section, corresponding to the *Videohistoria,* was shot on location in Spain, Mexico, Costa Rica, and Texas, and integrates culture and vocabulary with real-life, often humorous, situational interactions. In addition, *Realidades* offers the unique *GramActiva* Videos that explain and practice grammar structures in high-energy, entertaining segments that complement the *Gramática* sections within each chapter. Finally, in Temas 5 to 9, a third video component further engages student interest by means of a suspense-filled mystery thriller called *¿Eres tú, María?* In some cases, you may want to provide copies of the video scripts to students as an aid to comprehension when they view the videos. You may also want to use them to identify specific vocabulary and grammar structures that you want to focus on in the videos before you show videos in class.

Communicative Activities

These Communicative Activities blackline masters focus on student-to-student involvement where students have some control over the communicative elements. They allow for personalization and individualization, and often allow students to share real information. They practice communication and help students become comfortable interacting in a second language. Although a given activity may focus on particular vocabulary or structures, the emphasis is always on using language to give or obtain information. These activities have been designed to complement the ones found within *Realidades* and are meant to help students develop better communicative skills. (For more information on these blackline masters and how to use them, see *Teaching with Communicative Activities* under the section Teaching Tips for the *Teacher's Resource Book.*)

Situation Cards

The Situation Cards blackline masters are designed to help students build confidence and develop skills as they work toward the goal of communicative proficiency. These guided conversations will provide your students with the opportunity to complete real-life tasks in Spanish. They will build confidence in even the most uncertain or reluctant students, and will enable more talented students to be truly creative with the language. There are a total of 38 pairs of Situation Cards, two per chapter. (For more information on these blackline masters and how to use them, see the section *Teaching with Situation Cards* under the section Teaching Tips for the *Teacher's Resource Book.*)

GramActiva Blackline Masters

The GramActiva reproducible masters are templates and graphic organizers to be used in conjunction with specific hands-on activities in the *Student Edition.* These blackline masters require students to create products or to use charts, graphs, and other visual aids such as Venn diagrams, word webs, and surveys. They are referenced at point of use in the *Teacher's Edition.* Depending on the activity, you may want to pass these out the day before so students can fill them in or otherwise prepare for using them.

Vocabulary Clip Art

The Vocabulary Clip Art offers reproducible images of the visualized vocabulary in each chapter of *Realidades.* These visuals can be used in a variety of ways to provide students with a hands-on opportunity to work with new vocabulary. Engaging students in activities in which they "see, hear, say, and do," you will be more successful at reaching all students. Due to the thematic organization of **Realidades,** these blackline masters are appropriate for any classroom that focuses on language acquisition. (For more information on these blackline masters and how to use them, see *Teaching with Vocabulary Clip Art* under the section Teaching Tips for the *Teacher's Resource Book*.)

Answer Key: Practice Workbook

The Answer Key for the student *Practice Workbook* allows you to quickly check the answers so students can have quick feedback. You may wish to reproduce these as a classroom set that you keep in a resource center or hand out so students can check their own work.

Answer Key: Writing, Audio & Video Workbook

These are reduced pages of the *Writing, Audio & Video Workbook* with the answers printed on them. You can use them yourself to check work, or reproduce them in booklet form or on overheads so that students can check their own work.

Teaching Tips for the *Teacher's Resource Book*

Teaching with Input Scripts

The Input Scripts are based on the notion of comprehensible input. Rather than putting pressure on students to produce complex sentences with their newly acquired vocabulary and structures, they are given opportunities to show their comprehension through minimal responses. These responses range from physical responses (such as pointing to images in their textbook or manipulating the Vocabulary Clip Art images found in this *Teacher's Resource Book*) to short verbal responses (such as answering yes-no questions or questions with a choice of two answers) to short, structured conversations.

Input Vocabulary: This section provides a script for presenting the visualized and nonvisualized vocabulary of the *A primera vista*. The vocabulary from both pages may be presented at once, or it may be broken up into two presentations, depending on how the vocabulary is presented in the *A primera vista*. For example, in the *A primera vista* for *Capítulo 3A*, breakfast foods are presented in the form of a grocery store ad on one page, while lunch and dinner foods are presented in menu form on the facing page. In this case, the Input Scripts present the two sets of vocabulary separately. The emphasis in this section is on presenting the new vocabulary and lexical grammar in a creative fashion. Tips are given to help you add fun, humor, and drama to the learning experience.

Input Dialogue/Monologue: In the *A primera vista*, grammatical structures are presented in context through dialogues and monologues. Although they are quite short, many key concepts are embedded in the dialogues. The goal of this section of the Input Scripts is to help you present the dialogues in manageable sections that allow you to stop and ask students minimal-response questions that target the key grammatical concepts.

Comprehension Check: This section provides additional activities to help you gauge how well students understand the vocabulary and grammatical structures presented. Additionally, this section reinforces learning through high-interest games and other activities.

Teaching with Communicative Activities

Learning a foreign language does involve learning important linguistic skills, such as grammar, syntax, and spelling, that have been traditionally emphasized and developed in foreign language textbooks. Learning a foreign language, however, also involves developing communicative skills, such as the ability to carry on a conversation in the target language, the ability to make a brief oral presentation, and the ability to communicate through written language.

These communicative activities focus primarily on listening and speaking skills—those skills that are more difficult to acquire outside of the classroom. Most of the activities are completed in pairs. One type of activity (*Actividades en grupo*) is intended for small groups of students. Students must communicate with each other to complete the activities. They ask and answer questions, role-play different scenes, share opinions on a variety of topics, and exchange real, but limited, information. In short, they use language in realistic situations that do not involve the teacher or a tape.

Activity Types: There are nine basic types of communicative activities included in this book: *Con otro estudiante* (Partner Practice), *Descubrir* (Discovery), *Diagramas* (Diagrams), *Entrevista* (Interview), *Hacer un papel* (Role-Play), *Opiniones* (Opinions), *Opiniones y reacciones* (Opinions and Reactions), and *Tres en raya* (Tic-Tac-Toe). All these activities will help students develop their communicative skills.

General Guidelines: Because most true communication takes place between two people or in small groups, most of the activities are to be used by pairs of students. You will probably want to determine the assignment of partners for the activities to be completed by student pairs. Also, you will probably want to have partners for a week or more, but partners should change at least once a month. Working together for several activities helps students get to know each other and learn to work together; changing partners at least once a month prevents students from getting too comfortable and wasting time. You will of course want to reassign partners if a partnership simply doesn't work out, for whatever reason. Before students begin an activity, you will want to check to make sure that everyone understands the directions. As students complete these activities, you will want to keep in mind that most conversation, even in one's native language, involves hesitation, mispronunciation, and errors. These will occur more frequently while learning a

second language. Remember that these activities are not intended as grammar practice, but are designed as conversational activities to practice communication. If you notice consistent errors while students are working, you may want to make brief notes and review the relevant structures after the activity has been completed. Although difficult, it is probably best not to comment on errors while students are completing the activities. Students should be focusing on communication, not on structure.

Pair Activities

Con otro estudiante **(Partner Practice)**
Purpose: To practice vocabulary and patterns; to discuss different situations.
For: Two students.
Accountability: You may want to observe students on task and assign oral grades or random questions from the activity to check comprehension. You might use the pictures for an oral quiz.
Copies Needed: An A version for one student, and a B version for the other.
Directions:
1. Divide the class into pairs. All students do this activity simultaneously.
2. Distribute an A and a B version to each pair.
3. Go over the directions and set a time limit. Let the students know what they are to do if they finish early.
4. **Steps:**
   a. Students should take turns asking each other the questions on their sheets.
   b. The partner should listen to each question and look at the pictures or information on his or her own sheet and then give an answer.
   c. The questioner should listen to the partner's answer and circle the correct answer or write it on the line provided, or record the answer in the appropriate space on a chart or table. The teacher can decide whether a sentence fragment is acceptable or whether a complete sentence should be written. (Using fragments in note-taking is a useful

skill.) Remember that in communicative activities, the process of exchanging information is the most important aspect.

d. The emphasis here is on providing students with directed practice in a communicative context. Students communicate by exchanging information with a partner. Students get information from and give information to their partner. The listening student is responsible for some activity that requires attention to the partner's answer. The teacher may want to follow up this paired practice by returning to a large-group format and by listening to the answers students give orally. Collect the worksheet only if you want to check the students' spelling skills.

5. To extend the activity, students may exchange papers and do the activity again with the same or different partners.

Descubrir qué ..., cómo ... / Descubrir gustos y preferencias (Discovery)

(These two sorts of Discovery activities are somewhat parallel in format but different in content. A slash (/) is used to differentiate between them below.)

Purpose: To practice creating questions and statements to discover the interests, activities, etc., of other students. / To ask and answer personalized questions on a variety of topics.

For: Two students.

Accountability: You may want to observe students on task and assign oral grades. When students hand in completed sheets, you may assign points for the written work. You can verify accurate listening by randomly looking at the sheets and asking students for some questions.

Copies Needed: One per student. / An A version for one student, and a B version for the other.

Directions:

1. Divide the class into pairs. All students do this activity simultaneously.
2. Distribute one copy to each student. / Distribute an A and a B version to each pair. Students should not show their version to their partner.
3. Go over the directions and set a time limit. Let the students know what they are to do if they finish early.
4. **Steps:**
   a. Students should first select five items from the list of 20 choices given and create five statements. / Students should themselves first answer each question on their sheet on line A. (This step may be done as homework.) Students then take turns asking each other the questions, reading one question at a time.
   b. Students should then take turns asking questions, based on the items listed. The goal is to find out which of the five items the partner has chosen. Students should record the answers given by their partners by writing *Sí* or *No* on the blank spaces numbered 1 *(Juego Uno)*. / Partners should listen attentively to the questions and then respond. You may decide ahead of time if you want students to respond in complete sentences or not.
   c. The first person to discover the choices made by his or her partner wins. / The questioner should record each answer in a complete sentence in the third person on line B.
   d. The game can be repeated with each student selecting different items according to the suggestion given for *Juego Dos.*
5. To extend the activity, students may continue to ask questions using the items listed until all items have been discussed. / Another way to extend the activity might be for students to write and ask additional questions.

Diagramas (Diagrams)

Purpose: To practice sentence-building and listening comprehension.

For: Two students.

Accountability: You may want to observe students on task and assign oral grades. Students may turn in copies of their own and their partner's diagrams; you then can check both papers and assign grades. If students write out the diagrammed sentences, you might assign written grades.

Copies Needed: Two copies per student.

Directions:

1. Divide the class into pairs. All students do this activity simultaneously.
2. Distribute two copies per student.
3. Go over directions and set a time limit. Let the students know what they are to do if they finish early. Have students write their own name on the sheets where their own sentences will appear. Have them write their partner's name on the sheets where they will create diagrams of the sentences read to them by their partner.
4. **Steps:**
   a. Each student should first create his or her own sentence by diagramming— drawing lines from items in one column to items in the second column and the third column. No item may be used more than once, and lines may not be drawn straight across. Students should be careful to create sentences that are logical.
   b. One student should read all of his or her sentences to the partner. The partner must diagram on the second copy, according to the sentences heard. The first student may not show the partner the sentences being read aloud.
   c. The other student should then read his or her sentences to the partner.
   d. Finally, the diagrams are compared, to see how well each partner heard the other.
5. To extend the activity, you might ask the class to write out some or all the sentences on one of the copies. Those who do not finish in the time given could complete this task as homework.
6. On another day, the same sheets could be distributed to the class, and you could read a set of sentences to be diagrammed as a class listening activity or quiz.

Entrevista (Interview)

Purpose: To ask other students personalized questions on a variety of topics.

For: Two students.

Accountability: You may want to observe students on task and assign oral grades. Students can hand in written papers and you can assign written grades. You can verify accurate listening by looking at collected sheets and asking students some of the questions.

Copies Needed: An A version for one student, a B version for the other.

Directions:

1. Divide the class into pairs. All students do this activity simultaneously.
2. Distribute an A and a B version to each pair. Students should not show their version to their partner.
3. Go over the directions and set a time limit. Let the student know what they are to do if they finish early.
4. **Steps:**
   a. Students should take turns interviewing each other, reading one question at a time. They should not show the questions to their partners.
   b. Partners should listen attentively to the questions and then respond. You may decide ahead of time if you want students to answer in complete sentences or not.
   c. The interviewer should record each answer in a complete sentence in the third person.
5. To extend the activity, students can write and ask additional questions.

Hacer un papel (Role-play)

Purpose: To practice vocabulary and patterns; to encourage creativity.

For: Two students.

Accountability: You may want to observe students on task and assign oral grades. Students may be asked to role-play in front of the class.

Copies Needed: An A version for one student, and a B version for the other.

Directions: Students are encouraged to be flexible and creative as long as their answers are logical.

1. Divide the class into pairs. All students do this activity simultaneously.
2. Distribute an A and a B version to each pair.
3. Go over the directions and set a time limit. Let the students know what they are to do if they finish early.
4. **Steps:**
   a. One student should ask his or her partner all of the questions on his or her version. The partner should answer appropriately, according to the information provided at the bottom of his or her sheet. Answers should be logical, but may be varied and creative.
   b. The questioner should listen to the partner's answer and indicate whether or not it is logical. The questioner should then write down the answer.
   c. After one set of questions has been used, the partners switch to the other version.
5. To extend the activity, students may exchange papers and do the activity again with the same or different partners.

Opiniones (Opinions)

Purpose: To express personal opinions and the opinions of others.
For: Two students.
Accountability: You may want to observe students on task and assign oral grades. You can verify accurate listening by randomly looking at the sheets and asking students some of the same questions.
Copies Needed: An A version for one student, a B version for the other.
Directions:

1. Divide the class into pairs. All students do this activity simultaneously.
2. Distribute an A and a B version to each pair. Students should not show their version to their partner.
3. Go over the directions and set a time limit. Let the students know what they are to do if they finish early.

4. **Steps:**
   a. Each student should first complete the table with his or her own opinions about the items or activities listed.
   b. Students should then take turns asking their partner to state the opinions on their practice sheet. Students should answer according to the information given on their version of the table. The person asking the questions should fill in the answers on his or her version of the table.
   c. Students continue to take turns asking each other their personal opinions of the items or activities listed and recording information.
5. To extend the activity, students may exchange their papers and repeat the activity with the same or different partners.

Opiniones y reacciones (Opinions and Reactions)

Purpose: To express personal opinions.
For: Two students.
Accountability: You may want to observe students on task and assign oral grades. Students can hand in completed sheets. You may then assign written grades.
Copies Needed: An A version for one student, a B version for the other.
Directions:

1. Divide the class into pairs. All students do this activity simultaneously.
2. Distribute an A and a B version to each pair. Students should not show their version to their partner.
3. Go over the directions and set a time limit. Let the students know what they are to do if they finish early.
4. **Steps:**
   a. Each student should first complete his or her own statements.
   b. Students should then take turns reading statements from their version to their partner. Partners should listen and react logically using the guided responses on the sheets.

5. To extend the activity, students may exchange their papers and repeat the activity with the same or different partners. They might be encouraged to add original reactions.

Tres en raya (Tic-Tac-Toe)
Purpose: To practice vocabulary and patterns.
For: Two students.
Accountability: You may want to observe students on task and assign oral grades or ask random questions from the activity to check comprehension.
Copies Needed: An A version for one student, a B version for the other.
Directions:
1. Divide the class into pairs. All students do the activity simultaneously.
2. Distribute an A and a B version to each pair.
3. Go over the directions and set a time limit. Let the students know what they are to do if they finish early.
4. **Steps:**
   a. Students take turns choosing numbered squares. The partner then reads the question or statement that appears in the chosen square from his or her sheet.
   b. The partner who chose the number should listen to the question and give the answer or complete the statement read to him or her.
   c. The partner reading the question should listen to the answer and indicate whether it is correct or incorrect. Correct answers are shown in each numbered square in parentheses.
   d. When one partner answers correctly, both partners should mark the appropriate symbol, *O* for partner A, or *X* for partner B, in that numbered square on their paper. Both partners will have *X*s and *O*s in the same numbered squares. If a partner answers incorrectly, the questioner *does not* tell the correct answer and no marks are made on the game sheet. The partner may choose the same numbered square again later to try to answer that question.

   e. To extend the activity, students may exchange papers and do the activity again, with the same or different partners.

Teaching with Situation Cards
The Situation Cards are designed to focus on the chapter's communicative objectives while integrating the vocabulary and grammar. In addition, they guide an exchange between two students, in which Student A initiates the conversation and Student B responds (both students know what the general topic is, but neither knows exactly what the other one's instructions are). Finally, they provide a structured role-play with opportunities for personalization and open-ended conversation.

Using the Situation Cards: The Situation Cards are most successful when students have already worked with the vocabulary and grammar. You will see the cards referenced in the *Repaso del capítulo* section of the *Teacher's Edition*. There are a variety of ways to use the Situation Cards. You can photocopy them, cut them out, and paste them on 3 x 5 cards. Some teachers copy them directly onto colored paper and use a different color for each level. Other teachers laminate them for use as class sets. Use the cards for extended oral practice at the beginning of the class, as a warm-up, as practice for the speaking section of the *Examen del capítulo* (found in the Assessment Program book that is also part of the ***Realidades*** ancillary program), as informal speaking practice, or as the chapter's formal assessment for speaking proficiency. The Situation Cards also work well as a review for an end-of-quarter or final exam or at the beginning of the following year.

Directions:
1. Organize the students in pairs.
2. Distribute the cards. You can give each pair both situations to work on or you can give one situation to a pair of students and then have them exchange with another pair when completed.

3. Quickly brainstorm vocabulary and expressions that might be helpful in completing the tasks on the Situation Cards.
4. Start the activity. Remember that Student A will always initiate the conversation. Keep the activity within reasonable time limits. Three to seven minutes is ideal.
5. Circulate to verify that students are on task. This is also a good moment to informally assess students' level of comfort with the vocabulary and the speaking task, and to decide whether any reteaching is necessary. Do not correct errors at this point.
6. Signal when students should stop. You may ask them to reverse roles. Or you may devise a "traffic pattern" in which each pair of students puts their two cards together and exchanges them with another pair of students.

Assessment for Situation Cards: The Situation Cards can be used as a tool for informal or formal assessment. Students can act out the conversation with the partner with whom they practiced, with an assigned partner, or with the teacher.

Assessment can be based on a single criterion or on several different ones. For informal assessment, you might want to choose from any of the following criteria: completion of the task, appropriateness, comprehensibility, originality, quality above and beyond base expectations, individual improvement, group improvement, accuracy, or fluency. For a more formal assessment tool, see the *Scale for Evaluating Writing/Speaking Proficiency*, found in the *To the Teacher* section, pp. T1–T9, of the Assessment Program book. Whatever system you use, be sure to share it with your students before the assessment begins so that they will understand how they are to be graded.

Finally, once students have become accustomed to the Situation Cards, you might encourage them to write their own.

The use of these Situation Cards is a motivating and effective tool for guiding students to a level of increased comfort and

confidence, and to a quality performance in the very challenging process of developing speaking proficiency.

Teaching with the Vocabulary Clip Art

The following ideas for using the Vocabulary Clip Art are only a sample of the many ways in which it can be used. You will probably devise additional ways to get students physically involved with learning and practicing new vocabulary. You will need to make copies of the art for each student to participate in these activities. You may wish to laminate one or two complete sets for permanent classroom use.

Homework Assignment: Have students use the visuals to create flashcards. They can cut and paste the visuals on cards and write the Spanish word on the back of the card.

Picture Dictionary: Have students write the Spanish word for each picture on photocopies of pages as art of a "picture dictionary." These pages can be kept in a notebook that can be used as a valuable reference or review tool for students.

Assess Listening Comprehension: Begin by simply identifying a word on a page and by having students identify objects. Describe an object and have students point to it. Tell a story using the visual and have students point to vocabulary words in the story or indicate the sequencing through drawing lines or arrows. You might want to make an overhead transparency so that you (or a student) can be at the overhead doing both activities at the same time.

Additional Assessment of Listening Comprehension: Have students work in pairs to use the ideas in the prior bullet item. Circulate to keep the students on task and assess pronunciation and comprehension. Do not correct errors at this point; rather, use this time to determine areas needing further work.

Individual Images: Have students cut out the individual pictures and keep them in their notebook in a large zippered freezer bag that is three-hole punched. Here are some ideas for using the individual images:

1. Repeat the activities in "Assess Listening Comprehension" section above, and have students sort through the individual images to indicate comprehension. For example: If you say the word *lápiz*, students should place the picture for "pencil" in the center of their desks and then continue to add the pictures for objects you call out. Cut up the overhead transparency of the vocabulary art so that you (or a student) are at the overhead manipulating the image simultaneously with the students.

2. Have students work with each other saying the vocabulary words, telling stories, and asking questions. For example, a student might say, *"Dame el libro."* The partner should use the visuals to perform the action. Getting each student to manipulate the vocabulary images is an excellent way to assist learning.

3. Have students draw a background for the visuals, such as a classroom. Have them sit back-to-back, and have one student arrange objects in a certain order. He or she then tells the partner where each item is located. For example, one student can tell the partner, *La silla está delante de la mesa*. The other student can ask questions, but should not see the layout of the objects until he or she thinks the placement is correct. Students can then compare layouts.

4. Encourage students to color in the pictures or personalize them and use them to decorate their compositions.

5. Have students create their own Bingo cards using the visuals. Have each student create a grid of five down and five across. Students then place 25 visuals in any order. Have one student be the "caller" and call out different vocabulary words. Students turn the words over on their grids until one has five down, across, or diagonally. The winning student names the vocabulary pieces he or she turned over and becomes the next "caller."

6. Use the individual pictures as an oral vocabulary quiz. Have students name each image as he or she lays them on the desk in front of you. Students who do not feel confident with all the chapter's vocabulary may select a handful of images and name those visuals for you.

Table of Contents

Theme Project

Fiesta en familia
Arbol genealógico con fotos y descripciones

Overview:

You will create a three-generation family tree on a poster featuring photos of family members and brief descriptions under each photo. Then you will present the poster to the class, explaining the relationships on the tree and describing selected family members.

Materials:

Poster board, markers, photos, glue, scissors

Sequence:

STEP 1. Review the instructions with your teacher.

STEP 2. Submit a rough sketch of your tree. Incorporate your teacher's suggestions into your sketch. Work with a partner and present your sketches to each other.

STEP 3. Create a layout on poster board, leaving room for photos and descriptions.

STEP 4. Submit a draft of the personal descriptions.

STEP 5. Present your poster to the class, explaining the relationships and giving descriptions of family members.

Assessment:

Your teacher will use the rubric on the following page to assess this project.

Theme 5 Project: Árbol genealógico con fotos y descripciones

RUBRIC	Score 1	Score 3	Score 5
Evidence of Planning	No written draft or poster layout provided.	Draft was written and layout created, but not corrected.	Evidence of corrected draft and layout.
Use of Illustrations	No photos/visuals included.	Very few photos/visuals included.	Several photos/visuals included.
Presentation	Contains details and dialogue that develop characters.	Describes self and at least two family members.	Describes self and three or more family members.

School-to-Home Connection

Dear Parent or Guardian,

The theme for the chapter is *Fiesta en familia* (Celebrations and Family) and this chapter is called *Una fiesta de cumpleaños* (A birthday party).

Upon completion of this chapter, your child will be able to:

- describe families
- talk about celebrations and parties
- ask and tell ages
- express possession
- understand cultural perspectives on families and celebrations

Also, your child will explore:

- the correct pronunciation of the letters *p, t,* and *q*
- how to form diminutives, or change words to make them mean "small" or "little" or to show affection

Realidades helps with the development of reading, writing, and speaking skills through the use of strategies, process speaking, and process writing. In this chapter, students will:

- read an invitation to a *quince años* party and information about this popular celebration
- speak about the members of their family

Remember that additional help is available online at www.PHSchool.com by using the Web Codes in the Student Edition or in the Practice Workbook.

Check it out! Have your child name several members of your extended family. Then ask him or her to identify the Spanish term that describes the relationship between your child and that person. For example, if your child named an uncle, then he or she would tell you the Spanish word for uncle is *tío.*

Sincerely,

For: Tips to Parents
Visit: www.phschool.com
Web Code: jce-0010

Realidades ❶
Capítulo 5A — Chapter Resource Checklist

Resources	CO	APV	VH	MAN	LEC	CV	PO	VM	REP	PREP
Teacher										
Teacher's Resource Book										
Input Script		■								
Audio Script		■	■	■					■	
GramActiva BLM			■							
Communicative Activities BLM				■						
School-to-Home Connection BLM	■	■								
Clip Art			■							■
Situation Cards BLM									■	
TPR Storytelling Book		■	■							
Fine Art Transparencies Teacher's Guide		■								
Student										
Practice Workbook		■	■						■	
Vocabulary		■								
Grammar				■						
Crossword Puzzle		■								
Organizer				■						
Writing, Audio & Video Workbook										
Writing				■						
Audio			■							
Video			■	■						
Heritage Language Learner Workbook		■								
Transparencies		■	■	■	■	■	■			
Practice Answers			■	■		■				■
Vocabulary and Grammar	■	■	■	■						
Fine Art	■		■	■						
Assessment										
Assessment Program			■							
Quizzes			■							
Chapter Test			■							■
ExamView Test Bank CD-ROM			■							
Test Preparation Workbook										
Alternative Assessment										
Performance-Based Speaking				■			■		■	
Rubrics	■									■
Internet Self-Test										
Technology										
I-text		■	■	■	■	■	■	■	■	■
Teacher Express CD-ROM		■	■	■	■	■	■	■	■	■
Video Program (VHS and DVD)		■	■	■				■		
Audio Program										
CD 5A		■	■	■						
Assessment CD			■							
Song CD		■								

Abbreviation Key
CO = Chapter Opener; APV = A primera vista; VH = Videohistoria; MAN = Manos a la obra; LEC = Lectura;
CV = Cultura en vivo; PO = Presentación oral; PE = Presentación escrita; MH = Mundo hispano; VM = Videomisterio;
REP = Repaso del capítulo; PER = Perspectivas del mundo hispano; PREP = Preparación para el examen

Input Script

Presentation

Input Vocabulary 1: Place the transparency on the screen. Hand out the Vocabulary Clip Art and have students tear the images into individual party items. Announce to students *"En este mes, es el cumpleaños de ___* (give a celebrity's name, preferably Spanish-speaking, who has a birthday this month), *¡y voy a preparar una fiesta! A ver, ¿qué necesito? Pues, necesito …"* Name the items as you point to them on the transparency. Have students hold up the items you mention. Then tell students *"Pero no tengo mucho dinero. Puedo comprar solamente cinco cosas para la fiesta."* Act as if you are trying to decide which items to buy and call out five of the items at a time. Have students arrange the Clip Art on their desks in the order you say them. Then have students do *Actividad 2 Escuchar*. You might have them hold up the Clip Art images rather than touching the textbook images.

Input Monologue 1: Bring a disposable camera wrapped in a gift box to class. Read the monologue, then say *"Tengo un regalo para ___* (say the name of the celebrity from the activity above)." Then say, *"Pero, ___ no está aquí. ¡Qué triste! Entonces, ¡es un regalo para mí! Como Cristina, me encanta sacar fotos."* Take a picture of your students. Then ask individual students *"¿Te gusta sacar fotos?"* Give the camera to those who respond positively and let them take a picture of their classmates.

Input Vocabulary 2: Make an overhead transparency of the Vocabulary Clip Art and cut the image up into individual family members. Present Cristina's family tree, telling each member's name and relationship, as you place the pieces in family-tree order on the screen. Then scramble the images on the projector and begin to put the members back in order, this time placing some members in the wrong places. Have students raise their hand when you place a family member in the wrong place. Next, scramble the images again and ask for student volunteers to reconstruct the family tree.

Input Monologue 2: Read the first paragraph of Cristina's monologue. Then hold up a calendar, locate your birthday, and say *"Hoy es mi cumpleaños, el primero de julio."* Pass the calendar around and have students find their birthdays and say *"Hoy es mi cumpleaños, el ___."* Next, hand out the Vocabulary Clip Art and have students tear the images into individual family members. Read the second and third paragraphs of Cristina's monologue and have students hold up the Clip Art pictures of the people as you mention them. Then ask students questions about the family that use the boldfaced words in the paragraphs (*"¿Cómo se llama la persona que tiene 38 años?"*) and have them hold up the correct picture. Finally, have students do *Actividad 1 Escuchar*.

Comprehension Check

• If you like, you can turn the *A primera vista* into a real party for the Spanish-speaking celebrity of your choice. Hide the party decorations around the room. Review location expressions from Chapter 2B by directing students to the items hidden in the room. Help students put up the decorations, then bring out the cake and enjoy.

• Tell students to arrange the Vocabulary Clip Art showing Cristina's family members on their desk in the shape of a family tree. Describe two or more family members at a time, using personality traits from Chapter 1B (*"La hermana de Cristina es trabajadora, pero la prima de Cristina es perezosa."*). Then ask students who has a certain personality trait (*"¿Quién es perezosa?"*). Students will hold up the Clip Art showing that person and state the person's relationship (*"La prima."*).

Audio Script

Audio CD, Capítulo 5A

Track 01: *A primera vista*, **Student Book, pp. 222, (5:15)**

Vocabulario y gramática en contexto

You will hear each word or phrase twice. After the first time there will be a pause so you can pronounce it, then you will hear the word or phrase a second time.

mis abuelos	mis hermanos
mi abuelo	mi hermana
mi abuela	mi hermano
mis padres	yo
mi madre	mis primos
mi padre	mi prima
mis tíos	mi primo
mi tía	mi perro
mi tío	mi gato

Read along as you listen to the statements.

CRISTINA: ¡Hola! Me llamo Cristina. Hoy es mi cumpleaños. Toda mi familia va a preparar una fiesta para celebrar. ¡Va a ser muy divertido!

CRISTINA: Aquí está mi familia. Tengo dos hermanos: mi hermana mayor, Angélica, que tiene 16 años, y mi hermano, Esteban, que tiene 15 años. Y aquí están mis primos: Carolina tiene 17 años. Su hermano menor, Gabriel, tiene sólo 13 años.

CRISTINA: Mira a las personas de las fotos. Es la familia de mi tía Josefina. Mi tío Andrés es el esposo de Josefina. Ellos tienen dos hijos: su hijo Gabriel y su hija Carolina.

Más vocabulario

You will hear each word or phrase twice. After the first time there will be a pause so you can pronounce it, then you will hear the word or phrase a second time.

el padrastro
la madrastra
el hermanastro
la hermanastra

Track 02: *A primera vista*, **Student Book, pp. 223, (2:12)**

Vocabulario y gramática en contexto

You will hear each word or phrase twice. After the first time there will be a pause so you can pronounce it, then you will hear the word or phrase a second time.

el regalo
la cámara
la luz
las luces
la piñata
los globos
el papel picado
la flor
las flores
el pastel
los dulces

Read along as you listen to the statements.

FEMALE: Hoy es el cumpleaños de Cristina. Tengo un regalo para ella. Es una cámara. A Cristina le encanta sacar fotos.

Track 03: *A primera vista:* **Act. 1, Student Book, p. 223, (2:08)**

La familia de Cristina

Listen as Cristina describes her family. If her statement is true, give a "thumbs-up" sign. If it is false, give a "thumbs-down" sign. You will hear each statement twice.

1. Mi hermano se llama Esteban.
2. Mi tío tiene cuarenta y dos años.
3. Mi hermana menor se llama Ana Isabel.
4. Mi madre tiene treinta y ocho años.
5. Mi perro se llama Michi.
6. Mi primo se llama Esteban.
7. Mi abuela es mayor que mi abuelo.
8. Mi perro se llama Capitán.

Track 04: *A primera vista:* **Act. 2, Student Book, p. 223, (2:06)**

Preparamos la fiesta

Now listen as Cristina and her mother prepare for the birthday party. Look at the items in the party shop ad on this page and touch each item they mention. You will hear each statement twice.

1. Necesitamos muchos globos, ¿no?
2. A Angélica le encantan las flores.
3. A los chicos les encanta la piñata, ¿no?
4. Hay globos y luces en la fiesta de cumpleaños, ¿no?
5. Ya tenemos dulces, ¿verdad?
6. No me gusta el papel picado de plástico.
7. Y en el pastel vamos a escribir "¡Feliz cumpleaños!"

Track 05: *A primera vista:* **Videohistoria, Student Book, pp. 224–225, (2:27)**

¡Feliz cumpleaños!

¿Qué pasa en la fiesta de Cristina? Lee la historia. Read along as you listen to the *Videohistoria.*

See Student Book pages 224–225 for script.

Track 06: **Audio Act. 5, Writing, Audio & Video Workbook, p. 91, (5:57)**

Beto is showing Raúl a picture of his family at a birthday party. Identify as many people as you can and write their names and relationship to Beto under the pictures. If Beto refers to a pet, simply write the pet's name under the picture. You will hear this conversation twice.

1. **BETO:** Ésta es la foto de la fiesta de cumpleaños para Héctor, mi hermano menor. Tiene ocho años. Mira. Abre uno de sus regalos. ¡Ay! Es un perro. A Héctor le encantan los perros.

2. **Beto:** Nuestro gato, Fifi, es MUY malo. El corre y corre con el papel picado.

   Raúl: A Fifi le gustan los globos también. Mira. Rompe los globos. Es muy gracioso.

3. **Raúl:** Beto, ¿quién es la señora que corre?

   Beto: Es mi madre. Se llama María. A mi madre no le gusta el gato. Ella cree que Fifi es muy malo.

4. **Raúl:** ¿Dónde está tu padre?

   Beto: Está aquí. A él le gusta hacer los videos. Se llama Jaime. Hace un video del gato y de mi madre.

5. **Raúl:** ¿Quién es la persona con los globos?

   Beto: ¿Los globos? ¿Quién … mi prima o mi abuela?

   Raúl: La señora de sesenta o sesenta y cinco años.

   Beto: ¡Ah! … ella es mi abuela. Se llama Margarita. Está muy contenta hoy.

6. **Raúl:** ¿Quién es la persona que come pollo? Tiene mucha hambre, ¿no?

   Beto: Es mi tío. Se llama Daniel. ¡Él siempre tiene hambre! Creo que Daniel tiene un regalo fantástico para Héctor, ¿no?

7. **Beto:** Ésta es mi hermana Cristina. A ella le encanta preparar las comidas. Tiene el pastel y el pollo para la fiesta.

8. **Beto:** Ésta es mi prima. Se llama Susi. Tiene más globos y ahora decora con las luces. Es una chica muy seria.

9. **Raúl:** ¿Quién es la señora con la piñata?

   Beto: Es mi tía. Se llama Luz. Ella tiene los dulces para la piñata.

You are going to hear this conversation again.

Track 07: Audio Act. 6, Writing, Audio & Video Workbook, p. 92f, (2:36)

You are chosen to participate in a popular radio quiz show on a local Spanish radio station. When it is your turn, you are happy to hear that your questions are in the category of *FAMILIA*. See if you can answer all of the questions correctly on the entry card below. Each question becomes a little more difficult. You will hear each set of questions twice.

Adult Male: "Bienvenidos. Su categoría es … la familia. Ahora … número uno.

1. ¿Quién es la hermana de su madre? ¿Su tía o su prima?

   ¿Quién es la hermana de su madre? ¿Su tía o su prima?

2. ¿Quién es la esposa de su abuelo? ¿Su hija o su abuela?

   ¿Quién es la esposa de su abuelo? ¿Su hija o su abuela?

3. ¿Quiénes son los hijos de sus tíos? ¿Sus hermanos o sus primos?

   ¿Quiénes son los hijos de sus tíos? ¿Sus hermanos o sus primos?

4. ¿Quiénes son los hijos de sus padres? ¿Sus primos o sus hermanos?

   ¿Quiénes son los hijos de sus padres? ¿Sus primos o sus hermanos?

5. ¿Quién es el padre de su padre? ¿Su tío o su abuelo?

   ¿Quién es el padre de su padre? ¿Su tío o su abuelo? Hasta luego. Gracias por llamar.

   Hasta luego. Gracias por llamar.

Track 08: Audio Act. 7, Writing, Audio & Video Workbook, p. 92, (4:01)

Listen as three brothers talk to their mother after school. Try to fill in all of the squares in the grid with the correct information about Julio, Mateo, and Víctor. Remember, you might not hear the information given in the same order as it appears in the grid. You will hear this conversation twice.

Madre: Julio, ¿qué tienes que hacer esta noche?

Julio: Tengo que hacer un video para mi clase de inglés. Tengo la cámara aquí en mi mochila.

Madre: ¿Quieres hacer algo diferente?

Julio: Quiero practicar deportes. Me gusta jugar al fútbol y juego muy bien. No me gusta leer cuentos.

Madre: Sí, Julio. Eres un buen atleta, pero tienes que estudiar más. Tienes trece años; debes trabajar más en tus estudios.

Madre: Mateo, ¿qué tienes en la mochila? ¿Treinta libros?

Mateo: No, mamá. Sólo tengo seis libros en mi mochila. Tengo que dibujar un cartel para mi clase de ciencias naturales.

Madre: Mateo, eres muy estudioso y artístico, pero tienes que pasar más tiempo con tus amigos. Tienes diecisiete años ya. Debes ser más sociable.

Mateo: Pero, mamá. Me gusta estudiar más que nada.

Víctor: Hola, mamá. Tengo que comprar unas decoraciones para un baile en la escuela. Tengo las luces en mi mochila, pero quiero comprar una piñata también. Me gusta mucho bailar.

Madre: Bueno. ¿Sabes decorar? No es muy fácil.

Víctor: Claro que sí, mamá. ¡Tengo quince años! Yo sé decorar.

You are going to hear this conversation again.

Track 09: *Manos a la obra:* Act. 24, Student Book, p. 235, (1:57)

La fiesta de cumpleaños

En una hoja de papel, escribe los números del 1 al 6. Mira la tarjeta de cumpleaños y escucha las frases. Si la frase es cierta, escribe *C*. Si es falsa, escribe *F*. Vas a escuchar las frases dos veces.

1. La fiesta es en un restaurante.
2. Usan globos para decorar.
3. Hay muchos perritos en la fiesta.
4. Van a comer pastel en la fiesta de cumpleaños.
5. Van a abrir regalos en la fiesta.
6. Hay un gato en la fiesta.

Track 10: Audio Act. 8, Writing, Audio & Video Workbook, p. 93, (3:55)

Listen as two students tell their host families in Chile about their own families back home. As you listen to both of them, see if you can tell which family is being described. Put a check mark in the appropriate box on the grid. You will hear each set of statements twice.

1. **Female Teen 1:** Yo tengo una hermana de ocho años. Ella es una buena deportista. Su deporte favorito es el fútbol. Juega muy bien.

2. **FEMALE TEEN 1:** Nuestra casa es divertida. Mi padre es muy gracioso. A mi madre le gusta escuchar los cuentos divertidos de él.

3. **FEMALE TEEN 1:** A mí me gusta escribir cuentos divertidos. Soy como mi padre. Soy su hijo favorito.

4. **FEMALE TEEN 1:** Yo tengo dieciséis años. A mí no me gusta nada ver la tele. Prefiero escuchar música.

5. **FEMALE TEEN 1:** Mi madre prepara todos los pasteles para nuestras fiestas.

6. **FEMALE TEEN 2:** Yo tengo una hermana de seis meses. Es preciosa. A ella le gusta comer y nada más.

7. **FEMALE TEEN 2:** Tengo un hermano de once años. A él le encanta ver la tele. Sus programas favoritos son *Sábado Gigante* y *El Domingo Deportivo.*

8. **FEMALE TEEN 2:** Mi padre es muy trabajador. Por las noches le gusta leer una revista. Su revista de hoy es *Time.*

Track 11: Audio Act. 9, Writing, Audio & Video Workbook, p. 94, (4:43)

Listen to the following phone calls to Ana, a favorite local talk show host. Each caller has a problem with someone in his or her family. As you listen to each caller, take notes about his or her problems. After all of the callers have spoken, write a sentence of advice for each caller. You may write your advice in English. You will hear each set of statements twice.

1. **FEMALE TEEN 1:** Hola, Ana. Soy Maritza y tengo un problema. Es mi hermano mayor, Gabriel. Él tiene veinte años y es un buen deportista. Mis amigas creen que Gabriel es sensacional. Me gusta pasar tiempo con mis amigas en casa. Mis amigas tienen mucho interés en Gabriel. Ellas no hablan conmigo; hablan con él. ¿Qué debo hacer?

2. **MALE TEEN 1:** Hola, Ana. Soy Armando y tengo un problema con mi tía. Ella tiene sesenta años y es conservadora. Mi tía cree que la televisión es mala. Ella cree que es malo jugar videojuegos. Es difícil hablar con ella. Me gusta estar con mi familia, pero no es fácil. ¿Qué debo hacer?

3. **MALE TEEN 2:** Hola, Ana. Me llamo Andrés. Mi hermano menor, Mateo, es muy gracioso, pero a veces es un problema para mí. Es muy perezoso y no hace su tarea en la escuela. A mí me gusta estudiar, pero no me gusta nada hacer la tarea de mi hermano menor. ¿Qué debo hacer?

4. **FEMALE TEEN 2:** Hola, Ana. Soy María Luisa y tengo un problema con mi mamá. Todos los días ella prepara la comida para la familia. Nosotros comemos y ella habla. Habla por treinta minutos cada noche de sus "amigos" en su programa favorito de la tele. En realidad son sus amigos imaginarios de la tele. Quiero hablar más en serio. ¿Qué debo hacer?

Track 12: *Pronunciación:* The letters *p, t,* and *q,* Student Book, p. 236, (2:24)

In English the consonants *p, t, q,* and the hard *c* sound are pronounced with a little puff of air.

Hold a tissue loosely in front of your mouth as you say these English words. You will notice that the tissue moves. You will hear each word once. After the word is pronounced, there will be a pause so you can pronounce it.

pan	too
comb	park
papa	tea
case	take

Now say these Spanish words with the tissue in front of your mouth. Try to say the consonants so that there is no puff of air and the tissue does not move.

You will hear each word twice. After the word is pronounced the first time, there will be a pause so you can pronounce it. Then you will hear the word a second time.

pan	tú
cómo	parque
papá	tía
queso	taco

Track 13: *Pronunciación,* Student Book, p. 236, (0:36)

Try it out! Listen to this nursery rhyme. Listen particularly for the *p, t,* and *q* sounds. Then repeat the rhyme.

Tortillitas para mamá.
Tortillitas para papá.
Las quemaditas para mamá.
Las bonitas para papá.

Track 14: *Repaso del capítulo,* Student Book, p. 244, (5:23)

Vocabulario y gramática
Listen to these words and expressions that you have learned in this chapter. You will hear each word or expression once.

See Student Book page 244 for vocabulary list.

Track 15: *Preparación para el examen,* Student Book, p. 245, (0:54)

Escuchar
Practice task.
At a friend's party, a woman is telling you stories about her brother, Jorge. a) How old is her brother? b) Who is older, the woman or her brother? c) What does her brother like to do?

ADULT FEMALE: Pues, en mi familia, yo soy la hija reservada y trabajadora. Mi hermano mayor, Jorge, es muy sociable. Tiene treinta y ocho años. A él le gusta hacer videos. Es muy talentoso.

Video Script

A primera vista: *La familia de Cristina,* (8:06)

ANGÉLICA: Esteban, ¿vamos a empezar?

ESTEBAN: Uno … dos … tres … ¡Acción!

ANGÉLICA: Hola. Me llamo Angélica … y éste es mi hermano Esteban. Vamos a hacer un video de la fiesta de cumpleaños de mi hermana Cristina. Ésta es nuestra familia. Es una familia grande. Muchos están aquí para celebrar con nosotros. Vamos, Esteban. Primero, nuestros abuelos. Aquí están los padres de mi papá: mi abuelo, Ricardo y mi abuela, Ana María. Hola abuelita.

ABUELA: Hola, mi amor. ¿Cómo estás?

ANGÉLICA: Bien, gracias. Tengo una pregunta. ¿Cuántos años tienes?

ABUELA: Angélica, ¡qué pregunta! No voy a contestar.

ANGÉLICA: Y tú, abuelo, ¿cuántos años tienes?

ABUELO: Yo tengo sesenta y ocho. Y mi esposa, tu abuela, tiene sesenta y un años.

Abuela: Ricardo, por favor …

ANGÉLICA: Gracias. Hasta luego. Vamos a continuar … Esteban, por aquí … ¡Uf! ¿Qué es esto? La piñata. Vamos a romper la piñata un poco más tarde. Es para Cristina. Aquí están Gabriel y Carolina. Gabriel es mi primo menor y Carolina es mi prima. Ella es la hermana de Gabriel. ¡Hola! ¿Cómo te llamas?

CAROLINA: Angélica, tú sabes mi nombre …

ANGÉLICA: Sí, pero es para la videocámara. Por favor …

CAROLINA: Bueno. Me llamo Carolina.

ANGÉLICA: ¿Y cúantos años tienes?

CAROLINA: Tengo 17 años.

ANGÉLICA: Gabriel, ¿cuál es tu deporte favorito?

GABRIEL: Pues a mí me encanta jugar al fútbol. ¿Quieres jugar con nosotros?

ANGÉLICA: Más tarde, sí. Ahora tenemos que hablar con otras personas. Hasta luego. Mira. Éste es nuestro perro, Capitán. Él es muy sociable. Le encanta estar con la familia. Adiós, Capitán. Por aquí, Esteban. Vamos, Esteban. Hola, papá. Éste es nuestro padre.

PAPÁ: Hola, mijita.

ANGÉLICA: Papá, ¿qué haces?

PAPÁ: Yo voy a sacar fotos de la fiesta. También voy a hacer una barbacoa. Voy a preparar unas hamburguesas.

ANGÉLICA: ¡Qué bueno! A Cristina le gustan las hamburguesas. Gracias, papá. Mira, mamá va a decorar con el papel picado… Esteban, Esteban. Hola, mamá.

MAMÁ: Hola, Angélica. Esteban, ¿qué tal la videocámara?

ESTEBAN: Fabuloso.

MAMÁ: Me encanta el papel picado. Es una de mis decoraciones favoritas.

ANGÉLICA: A mí también me gusta. Hasta luego.

MAMÁ: Adiós, Esteban.

ESTEBAN: Adiós, Mamá.

ANGÉLICA: Nuestros tíos están aquí también. Se llaman Josefina y Andrés. Son los padres de Carolina y Gabriel.

A Andrés le gusta la música. Es muy artístico. Y mi tía canta con él. Hola, tía *(to Andrés)* Hola, tío. ¿Qué tocas?

ANDRÉS: Ahora, nada. Pero vamos a cantar después de comer.

ANGÉLICA: ¡Genial!

JOSEFINA: ¡Gabriel! ¡El pastel!

PAPÁ: Gabriel, no vamos a jugar al fútbol ahora. Vamos a celebrar el cumpleaños de Cristina.

GABRIEL: Ah, sí. ¡Lo siento, tío!

ANGÉLICA: Y aquí está Cristina. Hoy es su cumpleaños. Hola, Cristina. ¡Feliz cumpleaños! ¿Cuántos años cumples hoy?

CRISTINA: Hoy, 13 años.

TODOS: ¡Felicidades!

MAMÁ: ¿Por qué no rompemos la piñata ahora?

PAPÁ: Gabriel, ahora no, ¿eh? El pastel …

GABRIEL: Lo siento, tío …

PAPÁ: Vamos, Cristina.

CRISTINA: Muy bien, papá.

PAPÁ: Aquí … Bueno. Uno, dos, tres, cuatro…

FAMILIA: Dale, dale, dale, no pierdas el tino, porque si lo pierdes, pierdes el camino.

PAPÁ: Ah … lo siento, Cristina. Ahora ¿quién? A ver, ¿tú? Un momento. Uno, dos, tres, cuatro…

FAMILIA: Dale, dale, dale, no pierdas el tino, porque si lo pierdes, pierdes el camino

PAPÁ: ¡Ya! ¡Tampoco? Lo siento. ¿Ahora quién?

GABRIEL: ¡Yo, yo, tío!

PAPÁ: Muy bien, ven aquí. Un momento. Uno, dos, tres, cuatro …

FAMILIA: Dale, dale, dale, no pierdas el tino, porque si lo pierdes, pierdes el camino.

CRISTINA: ¡Los dulces!

MAMÁ: ¡Ay, no! ¡Gabriel, el pastel!

TODOS: "Las mañanitas"

GramActiva: the verb *tener;* possessive adjectives, **(6:41)**

The verb *tener*

BOY: If you gotta have something, then you gotta have *tener*. You can use *tener* in just about any Spanish conversation. But be careful: *tener* is tricky.

HOST: Check out the conjugation.

Tengo, as in *Tengo dos abuelos.*

Tienes, as in *Tienes un video.*

Tiene un helado. Mmm …

Tenemos. Tenemos un perro y tres gatos.

Tenéis. Tenéis un perro.

Tienen. Tienen la clase de ciencias sociales en la mañana.

GIRL: As you can see, *tener* has lots going on. The *yo* form is special; *tengo*. And we're gonna call the rest of the verb a high-top verb. Not quite as tall as the boot verb, but everything in the high-top area is a stem-changer. Sometimes you can use *tener* in Spanish just like you use the verb "to have" in English. Other times *tener* can have completely different meanings. *Tener* IS tricky.

Boy: *Tener* can be used in Spanish in a lot of ways like we use the verb "to be" in English. Stuff like *I'm hot, I'm cold, I'm sleepy, I'm hungry,* and *I'm thirsty*—they all use *tener* when you say these expressions in Spanish.

Host: *Tiene calor.   Tengo hambre.*
Tiene frío.   Tiene sed.
Tienen sueño.

Girl: You also use *tener* to say how old you are. I'm 14 years old, but in Spanish, I'd literally say, "I have 14 years," *Tengo catorce años. ¿Cuántos años tienes?*

Boy: *Tengo catorce años.*

Garden Gnomes:
Yo tengo, tienes, tiene,
tenemos, tenéis, tienen,
Yo tengo, tienes, tiene,
tenemos, tenéis, tienen,
So take *tener* when you're really cold,
And use *tener* to say ten years old
Tener's the verb for your family.
And when you have something to give to me!
Yo tengo, tienes, tiene,
tenemos, tenéis, tienen,
Yo tengo, tienes, tiene,
tenemos, tenéis, tienen, olé!

Boy: *¿Cuántos años tienes?*

Girl: *Tengo catorce años.*

Boy: *¿Tienes hermanos?*

Girl: *Si, tengo dos hermanas.*

Boy: *¿Tienes gatos?*

Girl: *No, no tengo gatos.*

Boy: *¿Tienes calor?*

Girl: *Sí. Tengo calor. ¿Tienes agua?*

Boy: *Sí.*

Girl: *Gracias.*

Host: Get ready for the *tener* challenge! You have three seconds to fill in the blank with the correct form of the verb *tener* … or else we will be forced to give you the answer! And you don't want that, now do you?

Host: *Yo _____ sueño.*
Yo tengo sueño.

Host: *Nosotros _____ unos globos.*
Nosotros tenemos unos globos.
Él tiene ocho años.
Ellos tienen mucho frío.

Possessive adjectives

Girl: Possessive adjectives are my best friend. There's nothing I love more than talking about my apartment and my chair with my sunglasses with my dog watching my favorite videos on my TV … ooh, it's for me …

Boy: This stuff couldn't get much easier. In English we have seven possessive adjectives: *my, your, his, her, its, our,* and *their.* They come right before the noun they describe. *Our* garbage, *your* turn, not *my* problem. Spanish works the same way. *Mi, tu, su, nuestro, vuestro,* and *su* come before the noun and describe who something belongs to.

Cowboy: I think you must forget where you are, hombre. We got a way of agreeing on things around here.

Boy: I was getting to that. Of course in Spanish the adjective usually agrees in gender and number with the nouns that follow them. Possessive adjectives are no exception. For example, you would say *mi primo* and *mis primos,* or *nuestra tía* and *nuestras tías.*

Girl: Only *nuestro* and *vuestro* change to agree both in gender and number with the nouns that follow them.

Host: *nuestro libro, nuestra carpeta, nuestros libros, nuestras carpetas*
But always remember, the possessive adjective agrees with what is possessed, NOT with the gender or number of the subject! So two brothers have an aunt, they would say: *nuestra tía.* Or if a little girl has two notebooks, she would say: *mis cuadernos.*

Dude: Wait a minute, dude, is there another way to show possession? Oh, yes, with *de: el perro de Paco.*

Host: Well, you can use either, really. *El perro de Paco* or *su perro.*

Quiz

Host: Let's put that to the test. Complete the sentences with the appropriate possessive pronoun.

(her) _____ globo.   (their) _____ primo.
Su globo.   *Su primo.*
(my) _____ regalos.   (our) _____ tío.
Mis regalos.   *Nuestro tio.*
(our) _____ abuelas.
Nuestras abuelas.

Videomisterio: *¿Eres tú, María?, Episodio 1,* (10:11)

Lola: Diga.

Lola: Uf, es la una.

Lola: Hmmm.

María: ¡No! ¡Me voy!

Lola: ¿Qué pasa? ¿Qué es esto?

Lola: Ay, ¡las plantas!

Lola: ¿Qué es … ? Unas llaves … "J.R.D."

Lola: Número ocho.

Lola: ¡Ay! ¡Es muy tarde!

Lola: Buenos días, Gabriel.

Gabriel: Buenos días, Lola.

Lola: ¿Cómo está hoy?

Gabriel: Muy bien. ¡Qué día magnífico!, ¿verdad?

Lola: Sí, es un día fantástico. *El País,* por favor. Un euro, ¿no?

Gabriel: Exacto. Muchas gracias, Lola.

Lola: De nada. Adiós.

Gabriel: Adiós, Lola.

Doña Lupe: Doña Gracia. Su periódico.

Doña Lupe: ¿Doña Gracia? ¿Doña Gracia? ¿Doña Gracia? ¿Doña Gracia? ¿Doña Gracia?

Doña Lupe: ¡Augh! ¡Doña Gracia! ¡Por Dios! Pobrecita.

Doña Lupe: María. ¡María! María, ¿estás aquí?

Doña Lupe: ¡Ay de mí!

Doña Lupe: Por favor. Necesito una ambulancia. Plaza del Alamillo, número 8. Tercer piso. ¡Rápido! ¡Rápido!

Realidades ❶

Capítulo 5A

Nombre _____

Fecha _____

Communicative Activity **5A-1**

Estudiante **A**

Anita and Guillermo recently moved with their family from Puerto Rico to your town. Your Spanish teacher has asked you to interview Anita and make a chart of her family tree. Unfortunately, you don't have all the information. Ask your partner the following questions and fill in the blanks in Anita's family tree. (Alternate asking questions with your partner.) When it is your turn, answer your partner's questions based on the information below. You will ask the first question.

1. ¿Cómo se llama el primo de Marta?
2. ¿Cómo se llaman los abuelos de Anita?
3. ¿Cómo se llama la tía de Felipe?
4. ¿Cuántos años tiene la tía de Jimena?
5. ¿Cuántos años tiene la prima de Marta?

6. ¿Cuántos años tiene el abuelo de Guillermo?
7. ¿Cuántos años tiene el tio de Anita?
8. ¿Cuántos años tiene el hijo de Armando?
9. ¿Cuántos años tiene el tío de Felipe?
10. ¿Cuántos años tiene el primo de Anita?

La familia de Anita

Realidades ❶

Capítulo 5A

Nombre _____

Fecha _____

Communicative Activity **5A-1**

Estudiante **B**

Guillermo and Anita recently moved with their family from Puerto Rico to your town. Your Spanish teacher has asked you to interview Guillermo and make a chart of his family tree. Unfortunately, you don't have all the information. Ask your partner the following questions and fill in the blanks in Guillermo's family tree. (Alternate asking questions with your partner.) When it is your turn, answer your partner's questions based on the information below. Your partner will ask the first question.

1. ¿Cómo se llama la hermana de Marta y Felipe?
2. ¿Cómo se llama la madre de Marta?
3. ¿Cómo se llama el padre de Guillermo?
4. ¿Cómo se llama el hijo de Carola?
5. ¿Cómo se llama la madre de Jullo?

6. ¿Cómo se llama la prima de Marta?
7. ¿Cuántos años tiene el hijo de Eva?
8. ¿Cuántos años tiene la tía de Guillermo?
9. ¿Cuántos años tiene la abuela de Felipe?
10. ¿Cuántos años tiene la hermana de Marta y Felipe?

La familia de Guillermo

Realidades ①

Capítulo 5A

Nombre _____

Fecha _____

Communicative Activity **5A-2**

Estudiante **A**

You and some of your friends are helping your partner to get ready for a party in his or her home this weekend. Each person has been assigned a task. Ask your partner who has to do each task. Record your partner's answers on the lines provided.

1. ¿Quién tiene que abrir los regalos?

   _____

2. ¿Quién tiene que decorar la casa?

   _____

3. ¿Quién tiene que hacer un video?

   _____

4. ¿Quién tiene que decir "Feliz cumpleaños"?

   _____

5. ¿Quién tiene que comprar una cámara?

   _____

6. ¿Quién tiene que comprar dulces?

   _____

7. ¿Quién tiene que hacer el papel picado?

   _____

8. ¿Quién tiene que sacar fotos?

   _____

Now imagine that your family and friends are helping you give your grandparents an anniversary party. Each person will be helping out to make the party special. Answer your partner's questions with the information below. Some tasks are assigned to more than one person.

los abuelos					X	X		X
la hermanastra	X	X	X	X		X		X
tu compañero(a)			X				X	X

Realidades ❶

Capítulo 5A

Nombre _____

Fecha _____

Communicative Activity **5A-2**

Estudiante **B**

Some friends are helping you to get ready for a party in your home this weekend. You are assigning tasks to different people to make sure that everything gets done. Answer your partner's questions with the information below. Some tasks are assigned to more than one person.

Gloria	X	X		X				X
Luis		X	X				X	X
tu compañero(a)	X		X		X	X		X

Now imagine that your friend is giving his or her grandparents an anniversary party. Family and friends will be helping to make the party special. Ask your partner who has to do each task. Record your partner's answers on the lines provided.

1. ¿Quién tiene que dar un regalo?

   _____

2. ¿Quién tiene que preparar la comida?

   _____

3. ¿Quién tiene que romper la piñata?

   _____

4. ¿Quién tiene que comprar los globos?

   _____

5. ¿Quién tiene que sacar fotos?

   _____

6. ¿Quién tiene que comprar flores?

   _____

7. ¿Quién tiene que celebrar el día?

   _____

8. ¿Quién tiene que preparar el pastel?

   _____

Situation Cards

2A

Realidades ❶

Capítulo 5A

Describing family celebrations

You and a friend are talking about how your family members' birthdays are celebrated.

— Greet your friend.

— Ask who your friend's favorite family member is.

— Ask your friend how the family celebrates the person's birthday.

— Ask your friend what the person likes about birthday parties.

— Say good-bye.

2B

Realidades ❶

Capítulo 5A

Describing family celebrations

You and a friend are talking about how your family members' birthdays are celebrated.

— Greet your friend.

— Respond to your friend's question and tell how old the person is.

— Answer your friend's question.

— Respond to your friend's question.

— Say good-bye.

1A

Realidades ❶

Capítulo 5A

Describing families

You and a new friend are talking about families.

— Greet your new friend.

— Ask your friend if he or she has brothers and sisters.

— Ask the names and ages of your friend's brothers and sisters.

— Respond to your friend's question with the names and ages of your pets.

— Say good-bye.

1B

Realidades ❶

Capítulo 5A

Describing families

You and a new friend are talking about families.

— Greet your new friend.

— Respond to your friend's question.

— Answer your friend's question and then ask if he or she has pets.

— Say good-bye.

GramActiva

Una fiesta de cumpleaños

Juego, p. 234

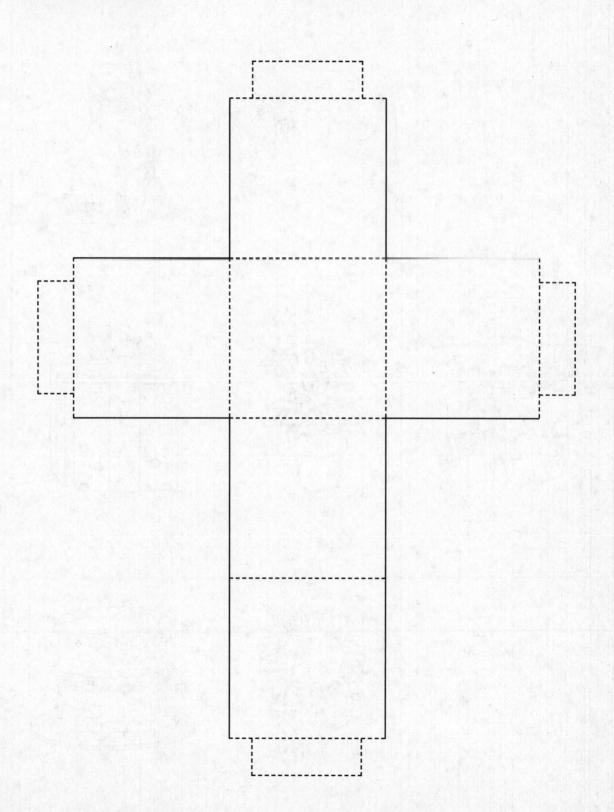

Capítulo 5A

Vocabulary Clip Art

Vocabulary Clip Art

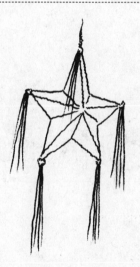

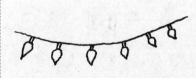

Vocabulary Clip Art

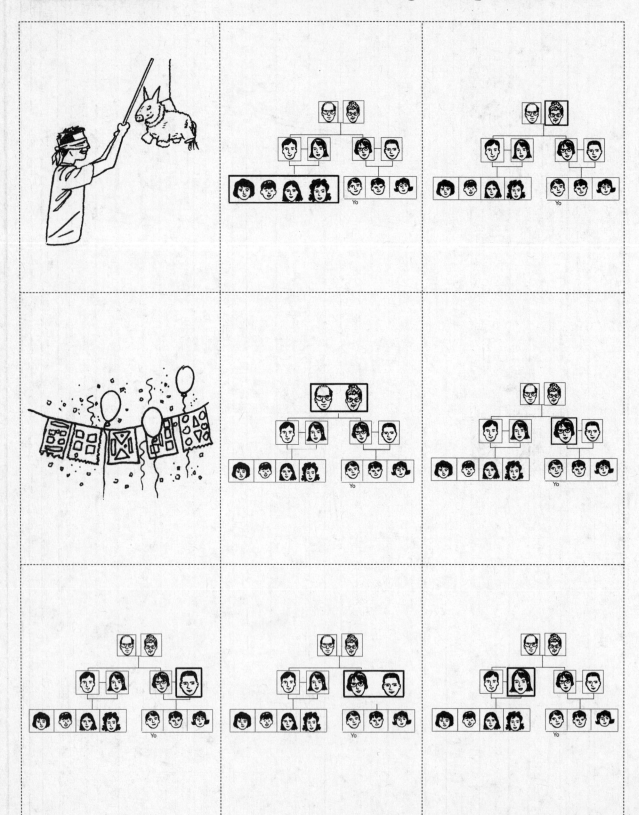

Vocabulary Clip Art

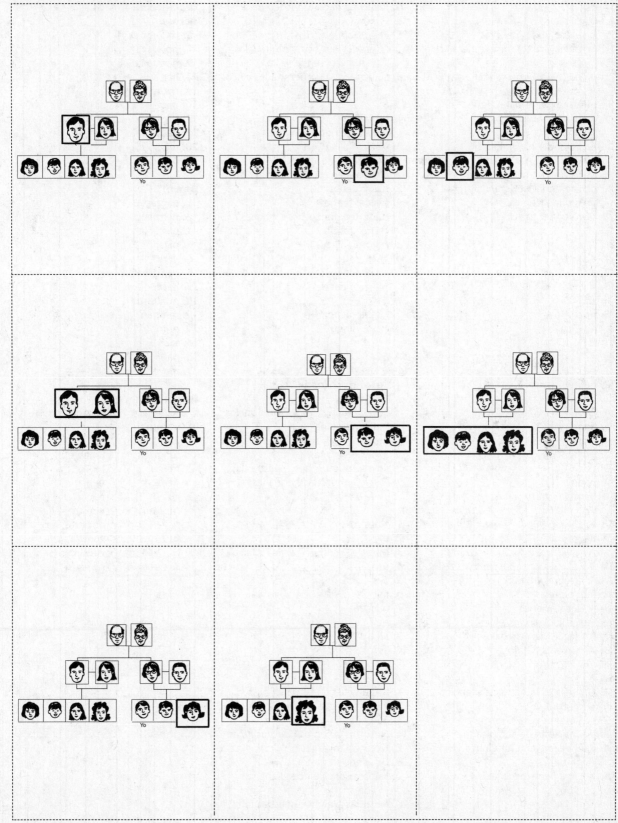

5A-1

A.

hermano under her brother

hermana (twice) once under each sister

primo (twice) once under each male cousin

prima under female cousin

tía under her aunt

tío under her uncle

padre under her father

madre under her mother

abuela under her grandmother

abuelo under her grandfather

gato under the cat

perro under the dog

B.
1. no
2. sí
3. sí
4. sí
5. no

5A-2

A.
1. tía
2. hermanos
3. primo
4. abuela
5. padrastro
6. hija
7. prima
8. tíos
9. padres
10. hermanastras

B.
mi madrastra

5A-3

MAMÁ: celebrar / tiene

TÍA LULU: pastel

MAMÁ: decoraciones

TÍA LULU: Sólo / globos / luces

PABLITO: sacar fotos / regalos

MAMÁ: la piñata / dulces

5A-4
1. Gabriela es la hermana menor de Raúl.
2. La fiesta es para Gabriela.
3. Es una fiesta de cumpleaños.
4. Raúl decora con los globos y el pastel.
5. El papá tiene los regalos y los globos.

6. Raúl va a hacer un video de la fiesta.
7. Raúl, Gabriela, papá, mamá, los primos, los tíos y los abuelos van a estar en la fiesta.
8. La fiesta va a empezar a las cinco.

5A-5
1. FRANCO: ____
   CARMEN: Tengo
   FRANCO: tiene
   CARMEN: Tiene
   FRANCO: tienen
2. ELENA: tienes
   CARLOS: tengo
   ELENA: tenemos / tiene / tienes
   CARLOS: tengo
3. PABLO: tienen
   JOSÉ: tengo
   PABLO: tengo
   MANOLO: tiene
   PABLO: ____
   JOSÉ: tenemos
   PABLO: tengo

5A-6

A.

Row 1: mi hijo, mi tía, mis abuelos, ____

Row 2: tu hijo, ____ , tus abuelos, tus hermanas

Row 3: ____ , su tía, sus abuelos, sus hermanas

Row 4: nuestro hijo, nuestra tía, ____ , nuestras hermanas

B.
1. Nuestros
2. tu
3. Mi
4. su
5. Sus
6. mis
7. nuestras
8. su
9. Su
10. Su

5A-7
1. Mis tíos tienen su papel picado.
2. Alicia tiene sus globos.
3. Tú tienes tu piñata.
4. Nosotros tenemos nuestras luces.
5. Yo tengo mi regalo.
6. Ud. tiene su pastel.
7. La profesora Méndez tiene sus flores.
8. Nosotras tenemos nuestras fotos.

Crucigrama (5A-8)

Across:
5. tía
7. tío
9. hermana
11. flor
13. padre
16. abuela
17. hijos
19. gato
20. regalo
21. madre

Down:
1. padrastro
2. hermano
3. pastel
4. picado
6. perro
8. cumpleaños
9. hacer
10. madrastra
12. rompen
14. primo
15. saca
18. padres
21. mayor

Organizer (5A-9)

I. Vocabulary Answers will vary.

II. Grammar

1. col. 1. col. 2.
   tengo tenemos
   tienes tenéis
   tiene tienen

2. col. 1. col. 2.
   mi / mis nuestro,-a / nuestros,-as
   tu / tus vuestro,-a / vuestros,-as
   su / sus su / sus

Antes de ver el video

Actividad 1

Look at this family tree. Label each person with his or her relationship to Ricardo.

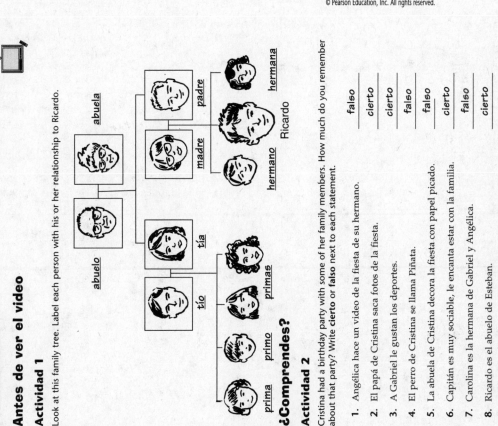

abuelo   abuela

tío   tía   madre   padre

prima   primo   primas   hermano   hermana

Ricardo

¿Comprendes?

Actividad 2

Cristina had a birthday party with some of her family members. How much do you remember about that party? Write **cierto** or **falso** next to each statement.

1. Angélica hace un video de la fiesta de su hermano.   _falso_

2. El papá de Cristina saca fotos de la fiesta.   _cierto_

3. A Gabriel le gustan los deportes.   _cierto_

4. El perro de Cristina se llama Piñata.   _falso_

5. La abuela de Cristina decora la fiesta con papel picado.   _falso_

6. Capitán es muy sociable, le encanta estar con la familia.   _cierto_

7. Carolina es la hermana de Gabriel y Angélica.   _falso_

8. Ricardo es el abuelo de Esteban.   _cierto_

Actividad 3

Who is being described? Write his or her name next to the description.

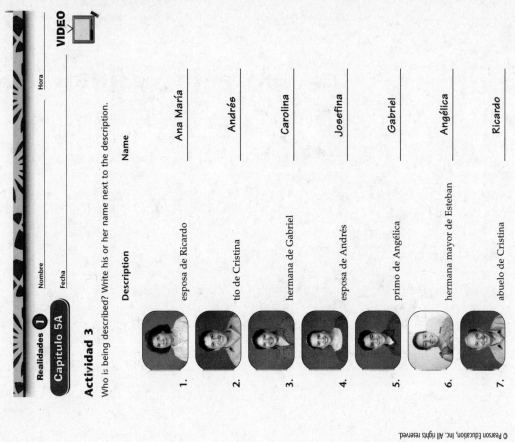

	Description	Name
1.	esposa de Ricardo	Ana María
2.	tío de Cristina	Andrés
3.	hermana de Gabriel	Carolina
4.	esposa de Andrés	Josefina
5.	primo de Angélica	Gabriel
6.	hermana mayor de Esteban	Angélica
7.	abuelo de Cristina	Ricardo

Y, ¿qué más?

Actividad 4

At Cristina's party we met many family members. Why don't you introduce your family, too?
Write three sentences about your family or a family you know well. Follow the examples
below. **Answers will vary.**

Yo vivo en mi casa con mi mamá y mi hermano.

TÚ: _____

Mi hermano se llama Martín y tiene 10 años.

TÚ: _____

Yo tengo muchos primos y primas.

TÚ: _____

The lyrics for "Las mañanitas" as sung on the video are:

Éstas son las mañanitas que cantaba el rey David
a las muchachas bonitas, te las cantamos a ti.
Despierta, mi bien, despierta, mira que ya amaneció,
ya los pajarillos cantan, la luna ya se metió.

These are the early morning birthday songs
that King David used to sing
to pretty girls, and so we sing them to you.
Wake up, my dear, wake up, look, dawn has already come,
the little birds are singing, the moon is gone.

Actividad 5

Beto is showing Raúl a picture of his family at a birthday party. Identify as many people as you
can and write their names and relationship to Beto under the pictures. If Beto refers to a pet,
simply write the pet's name under the picture. You will hear this conversation twice.

Susi	Hector	Margarita
prima	hermano	abuela
Cristina	Jaime	Daniel
hermana	padre	tío
Luz	María	Fifi
tía	madre	gato

Actividad 6

You are chosen to participate in a popular radio quiz show on a local Spanish radio station. When it is your turn, you are happy to hear that your questions are in the category of **FAMILIA**. See if you can answer all of the questions correctly on the entry card below. Each question becomes a little more difficult. You will hear each set of questions twice.

1. _Es mi tía._

2. _Es mi abuela._

3. _Son mis primos._

4. _Son mis hermanos._

5. _Es mi abuelo._

Actividad 7

Listen as three brothers talk to their mother after school. Try to fill in all of the squares in the grid with the correct information about Julio, Mateo, and Victor. Remember, you might not hear the information given in the same order as it appears in the grid. You will hear this conversation twice.

	¿Cuántos años tiene?	¿Qué le gusta hacer?	¿Qué tiene que hacer?	¿Qué tiene en la mochila?
Julio	13	jugar al fútbol	hacer un video	la cámara
Mateo	17	estudiar	dibujar un cartel	seis libros
Victor	15	bailar	comprar decoraciones	luces

Actividad 8

Listen as two students tell their host families in Chile about their own families back home. As you listen to both of them, see if you can tell which family is being described. Put a check mark in the appropriate box on the grid. You will hear each set of statements twice.

La familia Gómez

La familia Sora

	1	2	3	4	5	6	7	8
La familia Gómez	✓	✓	✓			✓		
La familia Sora				✓	✓		✓	✓

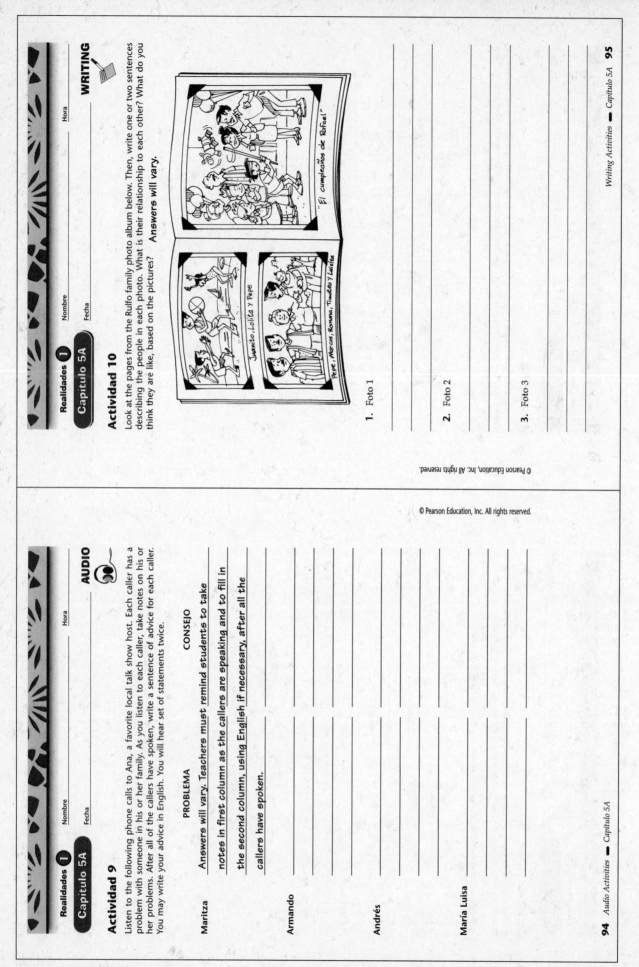

Page 94

Actividad 9

Listen to the following phone calls to Ana, a favorite local talk show host. Each caller has a problem with someone in his or her family. As you listen to each caller, take notes on his or her problems. After all of the callers have spoken, write a sentence of advice for each caller. You may write your advice in English. You will hear each set of statements twice.

	PROBLEMA	CONSEJO
Maritza		Answers will vary. Teachers must remind students to take notes in first column as the callers are speaking and to fill in the second column, using English if necessary, after all the callers have spoken.
Armando		
Andrés		
María Luisa		

Page 95

Actividad 10

Look at the pages from the Rulfo family photo album below. Then, write one or two sentences describing the people in each photo. What is their relationship to each other? What do you think they are like, based on the pictures? **Answers will vary.**

"El cumpleaños de Rafael"

Juanito y Pepe

Pepe, Marcos, Ramona, Timoteo y Luisita

1. Foto 1 _____

_____

2. Foto 2 _____

_____

3. Foto 3 _____

_____

Actividad 11

People have many obligations during the day. Using **tener que**, write what you think the following people have to do at the time of day or place given. Follow the model.

Answers may vary.

Modelo mi padre / a las 7:00 de la mañana

Mi padre tiene que desayunar a las siete de la mañana.

1. yo / a las 7:30 de la mañana

   Yo tengo que ir a la escuela a las siete y media.

2. tú / en la clase de español

   Tú tienes que hablar español en la clase de español.

3. los estudiantes / en la clase de inglés

   Los estudiantes tienen que leer en la clase de inglés.

4. el profesor / en la clase de matemáticas

   El profesor tiene que enseñar en la clase de matemáticas.

5. las personas de la escuela / a las doce de la tarde (al mediodía)

   Las personas de la escuela tienen que almorzar a las doce.

6. Uds. / en la clase de arte

   Uds. tienen que dibujar en la clase de arte.

7. los estudiantes malos / en la clase de educación física

   Los estudiantes malos tienen que correr un kilómetro en la clase de educación física.

8. mi amigo / a las 3:00 de la tarde

   Mi amigo tiene que ir al trabajo a las tres de la tarde.

9. mis hermanos y yo / a las 5:00 de la tarde

   Mis hermanos y yo tenemos que hacer la tarea a las cinco de la tarde.

10. mi familia / a las 6:00 de la tarde

    Mi familia tiene que cenar a las seis de la tarde.

Actividad 12

A. Your family tree is very complex. It takes many links to connect everyone in the family. Using possessive adjectives, write 10 sentences about how people are related in your family. Use the model to help you.

Modelo _Mi tío tiene dos hijos._

Mi abuelo es el padre de mi tía.

1. **Answers will vary.**

2. _____

3. _____

4. _____

5. _____

6. _____

7. _____

8. _____

9. _____

10. _____

B. Now, draw your family tree.

Answers will vary. Should look similar to trees in Student Book and Practice Workbook.

Nombre _____

Fecha _____

Hora _____

WRITING

Actividad 13

Your pen pal from Argentina has asked you to tell her about a member of your family. First, tell her the person's name, age, and relationship to you. Then, describe what the person is like.

Once you finish writing, read your description and check to make sure that all the words are spelled correctly and that you have used accents where necessary. Also, check to make sure the endings of the adjectives agree with the nouns they are describing.

Hola, Ana Sofía:

Answers will vary.

_____

_____

_____

_____

_____

_____

_____

Saludos,

_____

School-to-Home Connection

Dear Parent or Guardian,

The theme for the chapter is *Fiesta en familia* (Celebrations and Family) and this chapter is called *¡Vamos a un restaurante!* (Let's go to a restaurant!).

Upon completion of this chapter, your child will be able to:

- talk about family celebrations
- describe family members and friends
- ask politely to have something brought to him or her
- order a meal in a restaurant
- understand cultural perspectives on family celebrations

Also, your child will explore:

- the correct pronunciation of the letters *b* and *v*
- adjectives ending in *-ísimo,* which conveys the idea of "extremely"

Realidades helps with the development of reading, writing, and speaking skills through the use of strategies, process speaking, and process writing. In this chapter, students will:

- read about vacation plans near Santa Fe, New Mexico; a menu
- write about their favorite restaurant

Remember that additional help is available online at www.PHSchool.com by using the Web Codes in the Student Edition or in the Practice Workbook.

Check it out! Ask your child to tell you the Spanish names for the various items in a table setting, including those for different pieces of silverware.

Sincerely,

For: Tips to Parents
Visit: www.phschool.com
Web Code: jce-0010

Realidades 1

Capítulo 5B

Chapter Resource Checklist

Resources	CO	APV	VH	MAN	LEC	PER	PE	VM	REP	PREP
Teacher										
Teacher's Resource Book										
Input Script		▓								
Audio Script		▓	▓	▓					▓	
GramActiva BLM				▓						
Communicative Activities BLM				▓						
School-to-Home Connection BLM	▓	▓								
Clip Art										▓
Situation Cards BLM									▓	
TPR Storytelling Book		▓	▓	▓						
Fine Art Transparencies Teacher's Guide										
Student										
Practice Workbook									▓	
Vocabulary		▓								
Grammar				▓						
Crossword Puzzle										
Organizer										
Writing, Audio & Video Workbook										
Writing				▓						
Audio				▓						
Video			▓							
Heritage Language Learner Workbook										
Transparencies										
Practice Answers		▓	▓	▓		▓				▓
Vocabulary and Grammar	▓									
Fine Art	▓									
Assessment										
Assessment Program										
Quizzes			▓	▓						
Chapter Test										▓
ExamView Test Bank CD-ROM			▓	▓						▓
Test Preparation Workbook										
Alternative Assessment										
Performance-Based Speaking				▓			▓			▓
Rubrics	▓									▓
Internet Self-Test										
Technology										
I-text	▓	▓	▓	▓						
Teacher Express CD-ROM	▓	▓	▓	▓						
Video Program (VHS and DVD)			▓				▓			
Audio Program										
CD 5B		▓	▓	▓						▓
Assessment CD										
Song CD										

Abbreviation Key

CO = Chapter Opener; APV = A primera vista; VH = Videohistoria; MAN = Manos a la obra; LEC = Lectura;
CV = Cultura en vivo; PO = Presentación oral; PE = Presentación escrita; MH = Mundo hispano; VM = Videomisterio;
REP = Repaso del capítulo; PER = Perspectivas del mundo hispano; PREP = Preparación para el examen

Input Script

Presentation

Input Vocabulary 1: Place the transparency on the screen. For students' reference, write *el abuelo de Paquito, la abuela de Paquito, el padre de Paquito, el primo Rafael, un amigo de Rafael, una amiga de Rafael* on the chalkboard. Describe the first photo and have students guess who each person is. For example, say *"Paquito mira los fotos con su abuelo. ¿Pueden adivinar quiénes son las personas?"* Point to the man and say *"¿Quién es el hombre?"* Then ask about the woman and the boy in the photo.

Input Dialogue 1: Have students see if they guessed correctly by reading the first dialogue. Role-play the dialogue with a student. Then check for comprehension by pointing to each person and asking *"¿Quién es?"*

Input Vocabulary 1 (continued): Ask students to guess the identities of the people in the second photo. Ask *"¿Quién es el joven alto? Quién es la joven baja con el pelo castaño?"* Use gestures to teach the words in boldface. Do the same with the third and fourth photos.

Input Dialogue 2: Have students see if they guessed correctly by reading the dialogue by the photo at the bottom. Role-play the dialogue with a student. Then review with students the identities of the people in the three photos by pointing to each person and asking *"¿Quién es?"*

Input Vocabulary 2: Make a transparency of the Vocabulary Clip Art and cut it into individual items. Hand out copies of the Clip Art and have students tear the images into individual items. Announce that you are the owner of the restaurant shown in the *A primera vista* and that they are your new *camareros y camareras.* Instruct your employees in setting the table by placing each item on the projector and saying, for example, *"El plato está aquí. La servilleta está al lado del plato …"* Students will place the items in the same positions on their desktops. Then quiz your employees by asking questions such as *"¿Qué necesita un cliente del restaurante para beber un café?"* Have students tell you what the customer needs and hold up the correct Clip Art: *"Una taza, una cuchara y el azúcar."*

Input Dialogue 2: Read the first two lines of the dialogue aloud. Hold up a calendar and point out the birthdays of Martin Luther King, Jr., George Washington, and Abraham Lincoln. Ask *"¿Qué celebramos en el ____?"* Students will respond *"Es el cumpleaños de ___."* Then read the last two lines of the dialogue. Ask students to raise their hand if they will have a birthday party this year. Ask students who raise their hand *"¿Quiénes vienen a tu fiesta de cumpleaños?"*

Comprehension Check

- Distribute colored pencils or markers to students. Read a description of a family photo, real or imaginary, to students and have them draw the people they hear described.

- Acting as the restaurant owner again, tell your *camareros y camareras* that they will be expected to drop what they are doing and sing *"¡Feliz cumpleaños!"* to any customer celebrating a birthday. Teach them a birthday song in Spanish. Then have them begin placing a table setting on their desktop using the Clip Art. When you call *"¡Feliz cumpleaños!"* they must stand up, clap their hands, and sing the song. When the song is over, have them trade desks with another student, and tell each other what items are needed: *"Necesitas una cuchara, un plato y la pimienta."*

Audio Script

Audio CD, Capítulo. 5B

Track 01: *A primera vista,* **Student Book, p. 248, (3:09)**

¡Vamos a un restaurante!

You will hear each word or phrase twice. After the first time there will be a pause so you can pronounce it, then you will hear the word or phrase a second time.

el hombre	pelirroja
la mujer	el pelo largo
el pelo castaño	el pelo negro
alto	el pelo canoso
baja	viejo
el pelo corto	joven
el pelo rubio	

Read along as you listen to the dialogues.

Boy: Abuelito, ¿quiénes son las personas en la foto?

Abuelo: La mujer es tu abuela y el hombre, soy yo. Y aquí está tu papá. Tiene sólo seis años.

Boy: ¿Quién es el joven alto y guapo?

Abuelo: Es tu primo Rafael.

Boy: ¿Y la joven baja al lado del primo Rafael?

Abuelo: Es su amiga, Sara. Y estas otras personas son amigos también.

Track 02: *A primera vista,* **Student Book, p. 249, (2:29)**

You will hear each word or phrase twice. After the first time there will be a pause so you can pronounce it, then you will hear the word or phrase a second time.

el menú	el azúcar
la camarera	el vaso
la cuenta	el plato
la sal	el tenedor
la pimienta	la servilleta
la taza	el cuchillo
el mesero	la cuchara

Read along as you listen to the dialogue.

Boy: Abuela, ¿qué celebramos esta noche?

Abuela: Es el cumpleaños de tu abuelo.

Boy: ¿Quiénes vienen a la fiesta?

Abuela: Toda la familia viene.

Track 03: *A primera vista:* **Act. 1, Student Book, p. 249, (2:04)**

¿Quiénes vienen?

Paquito is showing the family album to a friend. Point to the different pictures as he describes the people in the photographs. You will hear each statement twice.

1. Mi padre está con mis abuelos.
2. Mi tío es alto.
3. En la foto, mi abuela tiene el pelo negro.
4. El chico con el pelo rubio es amigo de mi padre.
5. En la foto, mi padre es joven. Tiene seis años.
6. La chica baja se llama Sara.

7. El chico guapo es mi tío Rafael.
8. La chica pelirroja es amiga de mi padre.

Track 04: *A primera vista:* **Act. 2, Student Book, p. 249, (2:09)**

¿Qué necesitas para …?

You will hear seven statements about the table setting. If a statement is correct, indicate *cierto* by raising one hand. If a statement is incorrect, indicate *falso* by raising two hands. You will hear each statement twice.

1. El plato está debajo del azúcar.
2. El cuchillo está al lado del plato.
3. La sal está pero la pimienta no está.
4. El tenedor está encima de la servilleta.
5. El vaso está encima de la taza.
6. El menú no está en la mesa.
7. La cuchara está al lado del cuchillo

Track 05: *A primera vista: Videohistoria,* **Student Book, pp. 250–251, (2:05)**

En el restaurante Casa Río

La familia de Angélica come la cena en este restaurante. Lee lo que pasa durante la comida.

Read along as you listen to the *Videohistoria.*

See Student Book pages 250–251 for script.

Track 06: *Manos a la obra:* **Act. 4, Student Book, p. 252, (3:02)**

¿Quiénes son?

Vas a escuchar descripciones de las personas en el dibujo. En una hoja de papel, escribe los números del 1 al 5. Al lado de cada número escribe el nombre de la persona que describen. Vas a escuchar cada descripción dos veces.

1. Es muy guapo. Tiene el pelo negro. Le encanta hablar por teléfono. ¿Cuántos años tiene? Creo que tiene 20 años. Es joven.
2. Tiene el pelo canoso. Ni es alto ni bajo. Tiene 65 años pero le encanta montar en bicicleta. ¡Qué gracioso es!
3. La joven es baja. Le gusta mucho esquiar. Sólo tiene 14 años. Es rubia y tiene el pelo largo.
4. ¡Qué seria es ella! Tiene el pelo castaño y corto. Le encanta leer. Creo que tiene 60 años.
5. Es pelirroja y muy guapa. Tiene 18 años. Le gusta mucho dibujar.

Track 07: **Audio Act. 5, Writing, Audio & Video Workbook, p. 102, (5:52)**

You are delighted to find out that you can understand a conversation that a family at a table near you in a restaurant is having in Spanish. The family doesn't seem very happy with the waiter. Listen to find out why each family member is upset. By looking at the pictures in the grid below, check off the item that is causing the problem.

You will hear each conversation twice.

1. **ABUELO:** Mi bistec es horrible. Necesita sal. Ramón, la sal, por favor. ¡Ay! No hay sal ni pimienta en la mesa. ¡Mesero, me faltan sal y pimienta!
   MESERO: Lo siento, señor. Les traigo sal y pimienta ahora. Un momento.

2. **ABUELA:** Creo que hay algo en mi vaso de agua. ¿Qué es?
   ABUELO: ¡Qué asco! ¡Hay papel picado en el vaso! ¿Hay una fiesta en la cocina?
   ABUELA: ¡Mesero! Necesito otro vaso.

3. **MESERO:** Señora, ¿hay un problema con su plato principal?
   MADRE: Creo que sí. Yo quisiera el arroz con pollo. ¿Por qué me trae pescado?
   MESERO: Lo siento, señora. Le traigo el pollo en un momento.

4. **EL HIJO:** Mami. No tengo una cuchara para mi helado.
   MADRE: Hijo, no necesitas comer el helado ahora. Debes comer espaguetis.
   EL HIJO: Pero, mami. Necesito una cuchara para los espaguetis también.
   MADRE: Bueno. Mesero, mi hijo necesita una cuchara. Él no tiene cuchara.

5. **HIJA:** No tengo ni tenedor ni cuchillo. Y me falta una servilleta también. No me gusta este restaurante. El servicio aquí no es muy bueno.
   MESERO: Señorita, ¿hay algún problema?
   HIJA: Sí. No puedo comer mi comida. ¿Me trae un tenedor y un cuchillo, por favor?

6. **PADRE:** ¡Qué ridículo! No hay azúcar para el café. ¡Mesero!
   MESERO: Aquí está su cuenta, señor.
   PADRE: ¿La cuenta? ¿Dónde está el azúcar? Un momento. La cuenta no es correcta. ¿Doscientos dólares? ¡Esto está mal!
   MESERO: Lo siento. La cuenta está incorrecta. Un momento. Le traigo la cuenta correcta y el azúcar.
   PADRE: No venimos aquí en el futuro.

Track 08: Audio Act. 6, Writing, Audio & Video Workbook, p. 102, (5:07)

Five young people go to a department store to buy hats as presents for their friends. Listen as each person describes the person he or she is buying the present for. Write the name of each person described in the chart under the name of the hat that best matches that person. You will hear each conversation twice.

1. **FEMALE CUSTOMER:** Mi amigo Daniel es muy aventuroso y atrevido. A él le gusta viajar a lugares extranjeros y tener muchas aventuras como Indiana Jones. No tiene mucho pelo y quiere un sombrero para llevar todos los días en sus aventuras. ¿Qué me recomienda para Daniel?

2. **MALE CUSTOMER:** ¿Cuál es el sombrero perfecto para una mujer como Verónica? Ella es pelirroja con pelo corto. Es muy sociable. Tiene muchas amigas y siempre está ocupada. Ella es presidenta del Club Deportista y juega deportes en todas las estaciones del año. Es muy atrevida. ¿Qué sombrero me recomienda para Verónica?

3. **MALE CUSTOMER:** Busco el sombrero ideal para Rocío. Es una chica simpática, pero no es romántica. Es divertida y también muy elegante. Tiene el pelo largo y negro. Tiene las piernas largas y siempre lleva ropa negra. ¿Qué me recomienda para Rocío?

4. **FEMALE CUSTOMER:** Necesito un sombrero para un chico muy especial. Cuando estoy con Leonel, no veo a otros chicos. Es muy guapo. Es alto y tiene el pelo corto. Es muy serio y a veces demasiado trabajador. Es muy práctico ¿Qué sombrero me recomienda para él?

5. **MALE CUSTOMER:** Hola. Me gustaría ver un sombrero perfecto para una mujer perfecta. Lorena es muy romántica y paciente. Tiene el pelo rubio y siempre a la moda. Lorena es muy talentosa. Canta en un grupo musical que es muy popular porque ella es tan guapa.

Track 09: *Manos a la obra:* **Act. 11, Student Book, p. 256, (2:02)**

Escucha, escribe y dibuja

Roberto, otro amigo de Antonio, también va a la fiesta con su familia. Vas a escuchar la descripción de su familia. Escribe las cuatro descripciones y después dibuja a la familia. Compara tu dibujo con el dibujo de otro u otra estudiante. Vas a escuchar cada descripción dos veces.

1. Mi amigo Roberto viene. Él es altísimo y muy artístico.
2. La hermana de Roberto viene. Ella es muy alta, rubia y guapa.
3. Dos primos de Roberto vienen. Tienen el pelo corto. Uno es ordenado y el otro primo es desordenado.
4. El hermano de Roberto viene también. Él es bajo y tiene el pelo negro y largo.

Track 10: Audio Act. 7, Writing, Audio & Video Workbook, p. 102, (4:15)

Listen as a group of friends discuss Julia's upcoming surprise birthday party. Look at the list of party items. Write the name of each person next to the item that he or she is bringing. Circle any item that still needs to be assigned. You will hear this conversation twice.

FEMALE 1: El viernes es la fiesta de cumpleaños de Julia. ¿Tenemos todo?

MALE 1: Creo que no. Ana, ¿tú vienes a la fiesta?

ANA: Sí vengo. Traigo las cucharas y las servilletas. Paco viene también. Creo que él trae las luces.

MALE 1: Bueno. ¿Quién trae los platos? ¿Sabes si viene Miguel?

FEMALE 1: Sí, Miguel viene, pero no trae los platos. Él trae la piñata.

MALE 1: Armando, ¿vienes a la fiesta?

ARMANDO: Sí. Yo puedo traer los globos. ¿Cuántos necesitamos?

MALE 1: Hmmm. Diez o quince globos. Marta, ¿vienes o no?

MARTA: No puedo ir a la fiesta porque tengo que trabajar. Pero traigo el helado para la fiesta esta tarde.

Male 1: Gracias, Marta. Luisa, ¿puedes venir a la fiesta?

Luisa: Sí. Me gustaría traer las flores y el postre. ¿Qué traigo de postre?

Female 1: ¡Un pastel de chocolate! Gracias, Luisa. Ahora tenemos las flores, el postre, el helado, los globos, las luces, la piñata, las cucharas y las servilletas. ¿Algo más?

Male 1: ¿Quién trae los vasos y los refrescos? ¿Susana?

Susana: Yo puedo traer los refrescos y los vasos. ¿Cuántos vienen a la fiesta?

Male 1: Debes traer veinte o veinticinco refrescos.

You are going to hear this conversation again.

Track 11: *Pronunciación:* The letters *b* and *v*, Student Book, p. 257, (2:29)

In Spanish, *b* and *v* are pronounced the same. At the beginning of a word or phrase, *b* and *v* sound like the *b* in "boy." Listen to and say these words:

You will hear each word twice. After the word is pronounced the first time, there will be a pause so you can pronounce it. Then you will hear the word a second time.

> voy
> bolígrafo
> vienen
> bien
> viejo
> video

In most other positions *b* and *v* have a softer "b" sound. The lips barely touch as the *b* or *v* sound is pronounced. Listen to and say these words:

> abuelo
> divertido
> joven
> huevos
> globo
> Alberto

Try it out! Listen to and say this *trabalenguas:*
Cabral clava un clavo. ¿Qué clavo clava Cabral?

Track 12: Audio Act. 8, Writing, Audio & Video Workbook, p. 103, (3:17)

Iván knows many different people from various places. Listen to him describe these people. Fill in the chart as you hear each piece of information given. You will hear each set of statements twice.

1. Mi amiga Juanita es de Los Ángeles. Ella prefiere el tiempo de California. Ahora está con sus padres en Costa Rica. Lo pasa mal allí porque está enferma.

2. Mis tíos son de San Juan, Puerto Rico. Les gusta la isla, pero ahora están de vacaciones en Cancún, México. Están muy contentos allí.

3. Mis padres y yo somos españoles, de la ciudad de Barcelona. Allí hace buen tiempo en el verano. Ahora estamos en San Antonio, Texas, donde hace mucho calor en el verano, demasiado para nosotros. Preferimos Barcelona.

4. Mi amigo Felipe es de San Antonio. Su casa está al lado de nuestra casa. A él le gusta el tiempo aquí.

5. Mis amigas Juanita y Julie son de Canadá. Ellas prefieren el frío y la nieve. Ahora están de vacaciones en Miami. Hace mucho calor y llueve mucho allí. No están contentas.

Track 13: Audio Act. 9, Writing, Audio, and Video Workbook, p. 104, (4:19)

Listen as a girl describes a photo of a party to her friend who was unable to attend. Write the names of each person described on the line that corresponds to each picture. You will hear the dialogues twice.

1. **Female 1:** ¿Quién es la joven alta de pelo negro? Es muy elegante. Está al lado de los globos.
   Female 2: Es buena amiga de mi hermana. Es muy artística. Dibuja y canta muy bien. Está en mi clase de ciencias sociales. Se llama Diana.

2. **Female 1:** ¿Quién es el joven alto que graba un video? Está al lado de la mesa con todos los regalos.
   Female 2: ¿Está al lado de la mesa con los regalos? Es mi primo Miguel. Es un fotógrafo muy talentoso.

3. **Female 1:** ¿Quién es el hombre detrás de los globos? Es muy gracioso, ¿no? Él trae los vasos y los platos. ¿Es tu abuelo?
   Female 2: Sí. Es muy gracioso. Es mi abuelo. Se llama Felipe.

4. **Female 1:** ¿Quién es la mujer pelirroja con las flores? Baila con todos los jóvenes. Ella es muy sociable, ¿no?
   Female 2: Es mi tía. Se llama Laura. Ella tiene cuarenta años, pero es como una joven de veinte años.

5. **Female 1:** ¿Y la joven con el helado y el pastel? ¿Quién es?
   Female 2: ¿La rubia con pelo corto? Es María. Es muy reservada.

6. **Female 1:** ¿Es el cumpleaños de la joven con el pelo rubio?
   Female 2: Sí. Es mi hermana. Se llama Marisol. Tiene catorce años. Abre uno de los regalos ahora.

Track 14: *Repaso del capítulo,* Student Book, p. 268, (3:56)

Vocabulario y gramática

Listen to these words and expressions that you have learned in this chapter. You will hear each word or expression once.

See Student Book page 268 for vocabulary list.

Track 15: *Preparación para el examen,* Student Book, p. 269, (0:44)

Escuchar

Practice task.

As you listen to complaints about room service, see if you can tell if there is: a) missing silverware; b) missing food; c) missing condiments; or d) all of the above.

Soy el señor Chávez. Me faltan sal y pimienta. Por favor, necesito sal para la hamburguesa y pimienta para las papas fritas.

Video Script

A primera vista: *En el Restaurante Casa Río,* (6:16)

MAMÁ: Esteban … un momento.

MESERO: Buenas tardes y bienvenidos al restaurante Casa Río.

TODOS: Buenas tardes.

MESERO: El menú está en la mesa.

MESERO: Me llamo Luis y soy el mesero. Hoy es mi primer día de trabajo. Estoy un poco nervioso.

MAMÁ: Tranquilo. Somos muy simpáticos.

MESERO: Y ¿qué van a pedir para beber? Perdón. ¿Qué van a pedir para beber?

MAMÁ: De bebida quisiera un café. Tengo frío.

MESERO: … un café ¿Y Ud.?

ANGÉLICA: Un refresco, por favor.

MESERO: … un refresco …

CRISTINA: Hmmm. Me trae un jugo de naranja, por favor.

MESERO: … jugo de naranja …

ESTEBAN: Y quisiera un refresco.

MESERO: … un refresco … ¿Y Ud., señor?

PAPÁ: ¡Uy! Tengo calor. Para mí, un té helado.

MESERO: Muy bien. Les traigo las bebidas en un momento.

ANGÉLICA: ¡Esteban!

ESTEBAN: Lo siento. Mamá, necesito un tenedor y un cuchillo.

MAMÁ: ¡Mesero, por favor!

MAMÁ: El joven necesita un cuchillo y un tenedor.

MESERO: Sí, señora. En seguida. Gracias.

ESTEBAN: De nada.

MESERO: Señora, aquí tiene su refresco.

MAMÁ: Perdone, pero el refresco es para la joven. Yo quiero un café.

MESERO: Claro.

MESERO: Aquí tiene su refresco, señorita.

ANGÉLICA: Gracias.

MESERO: Y aquí está su jugo de naranja.

MAMÁ: No, el jugo de naranja es para la otra joven. El refresco es para el joven, el té helado es para el señor y el café para mí.

MESERO: Y ahora, ¿qué desean para el plato principal?

ANGÉLICA: Yo quiero arroz con pollo.

MESERO: … arroz con pollo …

MESERO: ¿Y Ud., señora?

MAMÁ: Me trae una ensalada de frutas.

MESERO: … ensalada de frutas …

ESTEBAN: Y todavía me faltan un cuchillo y un tenedor.

MESERO: Ah, sí …

MESERO: Señora, ¿para quién es la hamburguesa con papas fritas?

MAMÁ: Bueno, la hamburguesa es para Esteban, el arroz con pollo es para Angélica, las fajitas de pollo son para Cristina, los tacos de bistec son para el señor y la ensalada de frutas es para mí.

MESERO: ¿Y para quién son las enchiladas?

ANGÉLICA: Umm, creo que es para el señor de pelo castaño.

MESERO: ¡Oh! Gracias. Ahora, ¿necesitan algo más?

MAMÁ: Sí, me falta una servilleta.

MESERO: En seguida la traigo.

MESERO: Aquí está, señora. ¿Qué tal la comida? ¿Quieren pedir algo de postre? ¿No quieren postre?

MAMÁ: Pues, sí. Voy a pedir flan de postre.

PAPÁ: Ahora necesito otro café porque tengo sueño.

MESERO: … un flan … y un café …

GramActiva Videos: the verb *venir;* the verbs ser and *estar,* (5:15)

The verb *venir*

APPLE: *Venir.*

Ir.

Venir.

Ir.

Venir.

HOST: *Venir* is the verb that means "to come." It is the opposite of *ir*, which means "to go." *Ir, venir,* "to go," "to come," complete opposites.

HOST: *Venir* is an irregular and also stem-changing verb. It follows the boot pattern, and conjugates similarly to the verb *tener*, so *-go* is added to the regular stem of the verb. *Yo vengo, tú vienes, usted, él,* and *ella viene, nosotros* and *nosotras venimos, vosotros* and *vosotras venís, ustedes, ellos,* and *ellas vienen.*

HERO: To infinitives and beyond!

OLD MAN: I hate that guy. I think I'll call my loving grandson.

SCARECROW: *¿Diga?*

OLD MAN: *Sí, ¿está Espantapájaros, por favor?*

SCARECROW: *Yo soy Espantapájaros.*

OLD MAN: *Espantapájaros, soy tu abuelo.*

SCARECROW: *¡Abuelo!*

OLD MAN: *¿Cuándo vienes?*

SCARECROW: *¡Mañana! ¿Quién más viene?*

OLD MAN: *Toda la familia. Tu padre viene y tu madre también viene, tu hermano y tus hermanas vienen. Van a venir todos.*

SCARECROW: *¡Excelente! Hasta mañana.*

Quiz

HOST: A quiz! Complete the sentences with the correct form of *venir.*

Tú vienes a la clase a las ocho.

Ella viene con su primo.

Nosotros venimos por la tarde.

Ustedes vienen a casa el sábado.

The verbs *ser* and *estar*

HOST: Hello everyone, it seems to be a case of to be, or to be, believe it or not. All the while we have been looking at uses of *to be,* it turns out, there are two to be's at work, not just one.

SCARECROW: What are you talking about?

HOST: I'm talking about *estar* and *ser*. Both mean "to be," but they're not the same verb.

HERO: *Estar* is to state position. "I am here," "you are there"—things that are temporary and change all the time. But if you want to say, "I am lazy," "the pens are made of plastic," or "you are from Mars," you would use *ser*, which states a concept, physical make-up, or possession—things that are not likely to ever change.

HOST: That's right. *Soy perezoso, los bolígrafos son de plástico, eres de Marte* are all uses of the verb *ser* and *estar* all correct.

SCARECROW: Are you saying that the only use of the verb *estar* is to show position?

HOST: No. But, for example, "to be on Mars" would be *estar*, because you're not always on Mars, but "to be from Mars" would be *ser*, because you only come from one place. *Ser* is used for more permanent things.

Quiz

HOST: Fill in the blank with the correct form of *ser* or *estar*.

Tu primo _____ enfermo.
Tu primo está enfermo.
Ellas _____ de Portugal.
Ellas son de Portugal.
Mi perro _____ sociable.
Mi perro es sociable.
Ellos _____ al lado de David.
Ellos están al lado de David.

Videomisterio: ¿Eres tú, María?, Episodio 2, (7:42)

DOÑA LUPE: ¡Diós mío! ¡Qué desgracia!

LOLA: Perdón. La señora de la ambulancia, ¿quién es?

DOÑA LUPE: Es doña Gracia. ¡Qué horror!

LOLA: ¿Doña Gracia?

DOÑA LUPE: Sí. Vive aquí en el 3ºA, tercer piso. Vive con María.

LOLA: ¿Quién es María?

DOÑA LUPE: María es su sobrina, la hija del hermano de su esposo.

LOLA: Ah …

VECINA: ¿Qué pasa, doña Lupe? ¡Qué horrible! Pero, ¿dónde está María?

LOLA: Sí, ¿dónde está María?

DOÑA LUPE: No sé. No está en el piso. No sé.

GIL: ¡Buenos días! Policía.

LOLA: Buenos días. Me llamo Lola Lago.

GIL: Mucho gusto. Soy el Inspector Gil. ¿Y usted vive aquí …?

LOLA: No, vivo allí. Aquí tiene mi tarjeta.

PEÑA: Y yo soy el Inspector Peña.

LOLA: Mucho gusto.

GIL: ¿Y usted es?

DOÑA LUPE: Lupe. Lupe Aguirre. Vivo aquí.

GIL: Mucho gusto, doña Lupe. Inspector Lucas Gil. Y él es el Inspector Peña.

DOÑA LUPE: Encantada.

PEÑA: Mucho gusto.

GIL: Muy bien, Lupe. Vamos a ver. Unas preguntas, por favor. ¿Ud. vive aquí? ¿Y quién es la víctima?

DOÑA LUPE: Yo soy la portera. Ella se llama doña Gracia Salazar.

LOLA: Perdón. Perdón, Inspector Gil. Pero, necesito hablar con Uds. Voy a esperar allí, en la plaza, ¿está bien?

GIL: Sí, señorita. Un momento. Muy bien, doña Lupe. ¿Cómo se llama la víctima?

DOÑA LUPE: Doña Gracia Salazar.

GIL: Muy bien. Muchas gracias.

DOÑA LUPE: Adiós

GIL: Y Ud., señorita. ¿Ud. se llama …?

LOLA: Lola Lago.

GIL: ¿Y es Ud. una detective privada …?

LOLA: Sí. Soy detective privada. Yo vivo allí. En el piso de enfrente. Mire, anoche, a la una de la mañana, vi a un hombre y a una mujer.

GIL: Un hombre y una mujer … dos personas. ¿Dónde?

LOLA: Pues, allí. Delante del número 8. Y también en el tercer piso.

GIL: Repita, ¿en qué piso?

LOLA: En el tercer piso.

GIL: ¿En el piso de doña Gracia?

LOLA: Creo que sí.

PEÑA: Por favor, ¿una descripción del hombre?

LOLA: ¿La verdad? Es difícil. No muy alto. Delgado. No sé. El pelo … el pelo … no sé.

GIL: ¿Y ella?

LOLA: A ver … delgada. Delgada y alta. No sé. No sé.

GIL: ¿Es Ud. una detective pero no tiene una descripción exacta ni del hombre ni de la mujer?

LOLA: Pues, Inspector Gil. Sí, soy detective privada. Y soy una detective muy buena y tengo muchos clientes. Pero, a la una de la mañana, es imposible ver mucho. ¿No?

PEÑA: Cálmese, cálmese. Sí, comprendemos. La mujer, ¿quién era? ¿La sobrina María?

LOLA: Posiblemente. No sé.

PEÑA: Aquí tiene mi teléfono con mi nombre.

GIL: Y aquí tiene mi tarjeta con toda la información necesaria. Por favor, llámenos si tiene más información para nosotros.

LOLA: Claro que sí. Me gustaría ayudar. Ustedes tienen mi nombre y el número de teléfono de mi oficina.

GIL: Muchas gracias, señorita. Pero esto es cosa de la policía, no de una detective privada.

LOLA: Lo sé, lo sé. Pero, me gustaría saber más …

GIL: Bien, Ud. lee el periódico, ¿no? Pues, en el periódico puede leer de todo. Hasta luego, señorita.

Realidades ①

Capítulo 5B

Nombre _____

Fecha _____

Communicative Activity **5B-1**
Estudiante **A**

First, think of eight famous people and fill in the blanks with their names. Then, mark your sentences true or false by writing *Sí* for true or *No* for false. Finally, read your sentences to your partner and circle his or her answers. Do you agree?

Example: Julia Roberts es bonita. *Sí*   Julio Iglesias es joven. *No*

My sentences	True or False	Partner's answers	
1. _____ tiene el pelo largo.	_____	Sí	No
2. _____ es guapa.	_____	Sí	No
3. _____ es pelirroja.	_____	Sí	No
4. _____ es feo.	_____	Sí	No
5. _____ es alto.	_____	Sí	No
6. _____ tiene el pelo negro.	_____	Sí	No
7. _____ es bonita.	_____	Sí	No
8. _____ es viejo.	_____	Sí	No

Realidades ①

Capítulo 5B

Nombre _____

Fecha _____

Communicative Activity **5B-1**
Estudiante **B**

First, think of eight famous people and fill in the blanks with their names. Then, mark your sentences true or false by writing *Sí* for true or *No* for false. Finally, read your sentences to your partner and circle his or her answers. Do you agree?

Example: Julia Roberts es bonita. *Sí*   Julio Iglesias es joven. *No*

My sentences	True or False	Partner's answers	
1. _____ es baja.	_____	Sí	No
2. _____ es inteligente.	_____	Sí	No
3. _____ es viejo.	_____	Sí	No
4. _____ tiene el pelo canoso.	_____	Sí	No
5. _____ es grande.	_____	Sí	No
6. _____ tiene el pelo corto.	_____	Sí	No
7. _____ es joven.	_____	Sí	No
8. _____ es guapo.	_____	Sí	No

Realidades ❶

Capítulo 5B

Nombre _____

Fecha _____

Communicative Activity **5B-2**
Estudiante **A**

You are giving your partner a birthday party at your house and are getting the table ready. Ask your partner what each of the people is bringing to the table. Record his or her answers in the space provided.

1. ¿Qúe trae tu abuela? _____

2. ¿Qúe traen los jóvenes?_____

3. ¿Qúe trae Marco? _____

4. ¿Qúe traen mis padres? _____

5. ¿Qúe traen tú? _____

Your friend is having a dinner party and is asking you what family and friends are bringing to the table. Answer your partner's questions based on the information below.

| tu compañero(a) | la mamá | los amigos | yo | el hermano |

Realidades ❶

Capítulo 5B

Nombre _____

Fecha _____

Communicative Activity **5B-2**
Estudiante **B**

Your friend is giving you a birthday party and is wondering what your family and friends are planning to bring. Answer your partner's questions based on the information below.

| la abuela | Marco | yo | los padres | los jóvenes |

You are having a dinner at your house and are getting the table ready for everyone. Ask your partner what each of the people is bringing to the table. Record his or her answers in the space provided.

1. ¿Qué traen mis amigos? _____

2. ¿Qué trae mi hermano?_____

3. ¿Qué traigo yo? _____

4. ¿Qué traes tú?_____

5. ¿Qué trae mi mamá? _____

Realidades 1

Capítulo 5B

Nombre

Fecha

Communicative Activity **5B-3**

Estudiante **A**

You are going to visit your grandmother's sister in the hospital. Your grandmother wants to describe her sister to you before you go. Your partner will play the role of your grandmother. Listen as he or she describes the grandmother's sister. You have to decide whether each characteristic you hear describes the person's condition today *(hoy)* or a characteristic the person has every day *(todos los días)*. Write the characteristics in the appropriate columns.

Hint! Listen carefully to which verb your partner uses for each description so you can know whether it is a characteristic that does not change or a condition that can change.

Hoy	Todos los días

Now, imagine that you are your partner's sister. You are telling your family about your new boyfriend who is traveling in Spain. Describe your boyfriend to your partner by reading the list of characteristics below.

1. Está en el restaurante.
2. Es gracioso.
3. Está ocupado.
4. Es popular.
5. Está contento.
6. Es de Colombia.
7. Es joven.
8. Está en España.
9. Es pelirrojo.
10. Es alto.

Realidades ❶

Capítulo 5B

Nombre

Fecha

Communicative Activity **5B-3**
Estudiante **B**

Imagine that you are your partner's grandmother and are going to the hospital with your partner to visit your elderly sister. Describe your sister to your partner by reading the list of characteristics below.

1. Es canosa.
2. Es vieja.
3. Está enferma.
4. Es baja.
5. Está sola.

6. Es una mujer.
7. Es simpática.
8. Está triste.
9. Está en el hospital.
10. Es de los Estados Unidos.

Your sister is telling your family about her new boyfriend who is traveling in Spain. Your partner will play the role of your sister. Listen as he or she describes the sister's boyfriend. You have to decide whether each characteristic you hear describes the person's condition today *(hoy)* or a characteristic the person has every day *(todos los días)*. Write the characteristics in the appropriate columns.

Hint! Listen carefully to which verb your partner uses for each description so you can know whether it is a characteristic that does not change or a condition that can change.

Hoy	Todos los días

Situation Cards

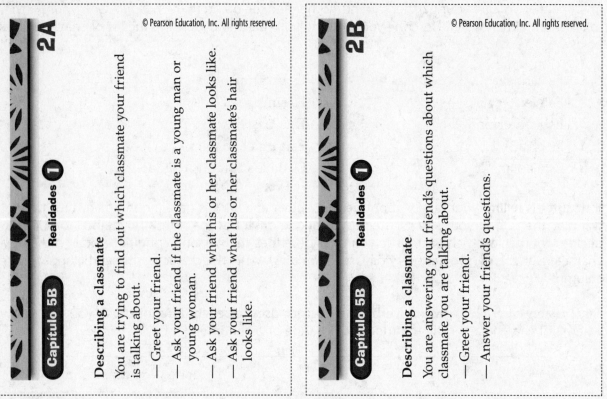

2A

Realidades ①

Capítulo 5B

Describing a classmate

You are trying to find out which classmate your friend is talking about.

— Greet your friend.

— Ask your friend if the classmate is a young man or young woman.

— Ask your friend what his or her classmate looks like.

— Ask your friend what his or her classmate's hair looks like.

2B

Realidades ①

Capítulo 5B

Describing a classmate

You are answering your friend's questions about which classmate you are talking about.

— Greet your friend.

— Answer your friend's questions.

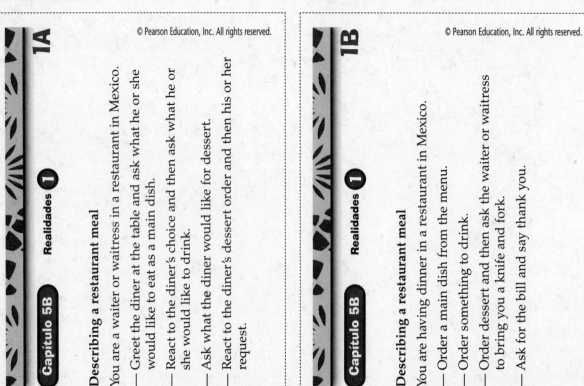

1A

Realidades ①

Capítulo 5B

Describing a restaurant meal

You are a waiter or waitress in a restaurant in Mexico.

— Greet the diner at the table and ask what he or she would like to eat as a main dish.

— React to the diner's choice and then ask what he or she would like to drink.

— Ask what the diner would like for dessert.

— React to the diner's dessert order and then his or her request.

1B

Realidades ①

Capítulo 5B

Describing a restaurant meal

You are having dinner in a restaurant in Mexico.

— Order a main dish from the menu.

— Order something to drink.

— Order dessert and then ask the waiter or waitress to bring you a knife and fork.

— Ask for the bill and say thank you.

GramActiva

¡Vamos a un restaurante!

Juego, p. 254

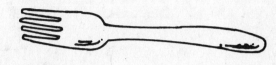

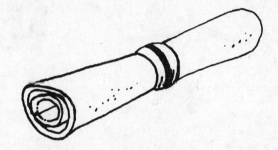

SUGAR

Vocabulary Clip Art

Vocabulary Clip Art

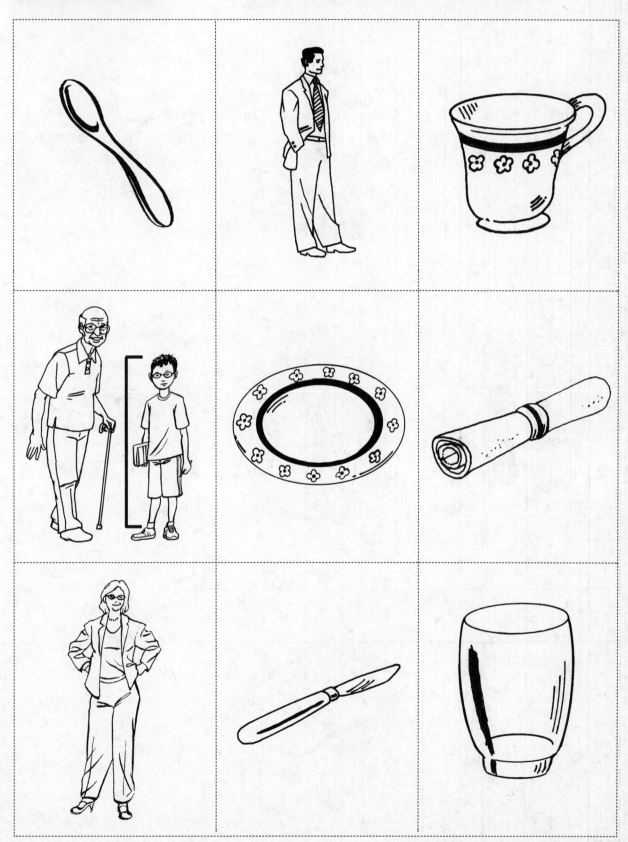

Vocabulary Clip Art

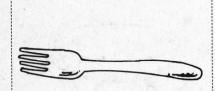

Practice Workbook Answers

5B-1
1. el camarero
2. el tenedor
3. la cuchara
4. el cuchillo
5. el plato
6. la servilleta
7. el vaso
8. la sal
9. la pimienta
10. el azúcar
11. el menú

5B-2
Answers may vary.
1. El tío Roberto es alto y tiene el pelo largo y negro.
2. Melinda es baja y tiene el pelo largo y rubio.
3. Abuelito Jorge es bajo y tiene el pelo corto y canoso.
4. Los primos Juan y Manuel son altos y tienen el pelo corto y negro.
5. Esperanza es alta y tiene el pelo largo y negro (castaño).

5B-3
1. falta
2. rica
3. taza
4. calor
5. pedir
6. algo
7. nada
8. plato principal
9. sueño
10. frío (sueño)

5B-4
A.
Answers will vary.

B.
Answers may vary.
D: ¿Me trae una servilleta?
R: ¿Puedo pedir algo de postre?
D: ¿Me trae un café?

5B-5
1. Marta viene a las nueve.
2. Raúl y Josefina vienen a las diez.
3. Yo vengo a las once menos cuarto.
4. Tú vienes a las once y media.
5. Carmen y yo venimos a las doce.
6. Pedro viene a la una.
7. Roberto y tú vienen a las dos y media.
8. Lucía y Ramón vienen a las tres y media.

5B-6
Answers are not numbered, so they are as follows:
estoy / es / son / es / es / está / es / Son / está / son / somos / estamos / es / es / estamos / es / estar / está / estoy

5B-7
The first sentence of each item is either right or wrong. Other answers will vary.
1. La Sra. Vázquez tiene calor.
   Una ensalada de verduras
   Helado o flan / Un té helado
2. Los chicos tienen hambre.
   Hamburguesas y papas fritas
   Un pastel / Leche
3. Elisita tiene frío.
   Sopa de verduras
   Pastel / Un té
4. El Sr. Vázquez tiene sueño.
   Pescado
   Flan / Una taza de café

Crucigrama (5B-8)
Across:
6. rubio
7. alto
8. están
12. joven
13. cuenta
15. azúcar
16. canoso
17. vieja
18. tenedor
19. pimienta
21. frío

Down:
1. pelirrojo
2. hombre
3. servilleta
4. somos
5. guapa
9. largo
10. postre
11. calor
13. corto
14. cuchara
18. taza
19. principal
20. mujer

Organizer (5B-9)
I. Vocabulary Answers will vary.
II. Grammar
1. col. 1.   col. 2.
   vengo   venimos
   vienes   venís
   viene   vienen
2. ser / estar

Antes de ver el video

Actividad 1

Select from the word bank the appropriate nouns to write under each heading: things needed to set the table, things to eat, and things to drink.

menú	tacos	tenedor	flan
enchiladas	limonada	servilleta	postre
café	refresco	cuchillo	jugo de naranja

Para poner la mesa   **Para comer**   **Para beber**

menú   _tacos_   _café_

servilleta   _flan_   _limonada_

cuchillo   _enchiladas_   _refresco_

tenedor   _postre_   _jugo de naranja_

¿Comprendes?

Actividad 2

Angélica's family is having dinner at the restaurant **México Lindo**. Find the best choice to complete each statement by writing the letter in the space provided.

1. El camarero está nervioso; ___b___

   a. tiene mucho trabajo.

   b. es su primer día de trabajo.

   c. tiene sueño.

2. El papá de Angélica pide un té helado ___a___

   a. porque tiene calor.

   b. porque es delicioso.

   c. porque tiene frío.

3. La mamá de Angélica pide de postre __c__
   a. arroz con pollo.
   b. tacos de bistec.
   c. flan.

4. La mamá de Angélica necesita __a__
   a. una servilleta.
   b. el menú.
   c. un cuchillo y un tenedor.

Actividad 3

Match each person with the things he or she ordered. Write the letter of the foods and beverages in the spaces provided.

a. jugo de naranja y fajitas de pollo

b. enchiladas

c. café, ensalada de frutas y flan

d. té helado, tacos de bistec y café

e. refresco y arroz con pollo

f. hamburguesa y refresco

1. Mamá __c__

2. Angélica __e__

3. Papá __d__

4. Esteban __f__

5. Cristina __a__

6. Sr. del pelo castaño __b__

Y, ¿qué más?

Actividad 4

You and your friend Graciela are having dinner at a Mexican restaurant with your family. Graciela doesn't speak Spanish, so your mom orders dinner for her. Then, you give your order. Look at the menu to see your options, then write your order in the space provided in the dialogue below. *Answers will vary.*

MENÚ		
BEBIDAS	**PLATO PRINCIPAL**	**POSTRES**
Refrescos	Enchiladas	Flan
Jugo de naranja	Tacos de carne/pollo	Helado
Té helado/caliente	Fajitas de carne/pollo	Frutas frescas
Café	Burritos	

CAMARERO: ¿Qué van a pedir para beber?

MAMÁ: La joven quiere un jugo de naranja, y yo quiero un refresco.

TÚ: _____

CAMARERO: ¿Qué quieren pedir para el plato principal?

MAMÁ: Para la joven enchiladas, y yo quiero arroz con pollo.

TÚ: _____

CAMARERO: ¿Quieren pedir algo de postre?

MAMÁ: Para la joven un flan. Yo no quiero nada, gracias.

TÚ: _____

sociable,
deportista,
atrevido(a)

romántico(a),
talentoso(a),
paciente

serio(a),
trabajador(a),
práctico(a)

Verónica

Lorena

Leonel

elegante,
divertido(a),
simpático(a)

aventurero(a),
atrevido(a),
interesante

Rocío

Daniel

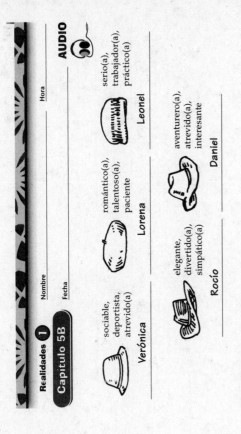

Actividad 7

Listen as a group of friends discuss Julia's upcoming surprise birthday party. Look at the list of party items. Write the name of each person next to the item that he or she is bringing. Circle any item that still needs to be assigned. You will hear this conversation twice.

Los platos		Los refrescos	Susana
Los vasos	Susana	Los globos	Armando
Los tenedores		La piñata	Miguel
Las cucharas	Ana	Las luces	Paco

Las servilletas	Ana
El postre	Luisa
Las flores	Luisa
El helado	Marta

Actividad 8

Iván knows many different people from various places. Listen to him describe these people. Fill in the chart as you hear each piece of information given. You will hear each set of statements twice.

	¿De dónde es/son?	¿Dónde está(n)?	¿Está(n) contento/a/os/as?
Juanita	Los Ángeles	Costa Rica	No
Los tíos	San Juan, Puerto Rico	Cancún, México	Sí
Iván y su familia	Barcelona, España	San Antonio, Texas	No
Felipe	San Antonio	San Antonio	Sí
Juanita y Julie	Canadá	Miami	No

Actividad 5

You are delighted to find out that you can understand a conversation that a family is having at a table near you in a restaurant is having in Spanish. The family doesn't seem very happy with the waiter. Listen to find out what each family member is upset about. By looking at the pictures in the grid below, check off the item that is causing the problem. You will hear each conversation twice.

Actividad 6

Five young people go to a department store to buy hats (sombreros) as presents for their friends. Listen as each person describes the person he or she is buying the present for. Write the name of each person described under the hat that best matches that person. You will hear each conversation twice.

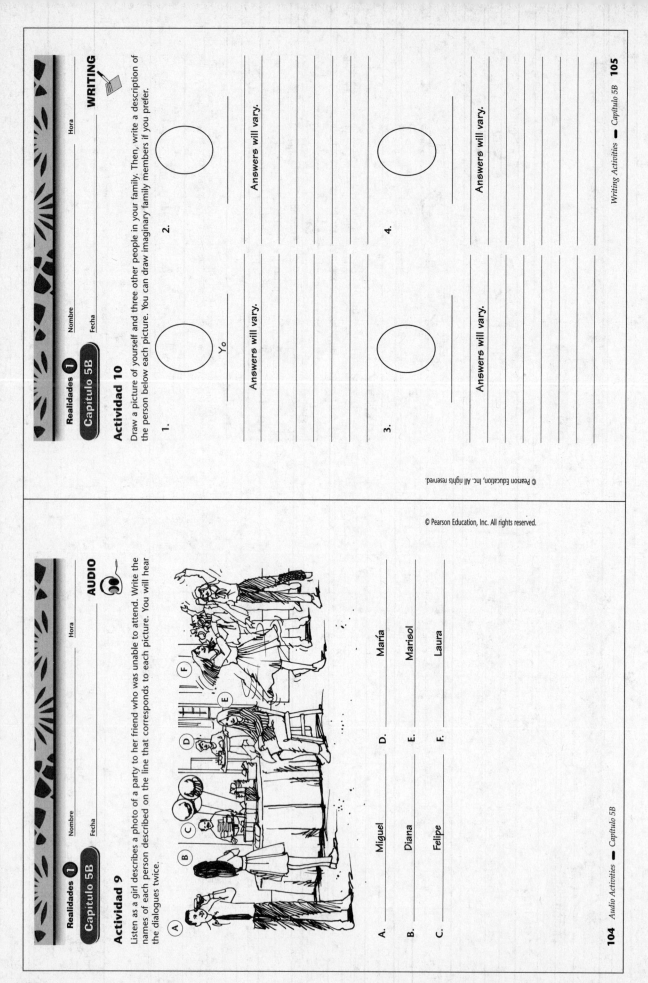

Nombre _____ Hora _____

Capítulo 5B

Fecha _____

AUDIO

Actividad 9

Listen as a girl describes a photo of a party to her friend who was unable to attend. Write the names of each person described on the line that corresponds to each picture. You will hear the dialogues twice.

A. _____   D. _____ María

B. _____   E. _____ Marisol

C. _____   F. _____ Laura

Miguel

Diana

Felipe

Nombre _____ Hora _____

Capítulo 5B

Fecha _____

WRITING

Actividad 10

Draw a picture of yourself and three other people in your family. Then, write a description of the person below each picture. You can draw imaginary family members if you prefer.

1.

Yo

Answers will vary.

2.

Answers will vary.

3.

Answers will vary.

4.

Answers will vary.

Realidades 1

Capítulo 5B

Nombre _____

Hora _____

Fecha _____

WRITING

Actividad 11

In preparation for their upcoming party, Juan and Elisa are talking on the phone about who is coming and what each guest is bringing. Read Elisa's guest list below, then complete the friends' conversation by writing sentences that include the correct form of either **venir** or **traer**.

Nuestra fiesta

Anita - la pizza
Pablo y José - la salsa
Jorge y Marta - la limonada y los refrescos
Luisa y Marcos - las galletas de chocolate
Nosotros - la carne

JUAN: ¿Anita viene a la fiesta el sábado?

ELISA: ___Sí, Anita trae la pizza___ .

JUAN: ¡Qué bien! ¿También van a venir Pablo y José?

ELISA: Sí. Ellos __vienen__ .

JUAN: ¿Qué traen ellos?

ELISA: ___Ellos traen la salsa___ .

JUAN: Bien. Y ¿quién trae las bebidas?

ELISA: Pues, ___Jorge y Marta traen las bebidas___ .

JUAN: Sí. Ahora, ¿quiénes traen el postre?

ELISA: ___Luisa y Marcos traen el postre___ .

JUAN: ¡Perfecto! ¿Y nosotros? ¿ ___Traemos la carne___ ?

ELISA: ¡Traemos la carne, por supuesto!

Realidades 1

Capítulo 5B

Nombre _____

Hora _____

Fecha _____

WRITING

Actividad 12

Describe the following people. Consider their mood and location, their personality and appearance. Be creative and use the pictures and model to help you.

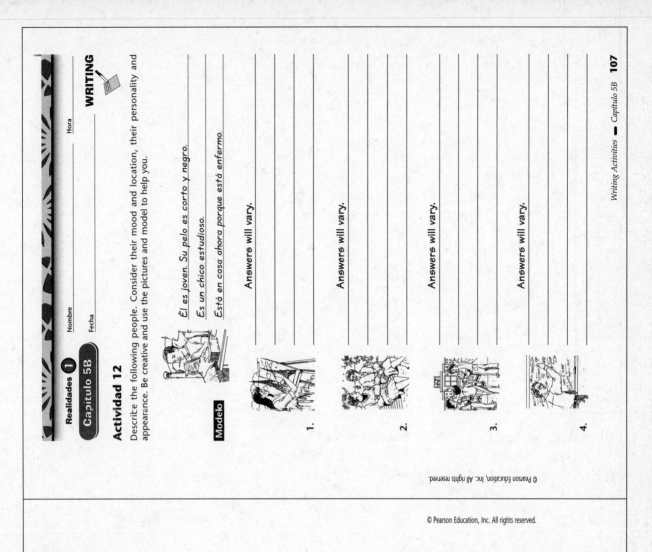

Modelo

Él es joven. Su pelo es corto y negro.

Es un chico estudioso.

Está en casa ahora porque está enfermo.

1. Answers will vary.

2. Answers will vary.

3. Answers will vary.

4. Answers will vary.

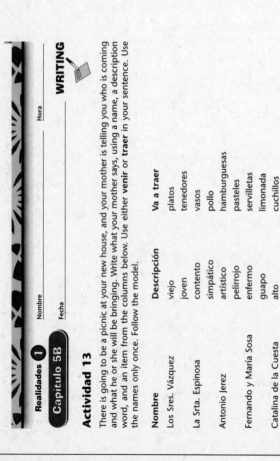

Actividad 13

There is going to be a picnic at your new house, and your mother is telling you who is coming and what he or she will be bringing. Write what your mother says, using a name, a description word, and an item from the columns below. Use either **venir** or **traer** in your sentence. Use the names only once. Follow the model.

Nombre	Descripción	Va a traer
Los Sres. Vázquez	viejo	platos
	joven	tenedores
La Srta. Espinosa	contento	vasos
	simpático	pollo
Antonio Jerez	artístico	hamburguesas
	pelirrojo	pasteles
Fernando y María Sosa	enfermo	servilletas
	guapo	limonada
Catalina de la Cuesta	alto	cuchillos
	bajo	tazas

Modelo *La señorita Espinosa viene a la fiesta. Ella es la mujer joven y simpática que vive cerca de nuestra casa. Ella siempre está contenta y trae los pasteles.*

Answers will vary for all.

1. _____

_____

2. _____

_____

3. _____

_____

4. _____

_____

Table of Contents

Tema 6: La casa
Capítulo 6A: En mi dormitorio

Capítulo 6B: ¿Cómo es tu casa?

Theme Project

La casa
La casa de mis sueños

Overview:

You will create a plan for your dream house on poster board, labeling each floor and room. You can also use magazine cutouts or drawings to furnish one bedroom in the house. Below the house plan, you will write a short paragraph describing your dream house and bedroom. Then you will give an oral presentation of your poster, taking students on a tour of your house and bedroom.

Materials:

Poster board, magazines, markers, glue, crayons, colored pencils, scissors

Sequence:

Step 1. Review the instructions with your teacher.

Step 2. Submit a rough sketch of your house plan and bedroom layout. Incorporate your teacher's suggestions into your draft. Work with a partner to compare sketches.

Step 3. Create your house plan on poster board and do the layout of your bedroom.

Step 4. Submit a draft of the description of your house.

Step 5. Present your house plans to the class, taking the class on a room-to-room tour, and then describing your bedroom in detail.

Assessment:

Your teacher will use the rubric on the following page to assess this project.

Theme 6 Project: La casa de mis sueños

RUBRIC	Score 1	Score 3	Score 5
Evidence of Planning	No written draft or sketch provided.	Draft was written and sketch created, but not corrected.	Evidence of corrected draft and sketch.
Use of Illustrations	No cutouts or drawings included.	Sketch is complete, but few labels and cutouts or drawings are included.	Several cutouts or drawings included.
Presentation	Lists rooms in the house and items in the bedroom.	Describes the house and a few items in the bedroom.	Describes the house and most of the items in the bedroom with some detail.

School-to-Home Connection

Dear Parent or Guardian,

The theme for the chapter is *La casa* (Home) and this chapter is called *En mi dormitorio* (In my bedroom).

Upon completion of this chapter, your child will be able to:

- talk about his or her bedroom
- describe bedroom items and electronic equipment
- make comparisons
- understand cultural perspectives on homes

Also, your child will explore:

- the correct pronunciation of the letters *r* and *rr*
- word roots and their meanings

Realidades helps with the development of reading, writing, and speaking skills through the use of strategies, process speaking, and process writing. In this chapter, students will:

- read a letter to an advice columnist and her response
- speak about their room and what the contents and colors tell about their personality

Remember that additional help is available online at www.PHSchool.com by using the Web Codes in the Student Edition or in the Practice Workbook.

Check it out! Have your child name at least five items in his or her bedroom, such as pieces of furniture or electronic equipment.

Sincerely,

For: Tips to Parents
Visit: www.phschool.com
Web Code: jce-0010

Chapter Resource Checklist

Resources	CO	APV	VH	MAN	LEC	CV	PO	VM	REP	PREP
Teacher										
Teacher's Resource Book										
Input Script		■								
Audio Script		■	■						■	
GramActiva BLM				■						
Communicative Activities BLM				■						
School-to-Home Connection BLM	■									
Clip Art		■								■
Situation Cards BLM									■	
TPR Storytelling Book		■	■							
Fine Art Transparencies Teacher's Guide										
Student										
Practice Workbook		■	■	■	■				■	
Vocabulary		■	■							
Grammar				■	■					
Crossword Puzzle		■								
Organizer										
Writing, Audio & Video Workbook										
Writing				■	■					
Audio				■						
Video			■							
Heritage Language Learner Workbook										
Transparencies		■	■	■						
Practice Answers		■	■	■	■					■
Vocabulary and Grammar	■	■	■							
Fine Art	■									
Assessment										
Assessment Program										
Quizzes			■	■						
Chapter Test										■
ExamView Test Bank CD-ROM		■								
Test Preparation Workbook										
Alternative Assessment										
Performance-Based Speaking				■			■			
Rubrics	■									
Internet Self-Test										■
Technology										
I-text	■	■	■	■	■	■	■	■	■	■
Teacher Express CD-ROM	■	■	■	■	■	■	■	■	■	■
Video Program (VHS and DVD)			■				■	■		
Audio Program										
CD 6A		■	■	■						■
Assessment CD										
Song CD		■								

Abbreviation Key

CO = Chapter Opener; APV = A primera vista; VH = Videohistoria; MAN = Manos a la obra; LEC = Lectura;
CV = Cultura en vivo; PO = Presentación oral; PE = Presentación escrita; MH = Mundo hispano; VM = Videomisterio;
REP = Repaso del capítulo; PER = Perspectivas del mundo hispano; PREP = Preparación para el examen

Input Script

Presentation

Input Vocabulary 1: Place the transparency on the screen. Hand out copies of the Vocabulary Clip Art and have students tear the images into individual items. Tell students *"Este fin de semana, mi hijo (hija, hermanito, hermanita) va a mudarse de casa. Tiene muchas cosas en su dormitorio y necesita ayuda. Voy a traer la cómoda, la alfombra ..."* Point to each item as you say it and have students hold up the Clip Art of the items you mention. Then say *"¡Uf! ¡Es demasiado! ¿Puedes traer ...?"* Ask students if they can bring both portable items, such as the lamp, and nonportable items, such as the closet. Have individual students hold up the Clip Art item as they tell you *"Sí, puedo traer ..."* for portable items or *"No, no puedo traer ..."* for nonportable items.

Input Monologue 1: Read the first sentence of the monologue and then ask students a question about the sentence: *"El joven tiene un dormitorio grande o pequeño?"* Repeat with the rest of the sentences in the first paragraph. Then talk about your classroom using the same language as the first paragraph: *"Tengo una sala de clases pequeña. Las paredes son ____. Tengo carteles de España y de México en las paredes ..."* Ask students if their own bedrooms are generally **desordenado** or **ordenado.** Repeat the process with the second paragraph. When you describe your **posesiones más importantes,** walk around the classroom and humorously show off your stapler, your chalk, and so forth, with great pride.

Input Vocabulary 2: Make an overhead transparency of the Vocabulary Clip Art and cut the image up into individual items. Hand out copies of the Clip Art to students and have them cut the items into individual pieces. Draw a bookshelf on a transparency and place it on the projector. Have students draw a bookshelf on a piece of paper. Tell students *"Tengo que arreglar mi estante. ¡Está muy desordenado! Voy a poner el televisor aquí. Encima del televisor pongo..."* Place the items on the bookshelf as you name them. Students will place the items in the same positions on their bookshelf. Then ask questions such as *"¿Qué hay entre el televisor y la videocasetera?"* Students will hold up the correct Clip Art.

Input Vocabulary 3: Distribute colored pencils or markers to students. Tell them to color each Clip Art item a different color. Do the same with your transparency Clip Art items. Then place the items on the screen and say, for example, *"En mi dormitorio, la alfombra es azul."* Then ask students about their items: *"¿De qué color son las cortinas en tu dormitorio?"* Students should answer with the color they have colored the item.

Input Dialogue 1: Role-play the dialogue with a student. Then, on a piece of scrap paper, have students write the names of two bands: one they like and one they don't like. Read the first two sentences of the dialogue and then ask students questions based on the bands they wrote: *"¿Te gusta el disco compacto de ___? ¿Es ___ menos interesante que ___?"*

Comprehension Check

- Describe the location of objects in a bedroom and have students arrange the Clip Art items on their desktops according to your description.

- Distribute colored pencils or markers to students and have them draw eleven CDs. Tell students that you are going to describe the colors of eleven of your favorite CDs. They will write the names on the CDs and color them per your description. Describe CDs that are sure to make your students groan, for example, the soundtrack from the movie *Saturday Night Fever!*

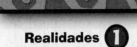
Audio CD, Capítulo 6A

Track 01: *A primera vista*, Student Book, p. 272, (3:11)

En mi dormitorio

You will hear each word or phrase twice. After the first time there will be a pause so you can pronounce it, then you will hear the word or phrase a second time.

el espejo	la pared
la cómoda	la alfombra
el cuadro	la cama
la lámpara	la mesita
el armario	el despertador
las cortinas	

Read along as you listen to the statements.

MALE TEEN: Tengo un dormitorio pequeño. Las paredes son azules. Tengo carteles de mis grupos musicales favoritos en las paredes. Generalmente mi dormitorio esta muy desordenado, pero hoy está ordenado. No comparto el dormitorio con otra persona—es mi propio dormitorio.

En mi dormitorio tengo todas mis posesiones más importantes: mi guitarra, mis discos compactos, mis fotos, mi computadora. ¿Por qué me gusta mucho mi dormitorio? ¡Está encima del garaje! ¡Es el mejor dormitorio para tocar y escuchar música!

Track 02: *A primera vista*, Student Book, p. 273, (4:18)

You will hear each word or phrase twice. After the first time there will be a pause so you can pronounce it, then you will hear the word or phrase a second time.

el televisor	el disco compacto
el lector DVD	el video
la videocasetera	el equipo de sonido
el estante	

Read along as you listen to the dialogue.

FEMALE TEEN 1: ¿Te gusta el disco compacto de Mano Negra?

FEMALE TEEN 2: ¡Por supuesto! Me encanta su música. Pero es menos interesante que la música de Mecano.

FEMALE TEEN 1: A mis padres les encanta escuchar música. Me gustaría tener mi propio equipo de sonido.

You will hear each word or phrase twice. After the first time there will be a pause so you can pronounce it, then you will hear the word or phrase a second time.

los colores	gris
amarillo, amarilla	marrón
negro, negra	verde
anaranjado, anaranjada	rojo, roja
azul	morado, morada
blanco, blanca	rosado, rosada

Track 03: *A primera vista*: Act. 1, Student Book, p. 273, (1:53)

Las posesiones

Escucha a Marcos describir su dormitorio. Mira el dibujo y toca cada cosa que menciona. Vas a escuchar las frases dos veces.

Mi cuarto es pequeño. Las paredes son de color azul.

La cama está al lado de la ventana.

Tengo un cuadro grande y unos carteles en las paredes.

El espejo está encima de la cómoda.

Y tengo una mesita con lámpara al lado de la cama.

Tengo una alfombra y unas cortinas.

Y, claro, ¡tengo despertador!

Track 04: *A primera vista*: Act. 2, Student Book, p. 273, (2:17)

Los colores

Cuando escuches el nombre de un color, señala algo en estas páginas que es de ese color. Vas a escuchar las frases dos veces.

Yo veo algo amarillo.	Yo veo algo morado.
Yo veo algo anaranjado.	Yo veo algo negro.
Yo veo algo azul.	Yo veo algo rojo.
Yo veo algo blanco.	Yo veo algo rosado.
Yo veo algo gris.	Yo veo algo verde.
Yo veo algo marrón.	

Track 05: *A primera vista*: Videohistoria, Student Book, pp. 274–275, (2:07)

El cuarto de Ignacio

¡El cuarto de Ignacio está muy desordenado!

Read along as you listen to the Videohistoria.

See Student Book pages 274–275 for script.

Track 06: *Manos a la obra*: Act. 5, Student Book, p. 276, (2:39)

Escucha, dibuja y escribe

Copia el dibujo en una hoja de papel. Vas a escuchar a Celia describir su dormitorio. Dibuja las cosas que ella menciona en los lugares correctos y escribe las palabras en español para cada cosa. Vas a escuchar las frases dos veces.

1. Hay una mesita a la derecha de la cama.
2. Hay una lámpara encima de la mesita.
3. Hay una cómoda a la izquierda de la ventana.
4. Hay un espejo sobre la cómoda.
5. Mi escritorio está en la pared que está delante de la cama.
6. Hay una computadora encima del escritorio.
7. Hay una silla enfrente del escritorio.
8. Hay una alfombra grande entre el escritorio y la cama.

Track 07: Audio Act. 5, Writing, Audio & Video Workbook, p. 112, (2:30)

Marta and her sister Ana have very similar bedrooms. However, since they have unique personalities and tastes, there are some differences! For each statement you hear, check off in the appropriate column whose bedroom is being described. You will hear each statement twice.

1. Hay dos camas.
2. Hay un cuadro en la pared.
3. Un perro duerme en la cama.
4. Hay un televisor encima de la cómoda.
5. Las paredes son blancas.
6. Hay una ventana con cortinas.
7. Hay un espejo en la pared.
8. Hay un despertador en la mesita.
9. Hay una lámpara en el escritorio.
10. Hay una alfombra pequeña.

Track 08: Audio Act. 6, Writing, Audio & Video Workbook, p. 113, (4:06)

Your Spanish teacher asks you to represent your school at a local university's Competencia Escolar *(Scholastic Competition)* for secondary Spanish students. She gives you a tape to practice with for the competition. As you listen to the recording, decide whether the statement is true or false and mark it in the grid. You will hear each set of statements twice.

1. Generalmente los estudiantes del octavo grado son mayores que los estudiantes del sexto grado.
2. Dormir ocho horas es peor para la salud que dormir cinco horas.
3. Los colores blanco y rojo son mejores para el Día de San Valentín que los colores blanco y negro.
4. En los Estados Unidos, hace menos calor en julio que en diciembre.
5. Generalmente una cómoda es más grande que una mesita.
6. Las ensaladas son peores para la salud que los postres.
7. Los padres son menores que los abuelos.
8. Generalmente las madres creen que los dormitorios desordenados son peores que los dormitorios ordenados.
9. Generalmente la música rock es menos popular que la música clásica para los jóvenes.
10. Generalmente tus propias posesiones son más importantes que las posesiones de otras personas.

Track 09: *Manos a la obra:* Act. 10, Student Book, p. 278, (2:01)

Dos dormitorios

En una hoja de papel, escribe los números del 1 al 6. Escucha las seis comparaciones de los dormitorios de Paco y Kiko. Escribe C si la frase es cierta o F si es falsa. Vas a escuchar las frases dos veces.

1. Los dos cuartos están muy ordenados.
2. Al lado de la cama hay una mesita.
3. Encima de la mesita hay una lámpara pequeña.
4. En el centro del cuarto hay una alfombra grande.
5. A la izquierda de la alfombra está la cómoda.
6. Paco y Kiko tienen equipos de sonido.

Track 10: Audio Act. 7, Writing, Audio & Video Workbook, p. 113, (4:56)

Señora Harding's class is planning an Immersion Weekend for the school district's Spanish students. Listen as four committee members discuss the best food to have, the best activities for younger and older students, and the best colors for the t-shirt *(camiseta)* that will be given to all participants. To keep track of what everyone thinks, fill in the grid. You will hear each set of statements twice.

1. **MALE TEEN 1:** Para mí, la comida mejor es la pizza. A todos los estudiantes les gusta la pizza. Y para la camiseta debemos usar los colores de la bandera de España: rojo y amarillo. ¿Y las actividades? Para los estudiantes menores, mirar un video es la mejor actividad. Pero para los estudiantes mayores, es mejor bailar.
2. **FEMALE TEEN 1:** Para mí, los espaguetis son mejores que la pizza. Y más fáciles de preparar. Los estudiantes menores prefieren jugar al vóleibol. Para los estudiantes mayores, estoy de acuerdo con Julio. Bailar es la mejor actividad. Para la camiseta, debemos usar los colores de la escuela: rojo y blanco.
3. **MALE TEEN 2:** Va a ser muy popular si comemos perritos calientes y papas fritas. No es bueno tener dos grupos diferentes para las actividades. Para mí, lo mejor es cuando los estudiantes menores y mayores juegan al vóleibol en grupo. Una camiseta roja y amarilla es muy fea. Prefiero los colores rojo y blanco, como los colores de la escuela.
4. **FEMALE TEEN 2:** Una comida popular para todos es arroz con pollo. Es mejor para la salud que la pizza o los perritos calientes. Para mí, la mejor actividad para los estudiantes menores es jugar videojuegos en español. Para los estudiantes mayores es mejor hablar en español que jugar videojuegos. La camiseta debe ser anaranjada y negra. Son colores muy bonitos, ¿no?

Track 11: Audio Act. 8, Writing, Audio & Video Workbook, p. 114, (3:40)

Your friend is babysitting for a family with an eight-year-old boy and a ten-year-old girl. Since they are a Spanish-speaking family, your friend wants you to go with her in case she doesn't understand everything that the mother tells her. Listen to the conversation to learn all the ground rules. Write either *sí* or *no* in each column that matches what the mother says that the boy or girl can do. Be sure to write *no* in both columns if neither is allowed to do it. Write *sí* in both columns if both are allowed to do it. You will hear this conversation twice.

LA JOVEN: Buenas tardes, señora. ¿Sus hijos pueden ver la tele?

MADRE: Sí, pueden ver la tele sólo una hora, nada más.

LA JOVEN: ¿Los amigos de sus hijos pueden venir a la casa?

MADRE: Prefiero que no.

LA JOVEN: De acuerdo. ¿Cuántas horas duermen los dos a la hora de la siesta?

MADRE: Nuestra hija no duerme por la tarde, pero nuestro hijo, sí. Generalmente él duerme una hora.

LA JOVEN: ¿Ellos pueden beber o comer algo?

MADRE: Claro. Hay galletas y leche para ellos.

LA JOVEN: ¿Ellos tienen sus propios dormitorios?

MADRE: Sí. El dormitorio de nuestro hijo es azul y el dormitorio de nuestra hija es rosado. La chica tiene una computadora, pero el chico, no.

LA JOVEN: ¿Y pueden jugar videojuegos?

MADRE: Nuestra hija, sí. Pero nuestro hijo, no.

LA JOVEN: Tiene usted una casa muy bonita, señora.

MADRE: Gracias. Nos vemos mañana a las dos.

You are going to hear this conversation again.

Track 12: *Manos a la obra:* Act. 23, Student Book, p. 284, (2:21)

El campamento Nadadivertido

Es el primer día en el campamento de verano Nadadivertido. Tu amigo o amiga nunca escucha nada. Escucha las reglas del campamento y después contesta las preguntas de tu amigo o amiga.

Regla número uno: No pueden usar el equipo de sonido después de las ocho.

Regla número dos: Las chicas no pueden estar en los dormitorios de los chicos.

Regla número tres: No pueden tener televisores ni videocaseteras en el campamento.

Regla número cuatro: Pueden escuchar discos compactos, pero sólo los domingos.

Regla número cinco: No pueden ni comer ni beber en las camas.

Regla número seis: No pueden dormir después de las siete de la mañana.

Track 13: *Pronunciación:* The letters *r* and *rr*, Student Book, p. 285, (4:15)

Except at the beginning of a word or after *l* or *n*, the sound of the letter *r* is similar to the *dd* in the English word *ladder*. Listen to and say these words:

You will hear each word twice. After the word is pronounced the first time, there will be a pause so you can pronounce it. Then you will hear the word a second time.

derecha	amarillo
pero	alfombra
quiero	bandera
puerta	morado

The sound of *rr* is similar to saying "batter, batter, batter" over and over again very quickly. Listen to and say these words:

perro	guitarra
aburrido	pelirrojo
correr	marrón
arroz	horrible

When *r* is the first letter of a word or comes after *l* or *n*, it is pronounced like the *rr*. Listen to and say these words:

Roberto	reloj
rubio	rojo
Rita	romper
radio	regalo
Ricardo	Enrique

Try it out! Listen to and say this *trabalenguas:*

Erre con erre cigarro,
Erre con erre barril.
Rápido corren los carros,
Cargados de azúcar del ferrocarril.

Track 14: Audio Act. 9, Writing, Audio & Video Workbook, p. 115, (4:50)

Look at the pictures in the chart below as you hear people describe their friends' bedrooms. Place a check mark in the chart that corresponds to all of the items mentioned by the friend. You will hear each set of statements twice.

1. MALE TEEN 1: Javier tiene el mejor dormitorio para una fiesta. Podemos escuchar música y mirar videos. Tiene su propio equipo de sonido. Siempre tiene los discos compactos más populares. Puede escuchar su música cuando quiere porque su dormitorio está en el primer piso y el dormitorio de sus padres está en el segundo piso. También tiene una videocasetera con todos los videos populares.

2. FEMALE TEEN 1: Sara es una joven muy sentimental. En la pared hay fotos de sus amigos y encima de la cómoda hay un cuadro grande de su perro. Le encanta su perro. A ella le gusta ir de compras y tiene muchos espejos en su dormitorio. Uno está encima de la mesita, otro delante de la cómoda y otro en la puerta.

3. FEMALE TEEN 2: María es muy estudiosa. A ella le gusta leer y tiene un estante con muchos libros. Siempre escribe cuentos en su propia computadora. Para ella, es muy importante mantener la salud. Bebe mucha agua y come mucha fruta. Hace ejercicio todos los días y juega al tenis muy bien. Encima de la cómoda hay muchos trofeos de tenis.

4. MALE TEEN 2: Marcos tiene un dormitorio muy grande, pero muy desordenado. No hace la cama y hay comida y refrescos por todas partes. Él duerme mucho y no hace ejercicio. Hay un despertador en la mesita. No estudia mucho, pero su mochila y sus libros siempre están en su dormitorio.

Track 15: *Repaso del capítulo*, Student Book, p. 294, (4:51)

Vocabulario y gramática

Listen to these words and expressions that you have learned in this chapter. You will hear each word or expression once.

See Student Book page 294 for vocabulary list.

Track 16: *Preparación para el examen*, Student Book, p. 295, (0:56)

Escuchar

Practice task.

You will be spending a month in a Spanish immersion camp. You go to the camp Web site and click on the audio descriptions of the student rooms. Which items are being provided? Which items would you have to bring?

ADULT MALE: ¿Vas a pasar el verano con nosotros? Tenemos los mejores dormitorios. Después de un día de muchas actividades, puedes ver la tele o escuchar música. Hay un televisor y un equipo de sonido en todos los dormitorios.

Video Script

A primera vista: *El cuarto de Ignacio,* (4:33)

MAMÁ: Pero—¿qué es esto? ¡Qué feo! Mi hijo ... ¿cómo puede hacer esto? Ay, ¡qué desordenado es! ¿De qué color es esta camiseta? ¿Gris? ¿Blanca? ¿Y esto, de muchos colores? ¡Ay, por favor! Necesito trabajar mucho en este cuarto. La lámpara, en el escritorio. El cuadro, en la pared. La foto, en el estante. ¡Ay, ay, ay!

IGNACIO: ¡Hola, mamá! ¡Mamá! ¡Mi cuarto! ¿Qué pasa con mi cuarto?

MAMÁ: Está mejor ahora, ¿verdad? Más bonito ... Y... tengo un sistema útil para ti.

IGNACIO: ¿Útil?

MAMÁ: Sí. Mira: Los libros grandes, aquí. A la izquierda, las revistas. Los discos compactos, que son pequeños, a la derecha de los libros. Está mejor así, ¿verdad?

IGNACIO: Para mí, no. Está peor. Ahora no sé dónde están mis cosas: mis libros ... mis disquetes ... mis cuadernos.

MAMÁ: Pero, ¿no quieres tener bien ordenado tu cuarto?

IGNACIO: Mamá, mi cuarto es muy importante para mí. Tengo todas mis posesiones aquí. Sólo yo puedo organizar mi propio cuarto.

MAMÁ: Pero, ¿cómo duermes con todas las cosas encima de la cama?

IGNACIO: Mamá, siempre duermo muy bien.

MAMÁ: ¡Ayyy! Está bien. Nunca más voy a organizar tu cuarto.

IGNACIO: Gracias.

MAMÁ: Bueno. No organizo más tu cuarto ... Pero entonces, cierra siempre la puerta.

IGNACIO: ¿Por qué?

MAMÁ: Porque es muy feo, ver todas tus cosas encima de tu cama.

IGNACIO: Bueno, voy a cerrar siempre la puerta, ¿está bien?

MAMÁ: Más o menos ...

IGNACIO: ¡Gracias, mamá! ¡Eres la mejor! Y, ahora, los libros aquí ... y los discos, aquí. Y el cuadro, así ...

GramActiva Videos: making comparisons; the superlative; stem-changing verbs: *poder* and *dormir,* (9:35)

Making comparisons

Host 1: I'm more intelligent than you.

Host 2: *I'm* more intelligent than you.

Host 1: No, *I'm* more intelligent.

Host 2: No, *I'm* more intelligent!

Host 1: Hello there. You may think we're arguing.

Host 2: Ha ha ha! But that would be silly.

Host 1: We're just introducing the comparative. You use the comparative when you are comparing two things.

Host 2: Like when you say "I like Brussels sprouts more than homework."

Host 1: Or, "Blue bananas are less tasty than yellow bananas."

Host 2: Let's jump right in with how to express "more than" in Spanish.

HOST: To express "more than," use *más* plus an adjective, adverb, or noun, plus *que.*
Gabrielle tiene más plátanos que Susan.
Juan es más alto que Pedro.

HOST: To express "less than," use *menos* plus an adjective, adverb, or noun, plus *que.*

HOST: *Sarah es menos desordenada que su hermano.*

HOST: *Sarah es más desordenada que su hermano.*

TIMMY: Hello. I'm Timmy the Tapeworm. In English, you would say "This apple is good." but you wouldn't say "This apple is gooder than that apple." You'd say "This apple is *better* than that apple." Mmmm! That's because the comparative form of good, *better,* is irregular.

HOST: Spanish also has some adjectives and adverbs that are irregular in the comparative. Here are some common ones.

HOST: For *bueno* and *bien,* "good" and "well," the comparative form is *mejor que,* which means "better than." *Malo* and *mal,* "bad" and "badly," is *peor que,* "worse than." *Viejo,* "old," is *mayor que,* "older than." And the comparative form of *joven,* "young," is *menor que,* "younger than."

HOST: *Las fresas rojas son mejores que las fresas verdes.*
Mi abuelo es mayor que su abuelo.

COACH: Time for a quiz!

Quiz

HOST: Fill in the blank with *más* or *menos.*
(more) Ryan es _____ ordenado que su hermana.
Ryan es más ordenado que su hermana.
(younger) Mi hermano es _____ que mi hermana.
Mi hermano es menor que mi hermana.
(older) Tus padres son _____ que tú.
Tus padres son mayores que tú.

The Superlative

HOST: This is the best show ever! That, my friends, is an example of the superlative. In English, you make the superlative by adding *-est* at the end of an adjective, or by using phrases like *the most* or *the least. Spiciest. Most beautiful. Coldest. Least exciting.*

HOST: The superlative in Spanish is formed a little differently. Look at these examples. We'll start with *most* and *least.*

HOST: *Ana es la chica más alta de la clase.*
Son los estudiantes más inteligentes de la escuela.
To say that someone or something is the most, put *más* between the noun and the adjective.

HOST: But to say something is the least, use *menos.*
Es la clase menos interesante de la escuela.
To say that something or something is the least, put *menos* between the noun and the adjective.

HOST: *Los libros más interesantes de la bilbioteca.*

HOST: *El gato más perezoso de todos.* The laziest cat.

HOST: ¡Feliz cumpleaños, Rover! *es el video menos interesante de mi colección.*

HOST: Did you notice that if you want to say "My brother is the most intelligent person *in* my family" in Spanish you would use *de* to mean "in"?

HOST: *Mi hermano es la persona más inteligente de mi familia.*

HOST: To say that someone or something is the best or the worst, put *mejor* or *peor* between the definite article and the noun.

HOST: *El perro.* The dog.
El mejor perro. The best dog.
La silla. The chair.
La peor silla. The worst chair.

HOST: J

HOST: *Para mí, el azul y el rojo son los mejores colores para los globos.*

HOST: *Para mí, el anaranjado es el peor color para los globos.*

Quiz

HOST: Quiz time. Fill in the blank with the correct phrase.
(messiest) Soy la estudiante _____.
Soy la estudiante más desordenada.
(worst) ¡*Plátanos, plátanos, plátanos!* es el _____ video de mi colección.
¡*Plátanos, plátanos, plátanos! es el peor video de mi colección.*
(best) Son los _____ libros de la biblioteca.
Son los mejores libros de la biblioteca.

Stem-Changing Verbs: *poder* and *dormir*

GIRL: Shhh. *Él duerme. Poder,* "to be able," and *dormir,* "to sleep," are stem-changing verbs.

BOY: Ahh! Stem-changing verbs!

GIRL: Don't worry. Stem-changing verbs are nothing to have nightmares about.

HOST: When you remove the *-ar, -er,* or *-ir* of an infinitive, the part that remains is the stem. Verbs that change in the stem when you conjugate them, like these guys, are called—ba ba ba bum—stem-changing verbs. Shazam! Notice how the *u* in *jugar* changes to a *ue,* and the *o* in *poder* and *dormir* changes into a *ue.*

HOST: We're going to cover the stem-changes for *dormir,* "to sleep," and *poder,* "to be able."

HOST: The stem-changing rule for these verbs is pretty straightforward. Ahh, that's better. The *o* in the stem changes to *ue* in all forms except *nosotros* and *vosotros.* Check out the conjugation for *dormir.*

HOST: *Duermo. Duermes. Duerme. Dormimos. Dormís. Duermen. Dormir* is a boot verb—if you trace around the forms with stem changes, the line forms a boot.

PAPA BEAR: *Duermo en una cama grande. Duermes en una cama pequeña.*

MOMMA BEAR: *Sí, duerme en la cama pequeña.*

KID BEAR: *Dormimos por la noche.*

GOLDILOCKS: *Duermen por la noche.*

HOST: *Poder,* "to be able," is also a boot verb. Here's the conjugation. *Puedo. Puedes. Puede. Podemos. Podéis. Pueden.*

HOST: Here's something to watch out for with *poder.* When a form of *poder* is followed by a verb, that verb is always in the infinitive.

HOST: *Ella puede ir a la fiesta.*
Ellos pueden ir de cámping conmigo. ¡Qué bien!

ACTOR 1: Ahh! A quiz!

ACTOR 2: Run for your lives.

Quiz

HOST: Fill the blank with the correct form of *poder* or *dormir.* Ready, set, here we go.

HOST: Él _____ en la cama.
Él duerme en la cama.
(nosotros) _____ ir a la fiesta.
Podemos ir a la fiesta.
(yo) _____ lavar los platos.
Puedo lavar los platos.

Videomisterio: *¿Eres tú, María?,* Episodio 3, (13:29)

LOLA: Hola, Margarita. ¿Cómo estás?

PACO: ¡Buenas tardes! ¡Qué día tan fantástico!

LOLA: Hola, Paco.

PACO: ¿Qué pasa?

LOLA: Pasan muchas cosas.

PACO: ¿Sí? ¿Un caso nuevo para nosotros?

LOLA: Escucha. El domingo a la una de la mañana, en la calle enfrente de mi piso, vi a un hombre y a una mujer hablando. Muy interesante.

PACO: ¿Hablando? … ¿de qué?

LOLA: La verdad … no sé. Bueno. Y ayer, una señora mayor, doña Gracia, fue al hospital en una ambulancia. Ella vive en el …

PACO: ¿Hay cliente?

LOLA: Pues, no …

PACO: No. Para nosotros esto no es nada. ¡Nada! Si no hay cliente, no hay caso. No vamos a trabajar por "hobby."

LOLA: Sí, es verdad. No vamos a trabajar en esto. Pero …

PACO: Lola, si no hay cliente, si no hay dinero, entonces no hay nada.

LOLA: Está bien …

PACO: Lola, recuerda. Tenemos que hablar con la señora Valentino a las cuatro y media de la tarde.

LOLA: Sí, a las cuatro y media. Pero primero voy a casa a comer y a dormir una siesta.

PACO: Vale.

LOLA: Doña Lupe, perdóneme.

DOÑA LUPE: Buenas tardes, usted dirá.

LOLA: Yo vivo allí enfrente y … soy … soy periodista.

DOÑA LUPE: ¿Periodista? No me diga. ¿De la televisión?

LOLA: No. Trabajo para el periódico.

DOÑA LUPE: ¡Ah! Y, ¿para qué periódico trabaja usted?

LOLA: Pues, para …, para *El País.*

DOÑA LUPE: Hmmm. Me gusta ese periódico.

LOLA: Qué bien. Bueno, quiero saber qué pasó en el piso de doña Gracia.

DOÑA LUPE: ¡Qué terrible! La pobre doña Gracia está muy, muy mal. Está en coma, en el hospital San Carlos. Ya es mayor. Tiene ochenta y cinco años.

LOLA: Bueno, y, ¿qué pasó exactamente?

DOÑA LUPE: Pues los domingos yo le llevo siempre el periódico a doña Gracia. Pero, doña Gracia no puede ver bien. Ahora ya no ve casi nada.

LOLA: Si tiene ochenta y cinco años … normal.

DOÑA LUPE: Sí, es una lástima. Pero en el piso vive María, su sobrina.

LOLA: Ah, comprendo. La hija del hermano de su esposo.

DOÑA LUPE: Sí. María trabaja como modelo y no pasa mucho tiempo con doña Gracia.

LOLA: Y cuando María no está aquí, ¿quién ayuda a doña Gracia?

DOÑA LUPE: Pues, yo misma la ayudo. Yo le leo el periódico. A mí, me gusta mucho leer el periódico. Y me gusta su periódico …

LOLA: ¿Y?

DOÑA LUPE: Pues, yo voy a su piso como todos los domingos. Llamo una vez. Nada. Llamo otra vez. Nada. No sé qué hacer. Doña Gracia siempre está allí, ¿sabe? Así que abro la puerta con mi llave.

LOLA: Y …

DOÑA LUPE: Mire. Abro la puerta. ¡Dios mío! La pobre doña Gracia está allí … en el suelo. Creo que está muerta. Busco a María, pero no está. Y luego llamo inmediatamente al hospital y a la policía.

LOLA: ¿Sabe si robaron algo? ¿Dinero, joyas, arte?

DOÑA LUPE: No sé. Doña Gracia es muy rica. Riquísima. Tiene mucho dinero. Y también tiene muchas joyas: tiene perlas, esmeraldas, diamantes … uf, muy rica.

DOÑA LUPE: Sí, su familia tiene mucho dinero. Y también la familia de su esposo, don Antonio, que en paz descanse. Ya no vive.

LOLA: ¿El esposo de doña Gracia no vive? ¡Qué triste!

DOÑA LUPE: Sí …

LOLA: Bueno, y ¿dónde están las joyas ahora? ¿En el piso?

DOÑA LUPE: No sé. Los dos policías, ese Inspector Gil, y el otro hombre … ¿cómo se llama?

LOLA: Inspector Peña.

DOÑA LUPE: Sí, él. Pues, a mí no me dicen nada. Nada de nada. No sé dónde están las joyas …

LOLA: A ver. Usted dice que doña Gracia vive aquí con una sobrina.

DOÑA LUPE: Sí, María Requena. Es una chica un poco rara.

LOLA: ¿Rara?

DOÑA LUPE: Sí. Posiblemente por el accidente …

LOLA: ¿El accidente?

DOÑA LUPE: Sí, un accidente de coche. Muy grave, muy serio. Pero eso pasó antes de venir a vivir con doña Gracia.

LOLA: A ver. María viene a vivir con doña Gracia después del accidente de coche.

DOÑA LUPE: Fue horrible. Ella pasó tres meses en el hospital San Carlos.

LOLA: Uf, tres meses es mucho tiempo. ¿Y ahora?

DOÑA LUPE: Pues es muy curioso. No sé dónde está. Estaba en el piso el sábado por la mañana, hace dos días.

LOLA: El sábado pasado.

DOÑA LUPE: Sí, el 14 de octubre. Pero ahora, no está.

LOLA: ¿Usted dice que María es modelo?

DOÑA LUPE: Sí, modelo profesional.

LOLA: ¿Y cómo es ella?

DOÑA LUPE: Guapa … muy guapa. Alta, delgadita. No habla mucho. Conmigo nunca habla.

LOLA: ¿Y doña Gracia no tiene hijos? ¿Otros miembros de la familia?

DOÑA LUPE: Sí, un nieto. Se llama Pedro. Vive en Italia. No viene nunca aquí. Hay problemas de familia.

LOLA: ¿Problemas? ¿De qué tipo?

DOÑA LUPE: Pues, no sé exactamente. El esposo de doña Gracia, don Antonio, tenía problemas con su hijo.

LOLA: ¿Sí?

DOÑA LUPE: Y el pobre nieto …

LOLA: … Pedro …

DOÑA LUPE: Sí … él no conoce a su abuela. Es muy triste.

LOLA: Es terrible. Pobre doña Gracia.

DOÑA LUPE: Sí, y doña Gracia con todo ese dinero y todas esas joyas …

LOLA: Y, ¿qué va a pasar con su fortuna?

DOÑA LUPE: Es un secreto …

LOLA: Me encantan los secretos. Dígame.

DOÑA LUPE: Pues, creo que María va a recibir toda la fortuna.

(flashback)

ABOGADO: Firme aquí, por favor. María Requena Carbonell.

LOLA: María. ¿No el nieto Pedro?

DOÑA LUPE: No, María.

LOLA: Interesante. Bueno, y, ¿qué va a pasar ahora?

DOÑA LUPE: Pues, la policía quiere hablar con Pedro.

LOLA: Pero él vive en Italia.

DOÑA LUPE: Sí. Vamos a ver.

LOLA: Muy interesante.

DOÑA LUPE: ¿Va a escribir algo en su periódico? ¿Quiere mi nombre completo? Lupe. L-U- …

LOLA: No, no, no, no … Todavía no tengo suficiente información. Pero voy a pasar por aquí uno de estos días, a ver si hay algo nuevo, ¿vale?

DOÑA LUPE: Cuando quiera, aquí me tiene.

LOLA: Muchísimas gracias. Adiós.

LUPE: Adiós.

LOLA: Disculpa.

PEDRO: Perdón.

Realidades ①

Capítulo 6A

Nombre _____

Fecha _____

Communicative Activity **6A-1**

Estudiante **A**

Your partner's little sister has decorated her bedroom in many different colors. You are curious to know how many colors she has used. Ask your partner what color each of the following items is. Example: ¿Qué color es la alfombra? Record your answers on the line provided.

_____

_____

_____

_____

_____

_____

_____

_____

_____

Now imagine that your older brother has updated his old and ugly bedroom by adding a lot of electronic equipment. Tell you partner about your older brother's room by answering his or her questions based on the information below.

gris

interesante

feo

pequeño

importante

viejo

bonito

grande

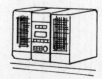

bueno

Realidades ①

Capítulo 6A

Nombre

Fecha

Communicative Activity **6A-1**
Estudiante **B**

Imagine that your little sister has decorated her bedroom in many different colors. Your partner is curious to know how many colors she has used. Answer your partner's questions based on the information below.

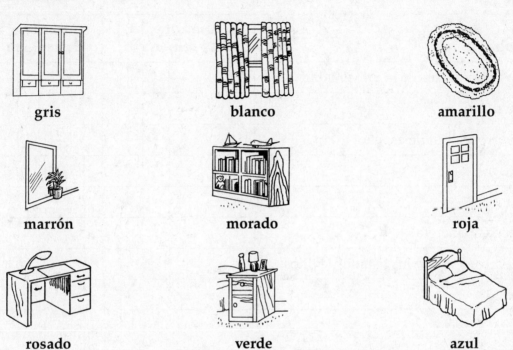

gris   blanco   amarillo

marrón   morado   roja

rosado   verde   azul

Now imagine that your partner's older brother has updated his old and ugly bedroom by adding a lot of electronic equipment. Ask your partner about each of the following items in the bedroom. Example: ¿Cómo es el televisor? Record your answers on the line provided.

Realidades ❶

Capítulo 6A

Nombre _____

Fecha _____

Communicative Activity **6A-2**

Estudiante **A**

Your partner is doing a survey on how many hours people sleep at night. Take a few minutes to list how many hours you think people sleep during the week and weekend. (If you are not sure, take a guess.) Then answer your partner's questions based on the information you provide.

Persona	Durante la semana	Durante el fin de semana
1. los estudiantes de la universidad		
2. tu mamá		
3. tu profesor(a) de español		
4. tus amigos		
5. tu papá		
6. tu compañero(a)		
7. el presidente de los Estados Unidos		
8. tú		

Now imagine that you are doing a survey to find out what teenagers, their friends, and their family can or cannot do in their house. Ask your partner what he or she, family and friends can or cannot do in their house. Record their answers in the space provided. Follow the model: *¿Qué pueden hacer los perros? ¿Qué no pueden hacer los perros?*

Persona	Sí	No
1. los perros		
2. tu mamá		
3. tu profesor(a) de español		
4. tus amigos		
5. tu papá		
6. tu compañero(a)		
7. tu hermano(a)		
8. tú		

Realidades ❶

Capítulo 6A

Nombre _____

Fecha _____

Communicative Activity **6A-2**
Estudiante **B**

You are doing a survey about how many hours people sleep at night. Ask your partner how many hours he or she thinks people sleep. Record their answers in the space provided. Follow the model: *¿Cuántas horas duermen los estudiantes de la universidad durante la semana? ¿Cuántas horas duermen los estudiantes de la universidad durante el fin de semana?*

Persona	Durante la semana	Durante el fin de semana
1. los estudiantes de la universidad		
2. tu mamá		
3. tu profesor(a) de español		
4. tus amigos		
5. tu papá		
6. tu compañero(a)		
7. el presidente de los Estados Unidos		
8. tú		

Your partner is doing a survey to find out what teenagers, their friends, and their families can or cannot do in their house. Take a few minutes to list what you and others can and cannot do in your house. Then answer your partner's questions based on the information you provide.

Persona	Sí	No
1. los perros	comer	jugar
2. tu mamá		
3. tu profesor(a) de español		
4. tus amigos		
5. tu papá		
6. tu compañero(a)		
7. tu hermano(a)		
8. tú		

Situation Cards

2A

Capítulo 6A   **Realidades 1**

Comparing and contrasting items

You and a new friend are talking about your bedrooms.

— Greet your new friend.

— Ask your friend to describe how his or her bedroom is better than that of another family member.

— Answer your friend's question and then ask him or her to describe the best thing in his or her bedroom.

— Say good-bye.

2B

Capítulo 6A   **Realidades 1**

Comparing and contrasting items

You and a new friend are talking about your bedrooms.

— Greet your new friend.

— Respond to your friend's question and then ask how his or her bedroom is worse than that of another family member.

— Answer your friend's question. Ask your friend to describe the best thing in his or her bedroom.

— Say good-bye.

1A

Capítulo 6A   **Realidades 1**

Describing a room

You and a new friend are talking about your bedrooms.

— Greet your new friend.

— Ask your friend to describe his or her bedroom and to include the colors and locations of things.

— Give your reaction to your friend's description of his or her bedroom.

— Respond to your friend's question.

— Say good-bye.

1B

Capítulo 6A   **Realidades 1**

Describing a room

You and a new friend are talking about your bedrooms.

— Greet your new friend.

— Respond to your friend's question.

— Ask your friend what electronic equipment he or she has.

— Say good-bye.

GramActiva

En mi dormitorio
La personalidad de un dormitorio, p. 291

¿De qué color es?

¿Qué hay en el dormitorio?

el dormitorio

¿Qué cosas hay en las paredes?

¿Cómo es el dormitorio?

Vocabulary Clip Art

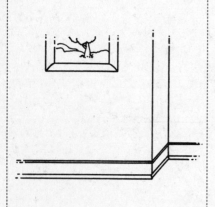

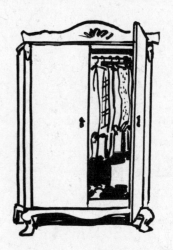

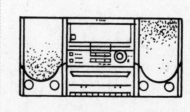

Vocabulary Clip Art

Practice Workbook Answers

6A-1
Answers will vary.

6A-2
Answers may vary.
1. anaranjado
2. amarilla (rosada)
3. rojo, rosado
4. rojo, verde, blanco
5. amarillo, anaranjado, rojo
6. blanca
7. anaranjadas
8. roja, blanca, azul
9. rojo
10. azul
11. negra
12. verde

6A-3
1. Sí, a Gloria le gusta la familia.
2. No, Gloria no comparte el dormitorio. (No, Gloria tiene su propio dormitorio.)
3. Las paredes del dormitorio son moradas.
4. No, Gloria no tiene su equipo de sonido en su dormitorio.
5. La lámpara es roja, negra y marrón y muy artística. Gloria cree que es la mejor cosa del cuarto. (Es la lámpara más bonita del mundo.)
6. Las cortinas son amarillas.

6A-4
Answers will vary.

6A-5
1. Felipe es más serio que Mónica.
2. Mónica es más sociable que Felipe.
3. Mónica es más rubia que Felipe.
4. Felipe es más estudioso que Mónica.
5. Felipe es menos alto que Mónica.
6. Mónica es mayor que Felipe.
7. Felipe es menos rubio que Mónica.
8. Felipe es menor que Mónica.
9. Mónica es menos seria que Felipe.

6A-6
1. La fotografía de "Una tarde en agosto" es la más artística.
2. La fotografía de "Mi vida" es la menos artística.

3. El director de "Una tarde en agosto" es el más creativo.
4. Los actores de "Una tarde en agosto" son los más talentosos.
5. El director de "Siete meses en Lima" es el menos creativo.
6. La ropa de "Mi vida" es la más bonita.
7. El cuento de "Siete meses en Lima" es el menos interesante.
8. Los actores de "Mi vida" son los menos talentosos.
9. El cuento de "Una tarde en agosto" es el más interesante.

6A-7
A.
Row 1: duermo / puedo
Row 2: duermes
Row 3: puede
Row 4: dormimos / podemos
Row 6: duermen / pueden

B.
1. puedo
2. duermes
3. pueden
4. podemos
5. duermen
6. duermo
7. Puedes / puedo
8. Duerme

Crucigrama (6A-8)
Across:
2. colores
7. cortinas
9. pared
10. equipo
11. alfombra
12. armario
14. estante
15. marrón
16. bonita
19. cama
20. espejo

Down:
1. dormir
2. cuadro
3. lector
4. grande
5. televisor
6. disco
8. izquierda
11. amarillo
13. cómoda

17. blanco
18. peor

Organizer (6A-9)
I. Vocabulary Answers will vary.
II. Grammar
1. mayor / menor / mejor / peor
2. mejor / peor / más / menos
3.

col. 1.	col. 2.
puedo	podemos
puedes	podéis
puede	pueden

col. 1.	col. 2.
duermo	dormimos
duermes	dormís
duerme	duermen

VIDEO

Antes de ver el video

Actividad 1

Make a list of five items in your bedroom and five adjectives that describe your bedroom.

Cosas en mi dormitorio   **Descripción de mi dormitorio**

Answers will vary.   Answers will vary.

_____

_____

_____

¿Comprendes?

Actividad 2

Below are some words and phrases that you have learned so far. On the lines below, write only the words that you most likely heard in the video episode about Ignacio's room.

a veces	ratón	bistec	¿A qué hora?	almuerzo
foto	desordenado	lámpara	pequeños	estante
pared	bueno	casa	mochila	peor
abuelos	bailar	cuarto	bicicleta	escritorio
calculadora	¿Adónde?	fiesta	discos compactos	color

desordenado _____ estante _____

discos compactos _____ pequeños _____

cuarto _____ peor _____

foto _____ lámpara _____

pared _____ color _____

Actividad 3

Put the following scenes from the video in chronological order by numbering them from 1–7.

6

4

1

7

3

2

5

Y, ¿qué más?

Actividad 4

What is your room like? Is it messy or neat? What do you have to the left and to the right of the room? What do you have on the wall, on the nightstand, or on a bookshelf? Can you compare your room to someone else's? Describe your room, using as much new vocabulary as you can. Follow the sample paragraph below.

Modelo

Mi cuarto es menos ordenado que el cuarto de mi hermana. A la izquierda tengo un estante, muy desordenado, con discos compactos. A la derecha está mi escritorio con libros y revistas. Tengo una foto de mi familia en la pared. También tengo otra foto de mi hermana en su cuarto. ¡y está ordenado!

Answers will vary.

Nombre _____ Hora _____

Capítulo 6A

Fecha _____

AUDIO

Actividad 5

Marta and her sister Ana have very similar bedrooms. However, since they have unique personalities and tastes; there are some differences! For each statement you hear, check off in the appropriate column whose bedroom is being described. You will hear each statement twice.

El dormitorio de Marta   **El dormitorio de Ana**

	Marta	Ana		Marta	Ana
1.	☐	☑	6.	☑	☐
2.	☐	☑	7.	☐	☑
3.	☑	☐	8.	☐	☑
4.	☑	☐	9.	☐	☑
5.	☐	☑	10.	☑	☐

Nombre _____ Hora _____

Capítulo 6A

Fecha _____

AUDIO

Actividad 6

Your Spanish teacher asks you to represent your school at a local university's **Competencia Escolar** (*Scholastic Competition*) for secondary Spanish students. She gives you a tape to practice with for the competition. As you listen to the recording, decide whether the statement is true or false and mark it in the grid. You will hear each set of statements twice.

	1	2	3	4	5	6	7	8	9	10
Cierto	X		X	X	X		X	X		X
Falso		X				X			X	

Actividad 7

Sra. Harding's class is planning an Immersion Weekend for the school district's Spanish students. Listen as four committee members discuss the best food to have, the best activities for younger and older students, and the best colors for the t-shirt (**camiseta**) that will be given to all participants. To keep track of what everyone thinks, fill in the grid. You will hear each set of statements twice.

	La mejor comida	Las actividades para los estudiantes menores	Las actividades para los estudiantes mayores	El mejor color para la camiseta
1	la pizza	mirar un video	bailar	rojo y amarillo
2	los espaguetis	jugar al vóleibol	bailar	blanco y rojo
3	los perritos calientes	jugar al vóleibol	jugar al vóleibol	blanco y rojo
4	el arroz con pollo	jugar videojuegos	hablar en español	anaranjado y negro

Actividad 9 (Capítulo 6A)

Realidades 1

Nombre _____ Hora _____

Capítulo 6A

Fecha _____

AUDIO

Actividad 9

Look at the pictures in the chart below as you hear people describe their friends' bedrooms. Place a check in the chart that corresponds to all of the items mentioned by the friend. You will hear each set of statements twice.

	Javier	Sara	María	Marcos
(keyboard)			✓	
(computer/stereo)				
(TV/photo)				
(lamp)	✓	✓		✓
(mirror)				
(wall)			✓	
(books)		✓		
(curtains)	✓			✓
(key)				
(CDs)			✓	✓
(clothes)			✓	✓
(radio)				

Actividad 8 (Capítulo 6A)

Realidades 1

Nombre _____ Hora _____

Capítulo 6A

Fecha _____

AUDIO

Actividad 8

Your friend is babysitting for a family with an eight-year-old boy and a ten-year-old girl. Since they are a Spanish-speaking family, your friend wants you to go with her in case she doesn't understand everything that the mother tells her. Listen to the conversation to learn all the ground rules. Write either **sí** or **no** in each column that matches what the mother says that the boy or girl can do. Be sure to write **no** in both columns if neither is allowed to do it. Write **sí** in both columns if both are allowed to do it. You will hear this conversation twice.

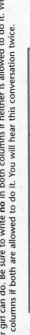

	(boy)	(girl)
(watching TV)	no	no
(three kids)	sí	sí
(painting/picture)	sí	sí
(window)	no	sí
(tree/outside)	sí	no

Nombre _____ Hora _____

Fecha _____

WRITING

Actividad 11

A. Draw your bedroom or your ideal bedroom (including furniture, electronics, windows, books, decorations, and other possessions) in the space provided below.

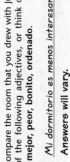

B. Now, compare the room that you drew with Juan's room on the left. Use the correct form of sorre of the following adjectives, or think of others: **práctico, interesante, grande, pequeño, mejor, peor, bonito, ordenado.**

Modelo	_Mi dormitorio es menos interesante que el dormitorio de Juan._

Answers will vary.

1. _____

2. _____

3. _____

4. _____

5. _____

6. _____

Nombre _____ Hora _____

Fecha _____

WRITING

Actividad 10

Answer the following questions about your bedroom in complete sentences. If you prefer, you may write about your ideal bedroom. **Answers will vary.**

1. ¿Cuál es tu color favorito?

2. ¿De qué color es tu dormitorio?

3. ¿Tienes una alfombra en tu dormitorio? ¿De qué color es?

4. ¿Tienes un despertador? ¿Cuándo usas tu despertador?

5. ¿Qué muebles (_furniture_) tienes en tu dormitorio?

6. ¿Qué cosas electrónicas tienes en tu dormitorio?

7. ¿Prefieres los videos o los DVDs? ¿Cuántos tienes?

8. ¿Cuántos discos compactos tienes?

Nombre _____ Hora _____

Capítulo 6A

Fecha _____ **WRITING**

Actividad 12

You and your friends are comparing your English classes to determine which teacher's class to take next year. Read the information below, then compare the classes based on the criteria indicated. Follow the model. **Answers may vary. Students must use superlatives.**

	Clase A	Clase B	Clase C
Hora	Primera	Tercera	Octava
Profesor(a)	Profesora Brown — interesante	Profesor Martí — aburrido	Profesor Nicólas — muy interesante
Número de estudiantes	25	20	22
Dificultad	Difícil	Muy difícil	Fácil
Libros	Muy buenos	Aburridos	Buenos
Opinión general	A	B–	A–

Modelo Profesor *El profesor Martí es el menos interesante de los tres profesores.*

1. Hora (*temprano or tarde*)
   _____

2. Número de estudiantes (*grande or pequeña*)
   _____

3. Dificultad (*fácil or difícil*)
   _____

4. Libros (*buenos or malos*)
   _____

5. Opinión general (*mejor or peor*)
   _____

Nombre _____ Hora _____

Capítulo 6A

Fecha _____ **WRITING**

Actividad 13

Your parents are hosting a family reunion, and nine extra people will be sleeping at your house. On the lines below, write where nine guests would sleep at your house. You may use your imagination if you prefer. **Answers will vary.**

1. _____
2. _____
3. _____
4. _____
5. _____
6. _____
7. _____
8. _____
9. _____

School-to-Home Connection

Dear Parent or Guardian,

The theme for the chapter is *La casa* (Home) and this chapter is called *¿Cómo es tu casa?* (What is your house like?).

Upon completion of this chapter, your child will be able to:

- identify rooms in a house
- name household chores
- tell where he or she lives
- understand cultural perspectives on different types of housing

Also, your child will explore:

- the correct pronunciation of the letters *n* and *ñ*
- word patterns that help him or her identify new words

Realidades helps with the development of reading, writing, and speaking skills through the use of strategies, process speaking, and process writing. In this chapter, students will:

- read a modern day adaptation of *Cinderella*
- write a creative flyer in Spanish to promote the sale of their family's house or apartment.

Remember that additional help is available online at www.PHSchool.com by using the Web Codes in the Student Edition or in the Practice Workbook.

Check it out! Walk through your house with your child and have him or her give the Spanish names for the different rooms.

Sincerely,

For: Tips to Parents
Visit: www.phschool.com
Web Code: jce-0010

Capítulo 6B — Chapter Resource Checklist

Resources	CO	APV	VH	MAN	LEC	PER	PE	VM	REP	PREP
Teacher										
Teacher's Resource Book										
Input Script		■								
Audio Script		■	■	■					■	■
GramActiva BLM				■						
Communicative Activities BLM				■						
School-to-Home Connection BLM	■									
Clip Art		■								■
Situation Cards BLM									■	
TPR Storytelling Book		■								
Fine Art Transparencies Teacher's Guide										
Student										
Practice Workbook			■						■	
Vocabulary		■								
Grammar				■						
Crossword Puzzle										
Organizer										
Writing, Audio & Video Workbook										
Writing				■						
Audio				■						
Video			■							
Heritage Language Learner Workbook										
Transparencies		■	■	■	■	■	■			
Practice Answers		■	■	■						■
Vocabulary and Grammar	■									
Fine Art										
Assessment										
Assessment Program										
Quizzes			■							
Chapter Test										■
ExamView Test Bank CD-ROM			■							
Test Preparation Workbook										
Alternative Assessment										
Performance-Based Speaking				■			■			
Rubrics	■									
Internet Self-Test									■	
Technology										
I-text		■	■	■	■	■	■	■	■	■
Teacher Express CD-ROM		■	■	■	■	■	■	■	■	■
Video Program (VHS and DVD)			■	■				■		
Audio Program										
CD 6B		■	■							■
Assessment CD										■
Song CD		■								

Abbreviation Key

CO = Chapter Opener; APV = A primera vista; VH = Videohistoria; MAN = Manos a la obra; LEC = Lectura;
CV = Cultura en vivo; PO = Presentación oral; PE = Presentación escrita; MH = Mundo hispano; VM = Videomisterio;
REP = Repaso del capítulo; PER = Perspectivas del mundo hispano; PREP = Preparación para el examen

Input Script

Presentation

Input Vocabulary 1: Make transparency labels for the parts of the house. Place the transparency on the screen. Hand out copies of the transparency and labels to students. Say *"Busco una nueva casa. ¡Escuchen: . . . !"* Read the first sentence of the ad *Se vende* with excitement. Place the **el primer piso** and **el segundo piso** as someone in the United States would. Have students follow your lead. Then ask *"¿Dos pisos? ¡Yo veo tres pisos!"* Have a student read the explanation of **la planta baja.** Move the **el primer piso** and **el segundo piso** to their correct positions and place **la planta baja** by the ground floor. Read the rest of the ad. As you say each room, place the label and have students do the same. Ask a yes-or-no question about each room as you place the label. Next, list activities you will do in each room and have students name the room and point to it on their transparency copy. Act out any activities students have not yet learned (*"Voy a ducharme en ___."* Act out taking a shower).

Input Dialogue 1: Pretend to call the realtor about the house. Have students call out the phone number to you in Spanish. Then say the lines of the house-hunter in the first dialogue into the phone. Pretend to listen, then cover the phone and relay the information you "heard" by reading the lines of the realtor: *"Ella dice, 'Sí, tiene tres dormitories y un despacho. Y también tiene una cocina moderna, si te gusta cocinar.'"* Then speak into the phone again and ask questions to present the *Más vocabulario:* *"Bueno, busco una casa que está cerca de la escuela. ¿Está la casa cerca o lejos de la escuela? Mmm ... lo siento, no está bastante cerca de la escuela."* Hang up and tell students *"Creo que prefiero un apartamento."* Finally, make true and false statements about the house and about your conversation with the realtor (*"No quiero la casa porque es demasiado grande."* Falso) and have students raise their right hand for true statements and their left hand for false statements.

Input Vocabulary 2: Hand out copies of the Vocabulary Clip Art and have students tear them into individual chores. Place the transparency on the screen. Point to the chores and tell students how much you like or dislike each chore. Have students arrange the chores from left to right on the desk with the one on the left being your favorite chore and the one on the right being your least favorite chore. Then have students place the Clip Art chores into these categories: **Los mejores quehaceres, Los peores quehaceres, El mejor quehacer** and **El peor quehacer.** Ask about each chore *"¿Quién dice que limpiar el baño es uno de los peores quehaceres? ¿Quién dice que es el peor quehacer?"* Have students raise their hand in response.

Input Dialogue 2: Role-play the dialogue with a student. Then make fill-in-the-blank statements and have students complete them: *"Anita no está contenta porque ella tiene que pasar la ___."* *"Aspiradora."* Act out the chores to help students know how to complete the sentences.

Comprehension Check

- Have students draw three rectangles to represent three floors of a house. Describe a house's floor plan and have them draw the rooms they hear described.

- Place the Clip Art images of chores into a bag. Pair students and tell them one student will draw one chore out of the bag at a time to act out for his or her partner. When the partner guesses the chore, the student can draw out another one. Tell them they will have three minutes to act out and guess as many chores as they can.

Audio Script

Audio CD, Capítulo 6B

Track 01: *A primera vista,* Student Book, p. 298, (4:21)

¿Cómo es tu casa?

You will hear each word or phrase twice. After the first time there will be a pause so you can pronounce it, then you will hear the word or phrase a second time.

la escalera	la cocina
el despacho	el comedor
el segundo piso	la sala
el baño	la planta baja
el primer piso	el sótano
el garaje	el patio

Read along as you listen to the statements.

FEMALE 1: Se vende. Casa particular de dos pisos y sótano. Sala grande, cocina moderna, comedor, despacho, 2 baños, 3 dormitorios, garaje. Llama al 555-37-89.

Read along as you listen to the dialogue.

FEMALE 1: Me gustaría ver esta casa. Es grande y bonita.
FEMALE 2: Sí, tiene tres dormitorios y un despacho. También tiene una cocina moderna, si te gusta cocinar.

Más vocabulario

You will hear each word or phrase twice. After the first time there will be a pause so you can pronounce it, then you will hear the word or phrase a second time.

el apartamento	lejos, lejos de
cerca, cerca de	bastante

Track 02: *A primera vista,* Student Book, p. 299, (2:36)

Vocabulario y gramática en contexto

You will hear each word or phrase twice. After the first time there will be a pause so you can pronounce it, then you will hear the word or phrase a second time.

lavar los platos sucios
cortar el césped
poner la mesa
lavar el coche
pasar la aspiradora
dar de comer al perro
lavar la ropa
sacar la basura
cocinar
hacer la cama
quitar el polvo
arreglar el cuarto
limpiar el baño

Read along as you listen to the dialogue.

FEMALE TEEN: ¡Ay! ¡Mira todos los quehaceres! Mamá sabe que tengo que ir de compras con Cristina. No puedo …
MALE TEEN: Yo voy a jugar al fútbol a la una. Y tengo más quehaceres que tú.

Track 03: *A primera vista:* Act. 1, Student Book, p. 299, (2:13)

La casa de Elena

Escucha a Elena describir su casa. Señala cada cuarto que describe. Vas a escuchar las frases dos veces.

1. Mi casa tiene una cocina muy moderna.
2. El comedor está al lado de la cocina.
3. El televisor está en la sala.
4. Hay un baño en la planta baja.
5. A veces mi mamá trabaja en casa en el despacho.
6. Tengo que poner la mesa en el comedor.
7. Mi dormitorio está en el primer piso.
8. No me gusta limpiar el sótano.

Track 04: *A primera vista:* Act. 2, Student Book, p. 299, (2:07)

¿Es lógico o no?

Escucha cada frase. Si es lógica, haz el gesto del pulgar hacia arriba. Si no es lógica, haz el gesto del pulgar hacia abajo. Vas a escuchar las frases dos veces.

1. Me gusta dormir en el comedor.
2. Hago la cama en mi dormitorio.
3. Paso la aspiradora en la sala.
4. Lavo los platos sucios en el baño.
5. Doy de comer al perro en la cocina.
6. Tengo que cortar el césped en el garaje.
7. Comemos la cena en el baño.
8. Saco la basura en el garaje.

Track 05: *A primera vista: Videohistoria,* Student Book, pp. 300–301, (2:32)

Los quehaceres de Elena

Elena no quiere hacer sus quehaceres ¿Qué hace ella? Read along as you listen to the Videohistoria.

See Student Book pages 300–301 for script.

Track 06: *Manos a la obra:* Act. 4, Student Book, p. 302, (2:28)

La casa de los Ramírez

Los Ramírez van a comprar la casa que ves aquí. En una hoja de papel escribe los números del 1 al 8 y escribe el nombre de cada cuarto que describen. Vas a escuchar las frases dos veces.

1. Está en la planta baja, al lado del comedor.
2. Está en el primer piso, a la derecha del baño.
3. Está a la derecha del dormitorio grande en el primer piso.
4. Está en la planta baja, detrás de la sala.
5. El coche está aquí.
6. Está delante del despacho en la planta baja.
7. La ropa sucia está aquí, debajo de la planta baja.
8. Está en la planta baja a la izquierda de la cocina.

Track 07: Audio Act. 5, Writing, Audio & Video Workbook, p. 123, (4:14)

Listen as people look for things they have misplaced somewhere in their house. After each conversation, complete the sentence that explains what each person is looking for (busca) and in which room it is found. You will hear each dialogue twice.

1. **FEMALE TEEN:** ¡Ay! Tengo un examen hoy. ¿Dónde está mi libro de español? No tengo mi libro de español. ¿Dónde está?
   ADULT FEMALE: Creo que está cerca del televisor, en la sala.
2. **MALE TEEN 1:** ¡Mamá! ¿Dónde está mi disco compacto de Enrique Iglesias? Quiero escuchar música.
   ADULT FEMALE: Está en la sala, encima de la mesa del comedor.
   MALE TEEN 1: Aquí está. Gracias, mamá.
3. **ADULT FEMALE:** ¡Ay! ¡Qué cansada estoy! Roberto, mi amor, ¿sabes dónde está el regalo para la fiesta de tu mamá?
   ADULT MALE: Creo que sí. Está en el despacho.
   ADULT FEMALE: Ah, sí. Aquí está. Gracias. Voy a dormir por treinta minutos.
4. **MALE TEEN 2:** Jorge, ¿dónde está mi revista de deportes?
   MALE TEEN 1: Siempre crees que yo tengo tus revistas. Tengo mis propias revistas.
   MALE TEEN 2: ¿Sabes dónde está o no?
   MALE TEEN 1: Ah … está en mi dormitorio, debajo de mi cama.
   MALE TEEN 2: ¡Ay!
5. **FEMALE TEEN:** Mamá, ¿dónde esta mi mochila? Necesito mi mochila para la escuela.
   ADULT FEMALE: Busca en el garaje. Creo que está en el coche.
   FEMALE TEEN: Gracias. Voy a estudiar un poco ahora.

Track 08: Audio Act. 6, Writing, Audio & Video Workbook, p. 123, (5:01)

Señor Morales's nephew, Paco, volunteers to help his uncle move into a new apartment. However, Señor Morales is very distracted as he tells Paco where to put different things. Listen as he gives his nephew instructions and record in the grid below whether you think what he tells him to do each time is lógico (logical) o ilógico (illogical). You will hear each dialogue twice.

1. **PACO:** Tío, ¿dónde pongo el equipo de sonido?
   TÍO: Pon el equipo de sonido en la cocina.
2. **PACO:** ¿Y la mesita? ¿Dónde pongo la mesita?
   TÍO: Pon la mesita en nuestro dormitorio, al lado de la cama.
3. **PACO:** Tío, ¿dónde pongo el televisor y la videocasetera?
   TÍO: Encima de la mesita.
4. **PACO:** Tío, ¿dónde debo poner el espejo grande?
   TÍO: Pon el espejo en el baño.
5. **PACO:** ¿Y el cuadro de mi tía?
   TÍO: En el sótano … detrás del estante viejo.

6. **PACO:** ¿Dónde quiere poner las cortinas blancas? Están muy sucias.
   TÍO: Tenemos que lavar las cortinas. Pues … pon las cortinas en el despacho.
7. **PACO:** ¡Aquí está el despertador de tu abuela! ¡Qué interesante!
   TÍO: Sí. Es una posesión muy importante. Yo soy una persona muy sentimental. Pon el despertador en la mesita al lado de la cama.
8. **PACO:** ¡Qué fantástico! ¡Un lector DVD!
   TÍO: Hay otro en la basura. Pon el lector DVD con el otro.
9. **PACO:** Aquí están dos lámparas.
   TÍO: Pon las lámparas en la escalera.
10. **PACO:** Hay una cosa más. La cama. ¿Pongo la cama en el dormitorio?
    TÍO: Sí, pon la cama en el dormitorio. Muchas gracias, Paco. Ayudas mucho.

Track 09: Audio Act. 7, Writing, Audio & Video Workbook, p. 124, (4:17)

Nico's parents are shocked when they come home from a trip to find that he hasn't done any of the chores that he promised to do. As they tell Nico what he needs to do, fill in the blanks below each picture with the corresponding number. You will hear each set of statements twice.

1. **PADRE:** Nico, mira el césped. Está horrible. ¿Qué estás haciendo? Corta el césped ahora.
2. **MADRE:** ¡Ay! ¡El baño! ¡Qué horror! Hay agua por todas partes y el espejo está muy sucio. Nico, limpia el baño.
3. **PADRE:** Nico, Nico … La basura … ¡Hay basura en la cocina, en la sala, en tu dormitorio y en los baños! Saca la basura.
4. **MADRE:** Comes mucho, pero no lavas los platos ni los vasos. Hay platos en la sala y vasos en tu dormitorio. Por favor, lava los platos y vasos.
5. **PADRE:** Nico, ¿quieres usar el coche? Está muy sucio. Lava el coche, por favor.
6. **MADRE:** Hijo, ¿cómo puedes dormir en tu cama? Está muy desordenada. Haz la cama cada mañana. ¡Son las tres de la tarde!
7. **MADRE:** ¿Dónde está tu perro? Rufus, Rufus … Aquí está. ¡Pobre Rufus! Tiene hambre. Nico, dale de comer al perro. Eres un buen hijo, pero tienes que hacer mejor tus quehaceres.

Track 10: *Manos a la obra:* Act. 17, Student Book, p. 308, (1:08)

Escucha y escribe
Estos hermanos tienen muchos quehaceres. Escucha y escribe la pregunta de la madre y las excusas de los hijos. Vas a escuchar la conversación dos veces.

ADULT FEMALE: Hijos, ¿están haciendo sus quehaceres?
MALE TEEN: Un momento. Estamos jugando videojuegos.
FEMALE TEEN 1: No puedo. Estoy escribiendo un cuento.
FEMALE TEEN 2: Lo siento. Estoy comiendo un sándwich.

Track 11: Audio Act. 8, Writing, Audio & Video Workbook, p. 124, (5:25)

Listen as each person rings a friend's doorbell and is told by the person who answers the door what the friend is doing at the moment. Based on that information, in which room of the house would you find the friend? As you listen to the conversations, look at the drawing of the house and write the number of the room that you think each friend might be in. You will hear each dialogue twice.

1. **MALE TEEN 1:** Buenas tardes. ¿Está Luis en casa?
   ADULT MALE 1: Sí. Pasa…. Él esta mirando una película de Tom Hanks en la tele.
   MALE TEEN 1: Me encanta Tom Hanks. Gracias.
2. **MALE TEEN 2:** Hola. ¿Está Pedro aquí?
   ADULT FEMALE 1: Sí, entra…. Él está poniendo la mesa.
   MALE TEEN 2: Bueno. Yo puedo ayudar a Pedro.
3. **FEMALE TEEN 1:** Buenos días. ¿Está Susana en casa?
   ADULT FEMALE 2: Sí, pero está durmiendo. Tiene mucho sueño.
   FEMALE TEEN 1: Bueno. Voy a hablar con ella más tarde. Hasta luego.
4. **FEMALE TEEN 2:** Hola. Me llamo Luisa. ¿Está Paco aquí?
   ADULT MALE 2: ¿Eres una amiga de Paco? Él está preparando un sándwich.
   FEMALE TEEN 2: Ah, sí. Es la hora del almuerzo. ¿Puedo hablar con él?
   ADULT MALE 2: Claro que sí.
5. **MALE TEEN 3:** Buenas tardes. ¿Está Tomás en casa?
   ADULT FEMALE 3: Sí. Está estudiando con sus cuadernos y sus libros encima de su cama.
   MALE TEEN 3: Estoy aquí para estudiar con él para el examen.
   ADULT FEMALE 3: Bueno. Pasa, pasa.
6. **FEMALE TEEN 3:** Buenas tardes. ¿Está el padre de Carmen en casa ahora?
   ADULT FEMALE 4: Sí. ¿Necesitas hablar con él?
   FEMALE TEEN 3: Sí. Quiero hablar con él de la fiesta sorpresa para Carmen.
   ADULT FEMALE 4: Bueno. Él está trabajando en la computadora.

Track 12: Audio Act. 9, Writing, Audio & Video Workbook, p. 125, (3:43)

Some people always seem to get out of doing their chores at home. Listen as a few teens tell their parents why they should not or cannot do what their parents have asked them to do. As you listen, write in the chart below what the parent requests, such as *lavar los platos*. Then write in the teen's excuses, such as *está lavando el coche*. You will hear each conversation twice.

1. **MADRE:** Marcos. ¿Qué estás haciendo? ¿Viendo la tele? ¡Hay revistas, ropa y libros encima de tu cama! Por favor, arregla tu dormitorio.
   MARCOS: No necesito arreglar mi dormitorio esta noche. Los libros y revistas son para la escuela mañana y la ropa también.

2. **PADRE:** Luis, da de comer al perro. El pobre perro tiene hambre y no tiene comida en su plato.
   LUIS: El perro no quiere comer ahora. Está cansado. Quiere dormir.
3. **MADRE:** Marisol, trae a la cocina los vasos y los platos que están en la sala.
   MARISOL: Un momento, mamá. Estoy mirando una película para mi clase de ciencias sociales en la tele.
4. **PADRE:** Jorge, corta el césped, por favor.
   JORGE: De acuerdo, papá, pero más tarde. Hace MUCHO calor ahora.
5. **MADRE:** Elisa, pasa la aspiradora en tu dormitorio, por favor.
   ELISA: Pero, mamá. Estoy escuchando música. Ahora no.

Track 13: *Pronunciación:* The letters *n* and *ñ*, Student Book, p. 310, (3:24)

In Spanish, the letter *n* sounds like the *n* in "no." Listen to and say these words:

You will hear each word twice. After the word is pronounced the first time, there will be a pause so you can pronounce it. Then you will hear the word a second time.

See Student Book page 310 for list of words.

However, the sound changes when there is a tilde over the *n*. The *ñ* then sounds like the *-ny-* of the English word *canyon*. Listen to and say these words:

See Student Book page 310 for list of words.

Try it out! Listen to this *trabalenguas* and then try to say it. El señor Yáñez come ñames en las mañanas con el niño.

Track 14: Repaso del capítulo, Student Book, p. 318, (3:47)
Vocabulario y gramática
Listen to these words and expressions that you have learned in this chapter. You will hear each word or expression once.

See Student Book page 318 for vocabulary list.

Track 15: Preparación para el examen, Student Book, p. 319, (1:00)
Escuchar
Practice task.
As you listen to a teenager explain to his mother why he can't do a particular chore at the moment, identify: a) what does the mother want the teenager to do; b) what does the teenager say he is busy doing.

MADRE: Miguel, da de comer al perro. Son las siete de la tarde y el pobre Capitán no tiene comida.
MIGUEL: Mamá, el perro está jugando con el gato. No quiere comer ahora. Y yo estoy estudiando para mi examen de matemáticas. No puedo dar de comer a Capitán ahora.

Video Script

A primera vista: *Los quehaceres de Elena,* (5:39)

ELENA: Hola. Bienvenidos a nuestra casa. Vivimos en el número doce de la calle Apodaca. Esta es la sala, y este es el comedor, y aquí están mi dormitorio, el dormitorio de mi hermano, y el dormitorio de mis padres, y allí está la cocina.

ELENA: ¡Ay, no! ¡Más quehaceres! ¡No me gusta nada trabajar en casa! ¡Pero necesito dinero! Ahhh … ¡un momento! ¡Jorgito!

JORGITO: ¿Sí, Elena?

ELENA: ¿Me ayudas con los quehaceres?

JORGITO: A ver … ¿cuánto?

ELENA: No te doy dinero … pero puedes escuchar discos compactos en mi dormitorio.

JORGITO: A ver … por cada quehacer, ¿una hora de música?

ELENA: Media hora.

JORGITO: Cuarenta y cinco minutos.

ELENA: Bueno, bueno, está bien.

JORGITO: Un momento … ¿cuáles son los quehaceres?

ELENA: Lava los platos en la cocina.

JORGITO: Bien.

ELENA: Pon la mesa en el comedor.

JORGITO: ¿Algo más?

ELENA: Haz la cama en mi dormitorio.

JORGITO: ¡Qué perezosa eres! ¿Algo más?

ELENA: Da de comer al perro, aquí en la cocina.

JORGITO: Bien. ¿Eso es todo?

ELENA: Sí.

JORGITO: A ver … cuatro quehaceres … son … tres horas para escuchar música.

ELENA: ¿Tres horas?

JORGITO: ¡Sí, tres!

ELENA: Bueno, bueno. A trabajar … ¡Pon la mesa! ¡Pon la mesa!

MAMÁ: ¡Elena! ¡Qué trabajadora eres!

PAPÁ: ¡Cómo ayudas en casa! Das de comer al perro, lavas los platos … pones la mesa …

ELENA: ¿Ah … mi dinero?

MAMÁ: Un momento—¿tu cama?

PAPÁ: Vamos a ver.

MAMÁ: ¡Jorgito! ¡Qué perezoso eres! ¡Siempre estás escuchando musica!

PAPÁ: ¡Y en el dormitorio de tu hermana mayor!

JORGITO: Pero … pero …

MAMÁ: Ni pero ni nada. Elena, aquí tienes tu dinero.

ELENA: Gracias, mamá.

PAPÁ: ¡Jorgito, a tu dormitorio! Vamos a ver …

MAMÁ: ¡Ni haces tu propia cama!

PAPÁ: Tienes que arreglar tu dormitorio: hacer la cama, quitar el polvo, pasar la aspiradora …

ELENA: ¡Adiós! ¡Me voy al cine!

JORGITO: Pero, Elena …

GramActiva Videos: affirmative *tú* commands; the present progressive tense, (6:56)

Affirmative *tú* commands

HOST: Hey. Toss me another brain. Woah! The phrase *toss me another brain* is a command. Today we're going to check out one type of command, affirmative *tú* commands.

HOST: In Spanish, there are two types of affirmative commands: formal and informal.

HOST: Formal affirmative commands are used in formal situations, like telling what to do to your teacher or someone you don't know well.

HOST: Informal commands, the commands we're going to cover today, are used in informal situations. Like talking to a friend, a family member, or a pet.

HOST: So, how do you conjure these wily creatures of the Spanish jungle? For most verbs, to give an affirmative *tú* command like *cut the grass*, just start the sentence with the present-tense form of the verb for *usted, él,* and *ella.* That's it. Here are some examples.

HOST: To say *cut the grass*, take the verb *to cut—cortar—*and use the *usted/él/ella* form: *corta.*
Corta el césped!

HOST: If your mom tells you to take out the trash in Spanish, she would say,

MOM: *Saca la basura, por favor.*

OVER-ENTHUSIASTIC TEEN: ¡Sí! ¡Me gusta sacar la basura!

HOST: Using the *usted/él/ella* form of a verb to give an informal affirmative command works for most verbs, but there are a few tricky verbs that have irregular forms. Our friend will show you a couple of examples.

HOST: The *tú* command for *poner,* "to set," is *pon.* Magic elf, *pon la mesa.*

MAGIC ELF: Weee!

HOST: For *hacer,* "to make or do," the *tú* command is *haz.* *Haz la cama.*

MAGIC ELF: Weee!

HOST: Now, magic elf. Back to a regular verb. *Lava el coche.*

MAGIC ELF: Weee!

HOST: That's it for affirmative *tú* commands. Check your knowledge with this quick quiz.

Quiz

HOST: Fill in the blank with the correct form of the verb.
(limpiar) _____ el baño.
Limpia el baño.
(arreglar) _____ el comedor.
Arregla el comedor.
(hacer) _____ la tarea.
Haz la tarea.
(poner) _____ el cuaderno.
Pon el cuaderno.

The Present Progressive Tense

HOST: Hey there. Right now, I'm jogging. And I can't stop because I need to tell you about the present progressive tense. When you want to emphasize that an action is happening right now, use the present progressive tense. I'm jogging, I'm sewing, I'm singing—these verbs are all in the present progressive tense. Whew.

HOST: And guess what we're going to show you today?

MAN-CHILD: A bunny rabbit?

HOST: Oh, so close. We're going to show you how to change verbs to the present progressive tense in Spanish.

HOST: You already know the present tense. Like *canto*: "I sing."

OPERA LADY: Mi mi mi mi!

HOST: But *canto* doesn't necessarily mean you're singing right now. Maybe you're telling someone that you usually sing, or it's your job to sing. *¿Cuál es tu trabajo? Canto.*

HOST: To say, I'm singing right now, you need to use the present progressive tense. Here's how the present progressive is formed with regular *-ar* verbs.

HOST: We'll use *lavar*—to wash—as an example. So how would you say "I am washing the dishes" and mean you are doing them right now? *Estoy lavando los platos.* The present progressive uses the verb *estar* plus a present participle. You already know the verb *estar* so that's easy: *estoy, estás, está, estamos, están.* Here's how to form the participle. Take the infinitive and cut off the ending. Add *-ando* to the stem and you've got *lavando.* Let's try forming a few more participles.

cantar
cantando
estudiar
estudiando

How do you say "She is singing?"
Está cantando.
Let's try "They are studying."
Están estudiando.
So how do you say *Estamos lavando los platos?* "We're washing dishes." Lucky us.

HOST: *-Er* and *-ir* verbs are formed the same way, except instead of adding *-ando* after the stem, you add *-iendo.*
comer
comiendo
vivir
viviendo
estoy comiendo
están comiendo

EXCLAMATION MAN: Hey kids! It's fun time quiz time! It's fun time, and it's quiz time! At the same time!

Quiz

HOST: Fill in the blank with the correct form of the present progressive of the verb in parentheses.
(comer) Estoy _____ _____ tres huevos.
Estoy comiendo tres huevos.

(sacar) Están _____ fotos en la fiesta.
Están sacando fotos en la fiesta.
(abrir) Estamos _____ los regalos.
Estamos abriendo los regalos.

Videomisterio: ¿Eres tú, María?, Episodio 4, (9:45)

MARGARITA: Buenas tardes.
PACO: Ya son las cuatro y media.
LOLA: Ya lo sé. ¿Y la señora Valentino?
PACO: Pues, no está aquí todavía.
LOLA: Bueno. Estamos tú y yo. Mira, quiero hablar contigo sobre lo que pasó el domingo.
PACO: Lola, no podemos trabajar si no hay cliente y no hay dinero.
LOLA: ¡Ay! Sí, sí … sí, sí.
LOLA: Doña Lupe. Buenas tardes.
DOÑA LUPE: Buenas tardes. La periodista, ¿eh? ¿Qué tal?
LOLA: Muy bien. ¿Qué hay de nuevo?
DOÑA LUPE: Pues, buenas noticias. Doña Gracia está mejor. Los médicos dicen que ella puede venir a casa en unos días. Yo fui a visitarla hoy al hospital.
LOLA: ¿Sí? ¡Qué bien! Bueno, ¿y ella habló del incidente? ¿Ella sabe algo?
DOÑA LUPE: La verdad que no. Ella no ve muy bien. Sólo recuerda un golpe aquí, en la cabeza.
LOLA: Claro. Por eso no sabe nada.
DOÑA LUPE: No, no sabe nada.
LOLA: Bueno. Pues, muchas gracias. Hasta luego.
DOÑA LUPE: Hasta luego.
LOLA: Carmela. Soy yo, Lola. Sí. Oye, ¿quieres tomar un café conmigo? Bueno. Sí, ahora mismo. ¡Qué bien! ¿Por qué no nos vemos en el Café Barbieri? ¿Sí? Muy bien. Hasta luego. Ciao.
LOLA: Hola.
CARMELA: Hola, Lola, ¿qué tal?
LOLA: Muy bien.
CAMARERO: Hola.
LOLA Y CARMELA: Hola.
CAMARERO: ¿Qué desean?
LOLA: Pues, quisiera … un café con leche.
CARMELA: Y yo, agua con gas.
CAMARERO: ¿Van a comer algo?
CARMELA: Sí … una tapa de tortilla, por favor.
CAMARERO: Muy bien.
CARMELA: ¿Qué hay de nuevo?
LOLA: Hay algo muy interesante que pasó enfrente de mi piso el domingo pasado.
CARMELA: Lola, ¿otra vez? ¿Un nuevo cliente? ¿Hay dinero?
LOLA: Dinero, dinero. Primero, Paco. Y ahora tú, mi mejor amiga.
CARMELA: Pues dime, ¿qué pasa?
LOLA: Pues el domingo pasado vi a un hombre y a una mujer hablando …
CARMELA: ¡Qué triste! Lola, tengo una idea.
LOLA: ¿Sí? ¿Qué es?
CARMELA: ¿Por qué no vas al hospital San Carlos? Mi amiga Rosalinda trabaja allí. Puedes hablar con doña Gracia y preguntar por María.

LOLA: ¡Qué buena idea! ¿Quieres ir conmigo?

CARMELA: Está bien. ¿Mañana a las diez en el hospital?

LOLA: Vale. Muy bien. Bueno, y tú, ¿qué tal?

CARMELA: Pues … no mucho.

LOLA: Hola, buenos días, Tomás. Un café con leche, por favor.

CAMARERO: Muy bien, Lola. ¿Y unos churros?

LOLA: Sí, muy amable.

PEDRO: Buenos días. Quisiera hablar con el Dr. Sánchez Matas, por favor. Buenos días, doctor. Soy Pedro Requena. Sí, exacto, el nieto de la Sra. Gracia Salazar. Sí. Sí. Claro. De acuerdo. Voy ahora mismo para el hospital … Sí … sé dónde está el hospital San Carlos.

LOLA: ¿Qué debo hacer? ¿Hablar con él?

LOLA: Perdone, usted es Pedro Requena, ¿verdad?

PEDRO: Sí.

LOLA: Mire, sé lo que le pasó a su abuela. También sé algunas cosas más que la policía. Creo que puedo ayudarle.

PEDRO: Gracias. Pero, no estoy pensando en contratar a una detective. La policía está ayudando.

LOLA: Sí, claro. Pero si necesita más información, aquí tiene mi teléfono.

PEDRO: Muchas gracias, señorita … Lago. Voy a pensarlo.

Realidades ①

Capítulo 6B

Nombre _____

Fecha _____

Communicative Activity **6B-1**

Estudiante **A**

Your partner's family is getting ready to sell their house and is spending a lot of time cleaning. Ask your partner who is doing each of the following chores. Example: *¿Quién está arreglando el cuarto?*

Now imagine that your family is getting ready to host an exchange student from Chile. You and your family are getting everything in the house ready for the new guest. Answer your partner's questions based on the information below. Example: *Mis hermanos están cocinando.*

mi mamá

mi hermana

mis hermanos

yo

mis padres

mi abuela

mi abuelo

yo

mi papá

Realidades ①

Capítulo 6B

Nombre _____

Fecha _____

Communicative Activity **6B-1**

Estudiante **B**

Imagine that your family is getting ready to sell your house and is spending a lot of time cleaning. Answer your partner's questions based on the information below. Example: *Mi mamá está arreglando el cuarto.*

mi abuela

yo

mis padres

mi hermana

mi mamá

mi abuelo

mis hermanos

yo

mi mamá

Now imagine that your partner's family is getting ready to host an exchange student from Chile. They are getting everything in the house ready for the new guest. Ask your partner who is doing each of the following things. Example: *¿Quién está cocinando?*

_____

_____

_____

_____

_____

_____

_____

_____

_____

You will play the role of Srta. Obrero, a famous singer. Your partner is a magazine reporter for "La buena vida." Use the notes below to answer your partner's questions about your home.

Apartamento: pequeño de 4 cuartos cerca de un	

Balcón: 2 sillas y una mesa

Mi dormitorio:

Sala: moderna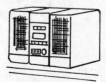

Quehaceres: No me gusta limpiar el apartamento.

Now you will play the host of the talk show called "En casa." Your guest is Sr. Iglesias, the mayor of a small town. Ask Sr. Iglesias the following questions about his home. Write his answers on the lines below the questions.

1. ¿Dónde vive, en la cuidad o en el campo?

_____

2. ¿Quiénes viven en su casa?

_____

3. ¿Cuántos cuartos hay en su casa? ¿Cuántos dormitorios? ¿Hay un sótano?

_____

4. ¿Tiene un garaje? ¿Para cuántos coches?

_____

5. ¿Qué hay en el dormitorio de su casa? ¿Qué prefiere, una sala moderna o antigua?

_____

Realidades ①

Capítulo 6B

Nombre

Fecha

Communicative Activity **6B-2**
Estudiante **B**

You will play the host of a magazine reporter for "La buena vida." Your partner is Srta. Obrero, a famous singer. Ask Srta. Obrero the following questions for the article you are going to write. Write her answers on the lines below the questions.

1. ¿Vive en una casa o en un apartamento?

   _____

2. ¿Cuántos cuartos hay en su apartamento? ¿Qué hay en el dormitorio?

   _____

3. ¿Hay un balcón? ¿Hay algo en el balcón?

   _____

4. ¿Cómo es la sala, antigua o moderna? ¿Qué hay en la sala?

   _____

5. ¿Le gusta hacer los quehaceres?

   _____

Now you will play the role of Sr. Iglesias, the mayor of a small town. Your partner is the host of a talk show called "En casa." Use the notes below to answer your partner's questions about your home.

Vivo en: la cuidad, cerca de un

Familia: mi esposa, mi papá, dos hijos, dos hijas

Casa: 13 cuartos / 5 dormitorios, sala, cocina, comedor, sala de estar, 3 baños, sótano

Garaje: 2 coches

Dormitorio: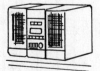

Sala: moderna

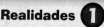

Situation Cards

2A

Realidades ❶

Capítulo 6B

Describing your home

You and a friend are talking about your homes.

— Ask your friend what his or her favorite room in the house is and why.

— Answer your friend's question and then describe the room in detail.

— React to your friend's description.

2B

Realidades ❶

Capítulo 6B

Describing your home

You and a friend are talking about your homes.

— Respond to your friend's question and explain your choice. Ask him or her the same question.

— React to your friend's description and give him or her your description.

1A

Realidades ❶

Capítulo 6B

Describing household chores and responsibilities

You and a friend are talking on the phone about what you do at home.

— Greet your friend.

— Mention to your friend several household chores that you have to do.

— Respond to your friend's question and then ask if he or she has to do the same chores.

— Answer your friend's question.

— Say good-bye.

1B

Realidades ❶

Capítulo 6B

Describing household chores and responsibilities

You and a friend are talking on the phone about what you do at home.

— Greet your friend.

— Ask your friend if he or she likes to do the household chores mentioned.

— Respond to your friend's question and then ask what chore he or she is doing right now.

— Say good-bye.

GramActiva

¿Cómo es tu casa?

Manos a la obra, p. 302

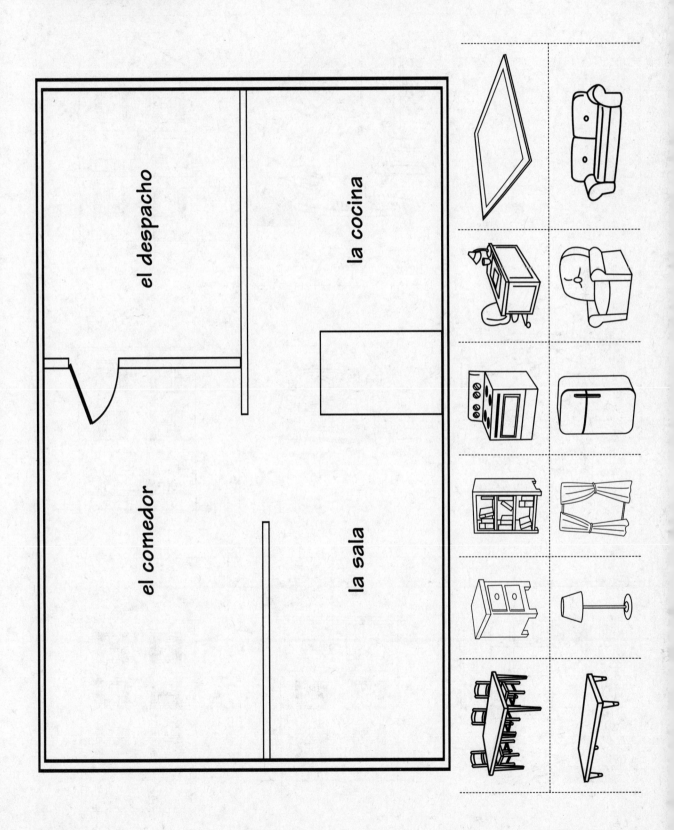

el despacho

la cocina

el comedor

la sala

Vocabulary Clip Art

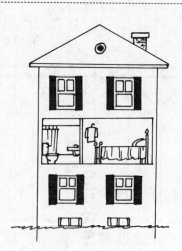

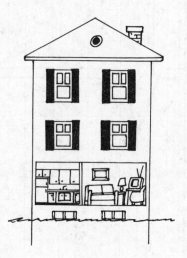

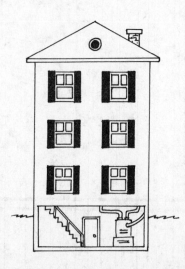

Vocabulary Clip Art

Vocabulary Clip Art

Practice Workbook Answers

6B-1
el garaje, la cocina y el comedor (la sala).
dos dormitorios y un baño.

6B-2
Students are asked to provide at least two answers. Answers may vary.
1. limpia el baño, arregla el cuarto, lava la ropa
2. arregla el cuarto, hace la cama, pasa la aspiradora, quita el polvo
3. quitan el polvo, pasan la aspiradora, arreglan el cuarto
4. pone la mesa, pasa la aspiradora, quita el polvo
5. cocina, lava los platos, da de comer al perro, arregla el cuarto, pasa la aspiradora

6B-3
1. Pon
2. lavar la ropa
3. Lava los platos
4. sacar la basura
5. Lava
6. lavar (limpiar) el coche
7. quitar el polvo
8. Haz
9. pasar la aspiradora
10. limpiar el baño
11. Da
12. haz

6B-4
Answers may vary. The replacement words are in bold.
1. Tengo que **pasar** la aspiradora por las alfombras.
2. El cuarto está **sucio**. Voy a limpiarlo.
3. Papá va a lavar platos en **la cocina.**
4. No te **doy** dinero porque no estás haciendo nada.
5. **¡Pon la mesa!** Vamos a comer.
6. Mamá lava **los platos** en la cocina.
7. ¿Cuáles son los **quehaceres** que tienes que hacer?
8. Doy **de comer** al perro todos los días.
9. Debes cortar **el césped**, está bastante larga.
10. Ernesto quita **el polvo** de la sala.
11. Las hermanas **sacan** la basura por la noche.

6B-5
A.
1. corre
2. pon
3. haz
4. come
5. habla
6. lee
7. limpia
8. ve
9. corta
10. abre
11. escribe

B.
Answers may vary. Verb should always be in command form.
1. Lava el coche.
2. Da de comer al perro.
3. Lava los platos.
4. Saca la basura.
5. Lava la camisa.
6. Pon la mesa. (cocina.)
7. Limpia el baño.
8. Quita el polvo de la sala. (Pasa la aspiradora.)

6B-6
1. están lavando el coche
2. está cortando el césped
3. está sacando la basura
4. están poniendo la mesa
5. está dando de comer al perro
6. están hablando
7. Answers will vary.

6B-7
PABLO: haciendo
MAMÁ: lavando
PABLO: ____
MAMÁ: haciendo
PABLO: limpiando
MAMÁ: pasa
PABLO: ____
MAMÁ: saca / haciendo
MARÍA: cortamos
MAMÁ: ____
MARÍA: ayudando
MAMÁ: ____
PAPÁ: lavando
MAMÁ: lava
PAPÁ: ____
MAMÁ: ____

Crucigrama (6B-8)
Across:
4. escalera
6. limpio
9. coche
12. cocinar
15. pasa
16. arreglar
17. lavar
18. garaje
20. comedor
21. sótano

Down:
1. cocina
2. hacer
3. polvo
5. sacar
6. lejos
7. primer piso
8. planta baja
10. despacho
11. poner
13. sala
14. dormitorio
19. césped
21. sucio

Organizer (6B-9)
I. Vocabulary Answers will vary.
II. Grammar
1. present progressive / -ando / -iendo
2. third person singular (él, ella, Ud.) / present / pon / haz

Antes de ver el video

Actividad 1

Think of five chores you do at home. Then, write whether you like or don't like doing them using **me gusta** and **no me gusta nada**. Follow the model. **Answers will vary.**

Modelo *No me gusta nada limpiar mi dormitorio.*

1. _____

2. _____

3. _____

4. _____

5. _____

¿Comprendes?

Actividad 2

As you know from the video, Jorgito does all of the chores even though some were Elena's responsibility. Next to each chore listed below, tell whether it was Elena's responsibility or Jorgito's responsibility by writing the appropriate name in the space provided.

1. __Jorgito__ quitar el polvo

2. __Elena__ poner la mesa del comedor

3. __Elena__ lavar los platos en la cocina

4. __Jorgito__ hacer la cama en el dormitorio de Jorge

5. __Elena__ hacer la cama en el cuarto de Elena

6. __Jorgito__ arreglar el dormitorio de Jorge

7. __Jorgito__ pasar la aspiradora

8. __Elena__ dar de comer al perro

Actividad 3

Use the stills below from the video to help you answer the questions. Use complete sentences.

1. ¿A Elena le gusta trabajar en casa?
   No, a Elena no le gusta trabajar en casa.

2. ¿Qué quiere Jorgito para ayudar a Elena?
   Jorgito quiere dinero para ayudar a Elena.

3. ¿En qué están de acuerdo Elena y Jorgito?
   Jorgito va a recibir 45 minutos de escuchar música en el cuarto de Elena por cada que hacer hecho.

4. ¿Cuántos quehaceres le da Elena a Jorgito? ¿Por cuántas horas va a escuchar música Jorgito? *Elena le da cuatro que haceres. Jorgito va a escuchar música por tres horas.*

5. Cuando vienen a casa, ¿cómo están los padres? *Cuando vienen a casa, los padres están contentos.*

6. En realidad, ¿es perezoso Jorgito?
   En realidad Jorgito no es perezos.

Y, ¿qué más?

Actividad 4

What activities might you do in each of these rooms? From the list in the box below, name at least two things that you might logically do in each room. Each activity should be used only once.

> hacer la cama   pasar la aspiradora   escuchar música   cocinar la comida
> poner la mesa   lavar los platos   quitar el polvo
> comer la cena   arreglar el dormitorio desordenado   hacer la tarea

1. dormitorio de Elena

   hacer la cama   **escuchar música**

2. sala

   quitar el polvo   **pasar la aspiradora**

3. comedor

   poner la mesa   **comer la cena**

4. cocina

   lavar los platos   **cocinar la comida**

5. dormitorio de Jorge

   hacer la tarea   **arreglar el dormitorio desordenado**

Actividad 5

Listen as people look for things they have misplaced somewhere in their house. After each conversation, complete the sentence that explains what each person is looking for (busca) and in which room it is found. You will hear each dialogue twice.

1. La muchacha busca ___ **un libro**

   Está en ___ **la sala**

2. El muchacho busca ___ **un disco compacto**

   Está en ___ **el comedor**

3. La mujer busca ___ **un regalo**

   Está en ___ **el despacho**

4. El muchacho busca ___ **una revista**

   Está en ___ **el dormitorio**

5. La muchacha busca ___ **una mochila**

   Está en ___ **el garaje o el coche**

Actividad 6

Señor Morales's nephew, Paco, volunteers to help his uncle move into a new apartment. However, Señor Morales is very distracted as he tells Paco where to put different things. Listen as he gives his nephew instructions and record in the grid below whether you think what he tells him to do each time is **lógico** (logical) o **ilógico** (illogical). You will hear each dialogue twice.

	1	2	3	4	5	6	7	8	9	10
lógico		X		X			X			
ilógico	X		X		X	X		X	X	X

Realidades 1

Capítulo 6B

Nombre

Hora

Fecha

AUDIO

Actividad 9

Some people always seem to get out of doing their chores at home. Listen as a few teens tell their parents why they should not or cannot do what their parents have asked them to do. As you listen, write in the chart below what the parent requests, such as **lavar los platos**, and write in the teens' excuses, such as **está lavando el coche**. You will hear each conversation twice. **Answers may vary.**

	Los quehaceres	Las excusas
Marcos	arreglar el dormitorio	Los libros, las revistas y la ropa son para mañana.
Luis	dar de comer al perro	El perro quiere dormir.
Marisol	traer los platos y vasos a la cocina	Está mirando la tele.
Jorge	cortar el césped	Hace mucho calor.
Elsa	pasar la aspiradora	Está escuchando la música.

Realidades 1

Capítulo 6B

Nombre

Hora

Fecha

AUDIO

Actividad 7

Nico's parents are shocked when they come home from a trip to find that he hasn't done any of the chores that he promised to do. As they tell Nico what he needs to do, fill in the blanks below each picture with the corresponding number. You will hear each set of statements twice.

3 ___   6 ___   5 ___   1 ___

2 ___   7 ___   4 ___

Actividad 8

Listen as each person rings a friend's doorbell and is told by the person who answers the door what the friend is doing at the moment. Based on that information, in which room of the house would you find the friend? As you listen to the conversations, look at the drawing of the house and write the number of the room that you think each friend might be in. You will hear each dialogue twice.

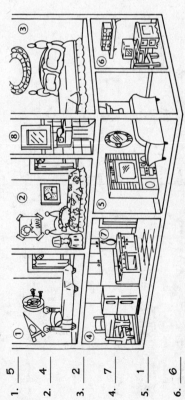

1. __5__

2. __4__

3. __2__

4. __7__

5. __1__

6. __6__

Capítulo 6B — *WAVA Answers* **107**

Realidades ❶ Capítulo 6B

Nombre _____ Hora _____

Fecha _____

WRITING

Actividad 10

The Justino family is getting ready for their houseguests to arrive. Help Sra. Justino write the family's to-do list. Follow the model.

Modelo
En el dormitorio, tenemos que quitar el polvo, arreglar el cuarto y pasar la aspiradora.

En el baño, tenemos que limpiar el espejo, lavar la ropa sucia y arreglar el cuarto.

1.

En la cocina, tenemos que lavar los platos, poner la mesa y limpiar el cuarto.

2.

En el garaje, tenemos que lavar el coche, sacar la basura y luego, cortar el césped.

3.

En el despacho (dormitorio), tenemos que arreglar el cuarto, sacar la basura, pasar la aspiradora y quitar el polvo.

4.

Realidades ❶ Capítulo 6B

Nombre _____ Hora _____

Fecha _____

WRITING

Actividad 11

The Boteros's son is going to stay with his grandmother in Puerto Rico for a month. His parents want to make sure that he is well behaved and helps out around the house. Write ten commands the Boteros might give to their son. Follow the model. **Answers will vary.**

Modelo Ayuda en la cocina, hijo. _____

1. _____
2. _____
3. _____
4. _____
5. _____
6. _____
7. _____
8. _____
9. _____
10. _____

Actividad 12

The Galgo family is very busy on Sunday. Look at their schedule below and write what each family member is doing at the time given. Use your imagination, and use the model to help you.

	10:00	12:00	3:00	8:00
La Señora Galgo	hacer ejercicio	almorzar	trabajar	dormir
El Señor Galgo	trabajar	cortar el césped	preparar la cena	jugar al tenis
Rodrigo	arreglar el cuarto	comer	tocar la guitarra	estudiar
Mariana	nadar	poner la mesa	leer	ver la tele

Modelo   12:00   *A las doce, la Sra. Galgo está almorzando con sus amigos y el Sr.*
Galgo está cortando el césped. Rodrigo está comiendo una manzana y
Mariana está poniendo la mesa.

1. 10:00

   A las diez la Señora Galgo está haciendo ejercicio y Mariana está
nadando. El Señor Galgo está trabajando y su hijo Rodrigo está
arreglando el cuarto.

2. 3:00

   A las tres la Señora Galgo está trabajando y el Señor Galgo está
preparando la cena. Rodrigo está tocando la guitarra y Mariana está
leyendo.

3. 8:00

   A las ocho la Señora Galgo está durmiendo pero el Señor Galgo está
jugando al tenis. Rodrigo está estudiando y Mariana está viendo la tele.

Actividad 13

A. Read the letter that Marta wrote to "Querida Adela," an advice column in the local paper, because she was frustrated with having to help around the house.

> *Querida Adela:*
>   *Yo soy una hija de 16 años y no tengo tiempo para ayudar en*
> *la casa. Mis padres no comprenden que yo tengo mi propia vida y*
> *que mis amigos son más importantes que los quehaceres de la*
> *casa. ¿Qué debo hacer?*
>   *—Hija Malcontenta*

B. Now, imagine that you are Adela and are writing a response to Marta. In the first paragraph, tell her what she must do around the house. In the second, tell her what she can do to still have fun with her friends. Use the sentences already below to help you.

Querida Hija Malcontenta:

   Es verdad que tú tienes un problema. Piensas que tu vida con tus amigos es más importante que tu vida con tu familia. Pero, hija, tú tienes responsabilidades. Arregla tu cuarto.   **Answers may vary.**

_____

_____

Tienes que ser una buena hija.

Después de ayudar a tus padres, llama a tus amigos por teléfono.

_____

_____

_____ . Tus padres van a estar más con-

tentos y tú vas a tener una vida mejor.

           Buena suerte

           Adela

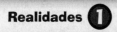
Table of Contents

Tema 7: De compras
Capítulo 7A: ¿Cuánto cuesta?

Capítulo 7B: ¡Qué regalo!

Theme Project

De compras
Catálogo de ventas por correo

Overview:

You will create two pages from a mail-order catalog featuring magazine photos of three clothing items and three gift items, each accompanied by a brief description. Then you will present your catalog pages to the class, describing in complete sentences each item featured.

Materials:

Mail-order catalogs, fashion magazines, scissors, glue, markers, construction paper

Sequence:

STEP 1. Review the instructions with your teacher.

STEP 2. Look through mail-order catalogs for layout ideas, price ranges, and sizes. Submit a rough sketch of your two-page layout. Incorporate your teacher's suggestions into your draft.

STEP 3. Create your two-page layout on construction paper, leaving room for your descriptions.

STEP 4. Submit a draft of your clothing and gift descriptions. Practice your catalog presentations with a partner.

STEP 5. Present your catalog pages to the class, describing each item on the pages in complete sentences.

Assessment:

Your teacher will use the rubric on the following page to assess this project.

Theme 7 Project: Catálogo de ventas por correo

RUBRIC	Score 1	Score 3	Score 5
Evidence of Planning	No written draft or sketch provided.	Draft was written and layout created, but not corrected.	Evidence of corrected draft and layout.
Use of Illustrations	No photos included.	Photos for most of the items were included. Layout was somewhat effective.	Photos for all the items described were included. Layout was effective.
Presentation	Lists items, but doesn't describe them. Rarely uses complete sentences.	Describes some, but not all, of the items completely. Sometimes does not use complete sentences.	Describes each item completely, using complete sentences.

Dear Parent or Guardian,

The theme for the chapter is *De compras* (Shopping) and this chapter is called *¿Cuánto cuesta?* (How much does it cost?).

Upon completion of this chapter, your child will be able to:

- talk about clothes, shopping, and prices
- describe his or her plans
- talk about what he or she wants and what he or she prefers
- point out specific items
- understand cultural perspectives on shopping

Also, your child will explore:

- the correct pronunciation of the letter *z*
- common gestures used by Spanish speakers

Realidades helps with the development of reading, writing, and speaking skills through the use of strategies, process speaking, and process writing. In this chapter, students will:

- read about traditional clothing in Panama
- speak about articles of clothing sold in a store

Remember that additional help is available online at www.PHSchool.com by using the Web Codes in the Student Edition or in the Practice Workbook.

Check it out! Have your child tell you in Spanish the name for and color of at least seven articles of clothing in his or her bedroom.

Sincerely,

Go Online
PHSchool.com

For: Tips to Parents
Visit: www.phschool.com
Web Code: jce-0010

Chapter Resource Checklist

Resources	CO	APV	VH	MAN	LEC	CV	PO	VM	REP	PREP
Teacher										
Teacher's Resource Book										
Input Script		■								
Audio Script		■	■						■	■
GramActiva BLM				■						
Communicative Activities BLM				■						
School-to-Home Connection BLM	■									
Clip Art		■								
Situation Cards BLM									■	
TPR Storytelling Book		■	■							
Fine Art Transparencies Teacher's Guide										
Student										
Practice Workbook		■	■	■					■	
Vocabulary		■	■	■						
Grammar				■						
Crossword Puzzle		■								
Organizer										
Writing, Audio & Video Workbook										
Writing				■						
Audio		■	■	■						
Video			■							
Heritage Language Learner Workbook										
Transparencies		■	■	■	■	■	■			
Practice Answers										■
Vocabulary and Grammar	■	■		■						
Fine Art	■									
Assessment										
Assessment Program										
Quizzes			■							
Chapter Test			■							■
ExamView Test Bank CD-ROM			■							
Test Preparation Workbook										
Alternative Assessment										
Performance-Based Speaking				■			■			■
Rubrics	■									
Internet Self-Test										
Technology										
I-text	■	■	■	■	■	■	■	■	■	■
Teacher Express CD-ROM	■	■	■	■	■	■	■	■	■	■
Video Program (VHS and DVD)			■	■				■		
Audio Program										
CD 7A		■	■	■						■
Assessment CD										
Song CD		■								

Abbreviation Key

CO = Chapter Opener; APV = A primera vista; VH = Videohistoria; MAN = Manos a la obra; LEC = Lectura;
CV = Cultura en vivo; PO = Presentación oral; PE = Presentación escrita; MH = Mundo hispano; VM = Videomisterio;
REP = Repaso del capítulo; PER = Perspectivas del mundo hispano; PREP = Preparación para el examen

Input Script

Presentation

Input Vocabulary 1: Place the transparency on the screen. Hand out copies of the Vocabulary Clip Art and colored pencils or markers. Have students tear the images into individual items and color each one a single color. Tell students *"Este año, voy de vacaciones con mi hermano* (or *hermana.* It must be someone of the opposite sex so that all clothing vocabulary can be presented). *Primero, vamos a Madrid, donde hace sol. Entonces, vamos a esquiar en Sierra Nevada en el sur de España. De ropa, necesitamos comprar …"* Name clothing items and point to them on the transparency. Have students arrange the items on their desks in the order you mention them. Then say *"Me gustaría comprar un traje de baño azul. ¿Quién tiene un traje de baño azul?"* Students who have colored their swimsuit blue will hold it up. If no one has a blue swimsuit, ask for one in a different color.

Input Vocabulary 2: Tell students to write a price in numerals on each of their Clip Art clothing items. They should write prices in hundreds of pesos between 200 and 1,000. Present the numbers by counting real or "play" pesos in hundreds up to 1,000 pesos. Explain briefly to students the fine art of haggling. Tell them you will offer them a lower price for an item. They should offer to sell you the item at a price in-between the original price and your offer. As you go around the room haggling with students, exclaim how expensive their items are and put up a good fight for a lower price.

Input Dialogue 1: Role-play the first two lines several times with different students. Students will say the salesclerk's line each time and you will say the customer's line. With each student, substitute different clothing items. Have the rest of the class hold up the Clip Art items you say. Role-play the second two lines several times with different students. This time, you will be the salesclerk and the students will be the customers. Each time, substitute different clothing and have the rest of the class hold up the items you mention.

Input Dialogue 2: Role-play the first exchange with several students. Students will say the first line. You will say the second speaker's lines and substitute different clothing items. Have students hold up the Clip Art items they hear. When you say *"Me gusta ese abrigo,"* stress the word *ese* and point to one of the coats a student far away is holding up. Point to the coat on the transparency and say *"No me gusta este abrigo."* Stress the word *este.* To present *"¿Entramos en la tienda?"* have a student walk with you just outside the classroom door. Say *"¿Entramos en la sala de clases?"* and gesture for the student to walk in with you. Bring two coats, two baseball caps, and two pairs of shoes to class to present the second and third exchanges. One of the two should be way too big and the other should fit well. Role-play the second and third exhanges. Try on the clothing. Make true remarks about how the clothing fits and have students tell you *"Tienes razón."*

Comprehension Check

- Call out different categories and have students group their Clip Art clothing items accordingly. For example, call out *"Ropa deportiva y ropa elegante"* or *"Ropa para la un día en la playa y ropa para un día en las montañas."*

- Hang items of clothing around the room and place price tags on a table at the front of the room. Call out a clothing item and a price and have one student at a time hang the correct price tag on the item you named.

Audio Script

Audio CD, Capítulo 7A

Track 01: *A primera vista*, **Student Book, p. 322, (4:05)**

Vocabulario y gramática en contexto
You will hear each word or phrase twice. After the first time there will be a pause so you can pronounce it, then you will hear the word or phrase a second time.
Tienda de ropa La Preferida
Ropa elegante

el traje
la camisa
los pantalones
los calcetines
los zapatos

el vestido
las botas

Ropa deportiva

la gorra
la camiseta
los pantalones cortos
el traje de baño

la dependienta
el dependiente
la blusa
la falda
la sudadera
los jeans

Read along as you listen to the dialogue.

MALE: Buenos días. ¿En qué puedo servirle?
FEMALE 1: Necesito comprar una blusa. Y también busco unos jeans nuevos.
FEMALE 2: ¿Prefiere Ud. llevar una blusa deportiva o elegante?
FEMALE 1: ¡Me encantan las blusas deportivas!

Track 02: *A primera vista*, **Student Book, p. 323, (3:03)**

Vocabulario y gramática en contexto
You will hear each word or phrase twice. After the first time there will be a pause so you can pronounce it, then you will hear the word or phrase a second time.

el abrigo
el suéter
la chaqueta

Read along as you listen to the dialogue.

MALE TEEN 1: ¿Qué piensas comprar hoy?
MALE TEEN 2: Necesito comprar un abrigo. Me gusta ese abrigo. ¿Entramos en la tienda?

MALE TEEN 2: ¡Uf! Me queda mal.
MALE TEEN 1: Tienes razón. Es demasiado grande.

MALE TEEN 2: ¿Cómo me queda este abrigo?
MALE TEEN 1: Te queda bien. Me gusta. ¿Qué piensas?
MALE TEEN 2: Me gusta también. ¿Cúanto cuesta?

MALE TEEN 1: A ver … Cuesta ochocientos pesos. Es un buen precio, ¿no?

You will hear each word or phrase twice. After the first time there will be a pause so you can pronounce it, then you will hear the word or phrase a second time.

doscientos pesos
trescientos pesos
cuatrocientos pesos
quinientos pesos
seiscientos pesos
setecientos pesos
ochocientos pesos
novecientos pesos
mil pesos

Track 03: *A primera vista:* **Act. 1, Student Book, p. 323, (2:25)**

¿Qué ropa llevan?
Escucha qué ropa llevan hoy diferentes personas. Señala en la foto o en el dibujo cada artículo de ropa que escuchas. Vas a escuchar las frases dos veces.

1. El profesor Ramírez lleva un traje.
2. Leonardo lleva una gorra.
3. Gerardo lleva pantalones cortos.
4. La dependienta lleva una falda azul.
5. Los zapatos que lleva José son negros.
6. Hace calor y Carlos lleva una camiseta.
7. Carmen lleva unas botas muy bonitas.
8. Mi hermana lleva unos jeans nuevos.

Track 04: *A primera vista:* **Act. 2, Student Book, p. 323, (1:58)**

¿Verano o invierno?
On a sheet of paper, draw a snowman on one side and the sun on the other. If a statement you hear is most logical for winter, hold up the snowman. If it is most logical for summer, hold up the sun. You will hear each statement twice.

1. ¿Dónde está tu suéter?
2. Necesito comprar un traje de baño nuevo.
3. ¿Por qué llevas pantalones cortos?
4. Voy a llevar una sudadera hoy.
5. ¿Cuánto cuesta el abrigo?
6. Mamá, ¿dónde está mi camiseta amarilla?
7. Las botas son muy pequeñas.

Track 05: *A primera vista: Videohistoria*, **Student Book, pp. 324-325, (2:25)**

Una noche especial
¿Por qué necesita ir de compras Teresa? Lee la historia.

Read along as you listen to the Videohistoria.
See Student Book pages 324–325 for script.

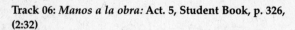

Track 06: *Manos a la obra:* **Act. 5, Student Book, p. 326, (2:32)**

Escucha y escribe

Trabajas en una tienda de ropa y escuchas los comentarios de diferentes personas que buscan ropa. Escribe los números del 1 al 6 en una hoja de papel y escribe las frases que escuchas. Después indica con un signo de más o un signo de menos si piensas que las personas van a comprar la ropa. Vas a escuchar las frases dos veces.

1. **FEMALE 1:** Esta blusa me queda muy bien.
2. **MALE 1:** Esta camisa cuesta demasiado.
3. **FEMALE 2:** Tienes razón. Estas botas son muy bonitas.
4. **MALE 2:** Estos zapatos me quedan mal.
5. **FEMALE 3:** No sé. Vamos a otra tienda.
6. **MALE 3:** Quizás, pero no me gusta mucho.

Track 07: *Manos a la obra:* **Act. 10, Student Book, p. 328, (2:15)**

¿Cuánto cuesta en Montevideo?

Estás comprando ropa en Montevideo, Uruguay. Escucha los precios en pesos uruguayos. Escribe en tu hoja de papel el precio que escuchas. Vas a escuchar las frases dos veces.

1. La camiseta cuesta 336 pesos.
2. ¿Cuánto cuesta la blusa? 1,260 pesos.
3. El traje de baño sólo cuesta 980 pesos.
4. El suéter cuesta 1,568 pesos.
5. ¿Cuánto cuesta el vestido? 1,680 pesos.
6. La chaqueta cuesta 1,764 pesos.

Track 08: Audio Act. 5, Writing, Audio & Video Workbook, p. 133, (5:01)

Isabel is working at a laundry (lavandería) in Salamanca. As the customers bring in their order, write how many clothing items each person has from each category in the appropriate boxes. Then total the order and write the amount in the blanks provided in the grid for each customer. You will hear each dialogue twice.

1. **FEMALE 1:** Buenos días, señorita. ¿Qué desea usted?
   FEMALE 2: Buenos días. Traigo dos blusas, una falda y un suéter.
   FEMALE 1: ¿Es todo?
   FEMALE 2: Sí, es todo. Bueno. ¿Cuánto es?
2. **FEMALE 1:** Buenos días, señor. ¿En qué puedo servirle?
   MALE 1: Buenos días. En estos pantalones nuevos ¡hay un poco de sopa de tomate!
   FEMALE 1: ¡Qué asco! La sopa es buena para la salud, pero mala para la ropa. ¿Es todo?
   MALE 1: No. También tengo una camiseta y una camisa.
   FEMALE 1: Gracias, señor. Todo para el martes, ¿de acuerdo?
   MALE 1: De acuerdo. ¿Cuánto cuesta?
3. **FEMALE 1:** Buenas tardes, señora. ¿Qué desea usted?
   FEMALE 3: Aquí tengo mi suéter. Tiene pelos de gato por todas partes.
   FEMALE 1: No hay problema.

FEMALE 3: Bien. Tengo este vestido negro, esta falda roja y dos chaquetas de mi hermano. Es todo. ¿Cuánto cuesta?
4. **FEMALE 1:** Buenas tardes. ¿En qué puedo ayudarle?
   MALE 2: Buenas tardes. Traigo todos los pantalones y todas las camisetas de mi equipo de fútbol. Hay doce pantalones y doce camisetas.
   FEMALE 1: ¿Sólo hay doce? Juegan muy bien para doce.
   MALE 2: Gracias. ¿Cuánto es en total?
5. **FEMALE 1:** Buenas tardes, señorita. ¿Qué desea?
   FEMALE 4: Muy buenas. No tengo mucho tiempo. Voy a una fiesta esta noche. Necesito esta falda y esta blusa para hoy. ¿Es posible?
   FEMALE 1: Creo que sí. A las cinco.
   FEMALE 4: Muchas gracias.¿Cuánto es?

Track 09: Audio Act. 6, Writing, Audio & Video Workbook, p. 133, (5:00)

Listen to the following items available from one of the shopping services on TV. You might not understand all of the words, but listen for the words that you do know in order to identify which item is being discussed. Then write down the price underneath the correct picture. You will hear each set of statements twice.

1. ¿Quieres impresionar a ese chico especial? Este vestido es una declaración de tu personalidad—seria, pero romántica. Trabajadora, pero simpática. ¡Y por sólo ochocientos cinco pesos!
2. ¡Nunca más elegante que ahora! Por generaciones es la chaqueta más popular y famosa del mundo. En colores magníficos, con estilos extraordinarios. Usted la puede comprar por sólo novecientos cincuenta pesos. No va a ver un precio mejor.
3. ¿Crees que tienes los pantalones y las camisas perfectos? ¿Sí? Pero, ¿tienes todo? ¡No! Necesitas calcetines de muchos colores para todos los días y todas las ocasiones. Nosotros tenemos calcetines por un precio increíble: sólo veinticinco pesos el par.
4. Estos jeans sí te quedan bien. Generalmente los jeans nuevos no te quedan bien, pero el primer día de llevar nuestros jeans, van a ser tus favoritos. Por sólo quinientos diez pesos.
5. Necesitas esta blusa para una noche romántica. La música, las flores, un restaurante fabuloso… ¡y tú! Es una blusa de una colección exclusiva. Por sólo seiscientos treinta pesos.

Track 10: *Pronunciación,* **The letter** *z,* **Student Book, p. 329, (4:26)**

In most Spanish-speaking countries, the letter *z* sounds like the *s* in "see". Listen to and say these words:

You will hear each word twice. After the word is pronounced the first time, there will be a pause so you can pronounce it. Then you will hear the word a second time.

zapato
izquierda
zanahoria
arroz

haz
azul
almuerzo
razón
quizás
cabeza
nariz
perezoso

In many parts of Spain, however, the letter *z* is pronounced something like the *th* in "think." Listen to the words as a Spaniard says them and practice saying them as if you were in Spain.

zapato
izquierda
zanahoria
arroz
haz
azul
almuerzo
razón
quizás
cabeza
nariz
perezoso

Try it out! Listen to *"En la puerta del cielo"* ("At Heaven's Gate"), a traditional poem from Puerto Rico. Then say the poem aloud.

En la puerta del cielo,
venden zapatos
para los angelitos
que andan descalzos.

Track 11: *Manos a la obra:* **Act. 13, Student Book, p. 330, (3:24)**

¿Qué prefieren llevar?
En una hoja de papel escribe los números del 1 al 6. Escucha lo que quieren o piensan hacer diferentes personas y escribe las frases.
Escribe otra frase para decir qué piensan llevar las personas para sus actividades. Vas a escuchar las frases dos veces.

1. El sábado mis amigos y yo pensamos ir a la playa.
2. Esta tarde Elena piensa jugar al tenis con su hermano.
3. Juan y Felipe quieren ir a las montañas para esquiar.
4. Carlos y su familia piensan ir a un partido de béisbol.
5. Rosa quiere buscar un trabajo en el centro comercial.
6. Fernando y yo queremos jugar al fútbol esta tarde.

Track 12: Audio Act. 7, Writing, Audio & Video Workbook, p. 134, (4:50)

Listen as friends talk about their plans for the weekend. Where are they thinking about going? What are they thinking about doing? How are they planning to dress? As you listen for these details, fill in the chart. You will hear each dialogue twice.

1. **MALE TEEN 1:** Hola, Paco. ¿Adónde vas esta noche?
   MALE TEEN 2: Pienso ir a la fiesta de Luisa.
   MALE TEEN 1: Yo también. ¿Qué vas a llevar?
   MALE TEEN 2: Prefiero llevar mis pantalones cortos y mi camiseta, pero como es una fiesta elegante, pienso llevar mis pantalones negros y una camisa azul.
   MALE TEEN 1: Sí. Tienes razón. Necesitas llevar algo más elegante. ¿Con quién vas?
   MALE TEEN 2: Pienso ir con Elena. Vamos a bailar y Elena baila muy bien.
2. **FEMALE TEEN 1:** Hola, Anita. ¿Adónde quieres ir esta tarde?
   FEMALE TEEN 2: Pienso ir al centro comercial para comprar una falda nueva o un vestido nuevo.
   FEMALE TEEN 1: Yo prefiero las faldas.
   FEMALE TEEN 2: De acuerdo. Puedo llevar muchas blusas diferentes con una sola falda.
   FEMALE TEEN 1: ¿Con quién vas?
   FEMALE TEEN 2: Con mi mamá.
3. **MALE TEEN 3:** Oye, Ernesto. ¿Qué tal?
   MALE TEEN 4: Muy bien. Pienso ir al gimnasio. ¿Quieres ir conmigo?
   MALE TEEN 3: No, gracias. Prefiero correr en el parque.
   MALE TEEN 4: Voy a levantar pesas en el gimnasio. Por eso llevo mi sudadera. Voy con Miguel también. Si quieres ir, vamos a estar en el gimnasio hasta las cinco.
4. **MALE TEEN 5:** Hola, Kiki. ¿Quieres ir al cine conmigo para ver la nueva película?
   MALE TEEN 6: Daniel, prefiero ir al cine, pero necesito estudiar para un examen. ¿Cuándo piensas ir?
   MALE TEEN 5: Hmmm. Son las dos ahora. Pienso ir a las siete.
   MALE TEEN 6: De acuerdo. A las siete. Quiero llevar mis jeans nuevos. Nos vemos a las siete. Gracias, Daniel.

Track 13: Audio Act. 8, Writing, Audio & Video Workbook, p. 134, (3:33)

Susi is spending the summer in Ecuador, where she is living with a wonderful host family. As the summer comes to a close, she is searching for the perfect thank-you gifts for each member of the family. Listen as she talks to the sales clerk. In the chart below, write in the item that she decides to buy for each person in her new "family." You will hear this conversation twice.

CLERK: Buenas tardes. ¿En que puedo servirle?
SUSI: Busco unos regalos para mi familia de aquí. Primero para mi hermano, Luis. Tiene diez años.
CLERK: ¿Le gusta esta gorra de béisbol? Es muy popular con los chicos.
SUSI: Prefiero esa camiseta. Es mejor para él.
CLERK: Bueno. ¿Y para la madre? ¿Estas botas?
SUSI: Botas, no. ¿Tiene ese abrigo en azul?
CLERK: A ver… sí. ¿Le gusta?
SUSI: Sí. Es muy bonito y perfecto para ella. Busco algo muy especial para el bebé.
CLERK: ¿Le gustan estos pantalones cortos? Son bonitos.
SUSI: Prefiero los calcetines rojos. Allí. Esos calcetines con los globos pequeños. Son preciosos. Y para el padre, esta gorra de béisbol de los Yankees de Nueva York.

CLERK: ¿Es todo?

SUSI: No, necesito comprar algo para la hermana, Marisol.

CLERK: ¿Qué le gusta hacer?

SUSI: A Marisol le gusta nadar. Ah, sí. Este traje de baño es perfecto. Es todo, gracias.

You are going to hear this conversation again.

Track 14: Audio Act. 9, Writing, Audio & Video Workbook, p. 135, (6:46)

What you wear can reveal secrets about your personality. Find out what type of message you send when you wear your favorite clothes and your favorite colors. As you listen to the descriptions, write down at least one word or phrase for each color personality and at least one article of clothing favored by that person. You will hear each set of statements twice.

1. Si te gusta llevar el color ROJO, prefieres la ropa deportiva. La gorra de béisbol es tu artículo favorito. Eres muy talentoso y quieres practicar deportes todos los días. Eres buen deportista.

2. Si te gusta llevar el color AMARILLO, prefieres llevar la ropa del verano. El traje de baño es tu ropa favorita. Eres muy optimista y sociable. Te encanta hablar por teléfono y eres una persona muy honesta.

3. Si te gusta el color MORADO, prefieres los suéteres. Muchos piensan que eres de otro planeta. No hablas mucho y eres misterioso, pero muy romántico.

4. Si te gusta el color AZUL, prefieres llevar una gorra de béisbol y pantalones cortos. Eres muy sincero y reservado. Eres muy artístico también.

5. Si te gusta el color ANARANJADO, te gustan las mini-faldas o las camisetas muy cortas. Tienes mucho entusiasmo. Eres atrevida y muy independiente. Eres una persona muy graciosa.

6. Si te gusta el color MARRÓN, prefieres los zapatos elegantes. No te gustan los zapatos de tenis. Eres un buen amigo, escuchas los problemas de tus amigos y eres muy paciente.

7. Si te gusta el color GRIS, te gustan los trajes. Eres una persona muy reservada y seria. Te gusta el silencio y prefieres estar sola.

8. Si te gusta el color VERDE, prefieres llevar jeans. Eres gracioso y te gusta hacer ejercicio. Eres muy deportista y natural.

9. Si te gusta el color NEGRO, te gusta llevar una sudadera negra. Eres inteligente y atrevido. Tus amigos creen que eres muy trabajador.

Track 15: *Repaso del capítulo*, Student Book, p. 342, (6:32)

Vocabulario y gramática

Listen to these words and expressions that you have learned in this chapter. You will hear each word or expression once.

See Student Book page 342 for vocabulary list.

Track 16: *Preparación para el examen*, Student Book, p. 343, (1:33)

Escuchar

Practice task.

Listen as people explain to the clerk in a department store why they are returning or exchanging clothing they received as gifts. Try to decide if the reason is: a) it doesn't fit well; b) it's the wrong color or style; c) it's too expensive; d) they just didn't like it.

SALESCLERK: Buenas tardes, señora.

SEÑORA: Buenas tardes, señor. Esta falda no me queda bien. Yo soy baja, y la falda es demasiado larga.

SALESCLERK: No hay problema, señora. Un momento… Aquí hay otra más corta.

SALESCLERK: Buenas tardes, señor.

MALE 2: Hola. El color de este traje es horrible. No me gusta nada. Prefiero un traje gris.

SALESCLERK: Aquí hay trajes grises.

SALESCLERK: Buenas tardes, señorita.

FEMALE 2: ¡No me gustan nada estos pantalones! ¡Y son demasiado caros! Prefiero llevar faldas y vestidos.

MALE 1: Muy bien. No hay problema.

Video Script

A primera vista: *Una noche especial,* (5:25)

TERESA: Esta falda … ¡no me gusta! Este vestido … ¡me queda mal! Esta camiseta tampoco … ¡Ay, no sé qué voy a llevar! No tengo nada.

CLAUDIA: No tienes razón, Teresa. Tienes ropa muy bonita.

TERESA: Pero mañana es la fiesta y vamos con Manolo y Ramón, el chico de Chicago.) Her tone of voice indicates she may have a bit of a crush on Ramón.)

CLAUDIA: Él es muy guapo, ¿no?

TERESA: Sí, y muy simpático … Quiero comprar algo nuevo.

CLAUDIA: Pues, ¿qué piensas comprar?

TERESA: No sé. Quizás una falda …

CLAUDIA: Bueno, pues, ¡vamos! ¿Qué tal esta tienda?

TERESA: Bien, vamos a entrar. Perdón, señorita.

DEPENDIENTA: ¿Sí? ¿Qué desea?

TERESA: Busco algo bonito para una fiesta.

DEPENDIENTA: Bueno … ¿qué desea Ud.? ¿Jeans, camisetas, blusas?

TERESA: ¿Jeans? Creo que no.

DEPENDIENTA: Pues entonces, ¿esta falda y esta blusa?

TERESA: A ver cómo me quedan.

CLAUDIA: A ver cuánto cuestan.

TERESA: Tienes razón. ¡Seiscientos pesos por una falda!

CLAUDIA: ¡Ay! ¡Es mucho dinero!

DEPENDIENTA: Bueno, hay cosas que no cuestan tanto … aquí atrás …

CLAUDIA: Qué bien. Mira, Teresa … Esta falda cuesta trescientos pesos. ¿Qué piensas?

TERESA: ¡Genial! Y este suéter de color café cuesta doscientos pesos.

MANOLO: Ramón, ya son las ocho. La fiesta es a las nueve, ¿recuerdas?

RAMÓN: Sí, sí, vamos.

BERTA: ¿Adónde van ustedes?

MANOLO: A la fiesta con Claudia y Teresa.

BERTA: Y ¿vas a llevar esos jeans y la camiseta y … ¿la gorra?

RAMÓN: Sí … ¿por qué?

BERTA: Bueno, aquí en México no llevamos esa ropa en las fiestas.

MANOLO: Sí, Berta tiene razón.

RAMÓN: Entonces, ¿Uds. me ayudan con la ropa?

MANOLO AND BERTA: Sí, claro.

RAMÓN: ¡Eh, pero es mi gorra favorita!

TODOS LOS JÓVENES: ¡Hola! Buenas noches. ¿Qué tal?

MANOLO: Qué bonitas son …

CLAUDIA: Pasen.

LOS DOS MUCHACHOS: Gracias.

GramActiva Videos: Stem-changing verbs *pensar, querer,* and *preferir;* demonstrative adjectives, (6:56)

Stem-changing verbs *pensar, querer,* and *preferir*

HOST: Today we're going to cover three stem-changing verbs: *pensar, querer,* and *preferir. Pensar,* "to think or plan," *querer,* "to want or love," and *preferir,* "to prefer," all change the stems in the same way. So you only have to know one stem-changing rule for all three verbs.

HOST: In all forms except *nosotros* and *vosotros,* the stem for these three verbs changes from *e* to *ie.* Take *querer* for example. "I want" is *quiero.* See how the -e- turns to an -ie-?

CONSTRUCTION WORKER: *Pensar, querer,* and *preferir* are boot verbs. The stem changes in all forms except *nosotros* and *vosotros.* If you circle the forms with stem changes, the line looks like a boot.

HOST: Here's the big, bad, conjugation chart.

HOST: *Pienso. Piensas. Piensa. Pensamos. Pensáis. Piensan.*

HOST: *Quiero. Quieres. Quiere. Queremos. Queréis. Quieren.*

HOST: *Prefiero. Prefieres. Prefiere. Preferimos. Preferís. Prefieren.*

HOST: Here are some sample sentences. *Pienso comprar un suéter amarillo. Piensas mucho en los helados. Ella quiere comprar quinientos calcetines.*

HOST: *Queremos ir al cine.* We want to go to the movies. The e in the nosotros and vosotros forms doesn't change to ie. *¿Prefieren el helado de chocolate?* Do they prefer chocolate ice cream?

Quiz

HOST: Check your knowledge with this quick quiz. Fill in the blanks with the correct form of the verb.

HOST: (querer) Yo_____ comer las fresas.
Quiero comer las fresas.
(pensar) Ella _____ comprar un suéter para su hermana.
Ella piensa comprar un suéter para su hermana.
(preferir) Ellos _____ los calcetines rojos.
Ellos prefieren los calcetines rojos.

HAND: *¡Hasta luego!*

Demonstrative adjectives

HOST: In English, the words *this, these, that,* and *those* have a fancy name. They're called demonstrative adjectives. You can think of them as pointing adjectives because they point out nouns. *This shirt. That ball. Those brains!*

EXCLAMATION MAN: And guess what Spanish has … demonstrative adjectives! Woo hoo! You're going to learn a bunch of them.

HOST: *Este* and esta mean "this." Demonstrative adjectives agree in gender and number with the noun that follows them. So sometimes you'll want to use the plurals, *estos* and *estas.*

HOST 1: *Este suéter.* This sweater.

HOST 2: *Esta blusa.* This blouse.

HOST 1: *Estos zapatos.* These shoes.

HOST 2: *Estas gorras.* These caps.

HOST: Let's look now at *that* and *those. Ese* and *esa* mean "that." Their plurals, *esos* and *esas,* mean "those."

HOST 1: *Esa blusa.* That blouse.

HOST 2: *Ese suéter.* That sweater.

HOST 1: *Esos zapatos.* Those shoes.

HOST 2: *Esas gorras.* Those caps.

TIMMY THE TAPEWORM: Hello. I'm Timmy the Tapeworm. That was a lot of material to digest. I know. So here's a rhyme that will help you remember the demonstrative adjectives.

SING-SONG: *This* and *these* both have *t's*. *That* and *those* don't. *This* and *these* both have *t's*. *That* and *those* don't.

HOST: When you use demonstrative adjectives, you don't use the definite and indefinite articles. So "I like the shoes" is *me gustan los zapatos*. But "I like *these* shoes" is *me gustan estos zapatos*. *Estos* replaces *los*.

PERSON 1: Pásame una manzana.

PERSON 2: ¿Esta manzana?

PERSON 1: No.

PERSON 2: ¿Esta manzana?

PERSON 1: No.

PERSON 2: ¿Esta manzana?

PERSON 1: ¡No! ¡Esa manzana!

PERSON 2: ¿La manzana amarilla?

PERSON 1: ¡Sí!

HOST: Any quiz whizzes out there? Ha ha! Okay, that was cheesy. But you know what's not cheesy? This quiz.

Quiz

HOST: Fill in the blank with the correct demonstrative adjective.

(these) _____ zapatos son muy bonitos.
Estos zapatos son muy bonitos.

(this) _____ gorra es grande.
Esta gorra es grande.

(that) _____ sudadera cuesta mucho.
Esa sudadera cuesta mucho.

(those) _____ pantalones son grandes.
Esos pantalones son grandes.

Videomisterio: ¿Eres tú, María?, Episodio 5, (6:36)

CARMELA: ¿Cómo estás?

LOLA: Regular. Tengo mucho que decirte. Pero, necesito hablar con tu amiga. ¿Cómo se llama …?

CARMELA: Se llama Rosalinda.

LOLA: Uhmmm. Rosalinda.

ROSALINDA: Carmela, ¿cómo estás?

CARMELA: Muy bien. Rosalinda, quiero presentarte a una amiga mía, Lola. Ella es detective privada.

ROSALINDA: Mucho gusto, Lola.

LOLA: Mucho gusto, Rosalinda.

ROSALINDA: ¿En qué puedo ayudaros?

LOLA: Quiero hablar con doña Gracia Salazar. Es paciente aquí en el hospital.

ROSALINDA: Muy bien.

LOLA: Pero, primero, quiero hablar de una paciente que se llama María Requena. Estuvo aquí, en el hospital. ¿Te acuerdas de ella?

ROSALINDA: Sí, me acuerdo de María. Fue un accidente terrible. Dos coches chocaron en la carretera de Burgos. La otra chica …

LOLA: ¿Qué otra chica?

ROSALINDA: Julia.

LOLA: ¿Estuvo en el accidente?

ROSALINDA: Sí, eran dos coches y dos chicas. Las dos de 18 años.

LOLA: ¿Y después del accidente?

ROSALINDA: Las dos estaban en la misma habitación, ¿sabes? Y estaban muy mal. Julia murió. Pobrecita. Fue muy triste. No sé más.

LOLA: Y si quiero más información, ¿hay otra persona…?

ROSALINDA: A ver. Hay un enfermero. Se llama Luis Antonio. Él trabaja aquí … Él les ayudó a las dos.

CARMELA: Este Luis Antonio, ¿está aquí hoy?

ROSALINDA: No. Hace unos días que no viene a trabajar. Debe estar de vacaciones o enfermo.

LOLA: ¡Lástima!

ROSALINDA: Pero, ¿por qué no miramos en el archivo los historiales clínicos? Hay más información allí. ¿Quieres?

LOLA: Sí, ¿por qué no?

CARMELA: Aquí está.

LOLA: ¿Tenía María visitas cuando estuvo en el hospital? ¿O amigos?

ROSALINDA: Creo que no … pero no estoy segura …

ROSALINDA: Esperad un momento.

LOLA: Vale.

LOLA: Tu amiga es muy simpática.

CARMELA: Sí. Y qué suerte tenemos, ¿verdad?

LOLA: Sí.

CARMELA: ¿Qué pasa, Rosalinda? ¿Hay algún problema?

ROSALINDA: Sí. Es muy raro. No comprendo …

LOLA: ¿El qué?

ROSALINDA: Pues, no está su historial clínico. Ni un papel. Nada, absolutamente nada sobre María Requena.

LOLA: ¿Y de la otra chica?

ROSALINDA: No sé. ¿También te interesa?

LOLA: Sí, posiblemente.

ROSALINDA: Voy a ver. Un momento.

CARMELA: ¿Qué piensas, Lola? ¿Puede ser importante?

LOLA: No sé, Carmela, no sé.

ROSALINDA: Más raro, todavía. No hay nada sobre Julia tampoco.

CARMELA: Y los papeles, ¿pueden estar en otra oficina?

ROSALINDA: No. ¡Y de las dos chicas! Me parece muy raro.

ROSALINDA: Bueno. ¿Vamos a ver a doña Gracia?

LOLA: Sí, buena idea.

DOÑA GRACIA: ¿Eres tú, María?

ROSALINDA: No, soy Rosalinda. María no está aquí. Pero ella va a venir muy pronto, ya verá.

LOLA: Rosalinda, ¿qué piensas?

ROSALINDA: Está bastante mal. ¿Por qué no venís otro día para hablar con ella? Hoy está muy cansada.

LOLA: Sí, mejor. Buena idea. Muchas gracias por todo, Rosalinda. Aquí tienes mi tarjeta con el número de teléfono de mi oficina y de mi piso. Llámame si tienes más información.

ROSALINDA: Nada, nada. Las amigas de Carmela son amigas mías.

You and your partner work in a clothing store, and today you are taking inventory of the stock. Write down the necessary information for the women's clothing as your partner counts the stock and gives you the numbers you ask for. (Example: *¿Hay faldas? / ¿Cuánto cuestan? / ¿Hay faldas blancas?* [If the answer is no, go to the next color.]. *¿Cuántas? / ¿Cuántas faldas hay en total?*)

ROPA	PRECIO	COLOR							TOTAL
		blanco	negro	rojo	morado	rosado	azul	amarillo	
faldas	$								
blusas	$								
vestidos	$								
suéteres	$								
zapatos	$								
jeans	$								

You and your partner are taking inventory of the men's clothing in the store where you work. As you count the stock, use the information below to answer your partner's questions.

10	gris
70	rojo
69	anaranjado
149	

90	azul
46	gris
37	marrón
173	

48	anaranjado
80	blanco
56	rojo
184	

36	azul
28	erde
63	blanco
127	

Realidades **1**

Capítulo 7A

Nombre

Fecha

Communicative Activity **7A-1**

Estudiante **B**

You and your partner are taking inventory of the women's clothing in the store where you work. As you count the stock, use the information below to answer your partner's questions.

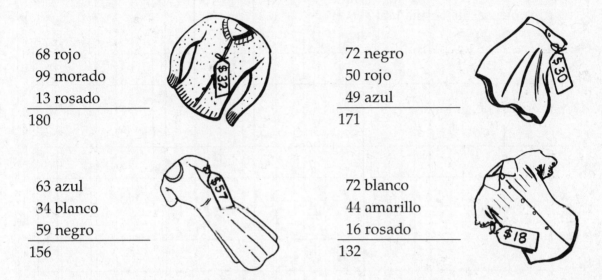

68 rojo	72 negro
99 morado	50 rojo
13 rosado	49 azul
180	171

63 azul	72 blanco
34 blanco	44 amarillo
59 negro	16 rosado
156	132

You and your partner work in a clothing store, and today you are taking inventory of the stock. Write down the necessary information for the men's clothing as your partner counts the stock and gives you the numbers you ask for. (Example: *¿Hay camisas? / ¿Cuánto cuestan? / ¿Hay camisas blancas?* [If the answer is no, go to the next color.]. *¿Cuántas? / ¿Cuántas camisas hay en total?*)

ROPA	PRECIO	COLOR							TOTAL
		blanco	anaranjado	rojo	verde	azul	gris	marrón	
camisas	$								
camisetas	$								
sudaderas	$								
calectines	$								
tenis	$								
pantalones	$								

Realidades ①

Capítulo 7A

Nombre _____

Fecha _____

Communicative Activity **7A-2**

Estudiante **A**

What do you like to wear? What does your partner prefer to wear? Write your answers on line A. Then ask your partner the same questions and write his or her answers on line B.

1. ¿Qué ropa piensas llevar mañana?

    A. _____

    B. _____

2. ¿Qué prefieres llevar al cine?

    A. _____

    B. _____

3. ¿Qué quieres comprar en la tienda de ropa?

    A. _____

    B. _____

4. ¿Qué prefieren llevar tus amigos a la escuela, suéteres o sudaderas?

    A. _____

    B. _____

5. ¿Qué prefiere llevar tu papá los fines de semana?

    A. _____

    B. _____

6. ¿Tus amigas quieren llevar faldas o pantalones?

    A. _____

    B. _____

7. ¿Qué piensas llevar el domingo?

    A. _____

    B. _____

8. Qué piensas llevar cuando hace frío?

    A. _____

    B. _____

Realidades ❶

Capítulo 7A

Nombre

Fecha

Communicative Activity **7A-2**
Estudiante **B**

What do you like to wear? What does your partner prefer to wear? Write your answers on line A. Then ask your partner the same questions and write his or her answers on line B.

1. ¿Qué ropa quieres comprar cuando vas al centro comercial?

    A. _____

    B. _____

2. ¿Prefieres llevar una camisa o una camiseta?

    A. _____

    B. _____

3. ¿Qué prefieres llevar a una fiesta?

    A. _____

    B. _____

4. ¿Prefieres llevar una chaqueta o un abrigo en el invierno?

    A. _____

    B. _____

5. ¿Tus amigas llevan vestidos o pantalones?

    A. _____

    B. _____

6. ¿Qúe piensas llevar el sábado?

    A. _____

    B. _____

7. Cuándo hace calor ¿piensas llevar un traje de baño o pantalones cortos?

    A. _____

    B. _____

8. ¿Qué quieres llevar a la escuela?

    A. _____

    B. _____

Situation Cards

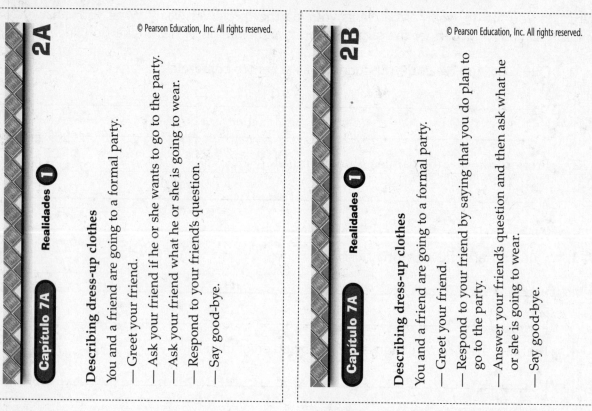

2A

Realidades **1**

Capítulo 7A

Describing dress-up clothes

You and a friend are going to a formal party.

— Greet your friend.
— Ask your friend if he or she wants to go to the party.
— Ask your friend what he or she is going to wear.
— Respond to your friend's question.
— Say good-bye.

2B

Realidades **1**

Capítulo 7A

Describing dress-up clothes

You and a friend are going to a formal party.

— Greet your friend.
— Respond to your friend by saying that you do plan to go to the party.
— Answer your friend's question and then ask what he or she is going to wear.
— Say good-bye.

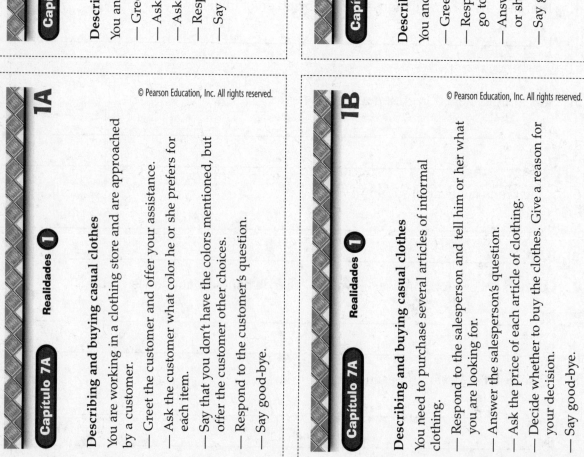

1A

Realidades **1**

Capítulo 7A

Describing and buying casual clothes

You are working in a clothing store and are approached by a customer.

— Greet the customer and offer your assistance.
— Ask the customer what color he or she prefers for each item.
— Say that you don't have the colors mentioned, but offer the customer other choices.
— Respond to the customer's question.
— Say good-bye.

1B

Realidades **1**

Capítulo 7A

Describing and buying casual clothes

You need to purchase several articles of informal clothing.

— Respond to the salesperson and tell him or her what you are looking for.
— Answer the salesperson's question.
— Ask the price of each article of clothing.
— Decide whether to buy the clothes. Give a reason for your decision.
— Say good-bye.

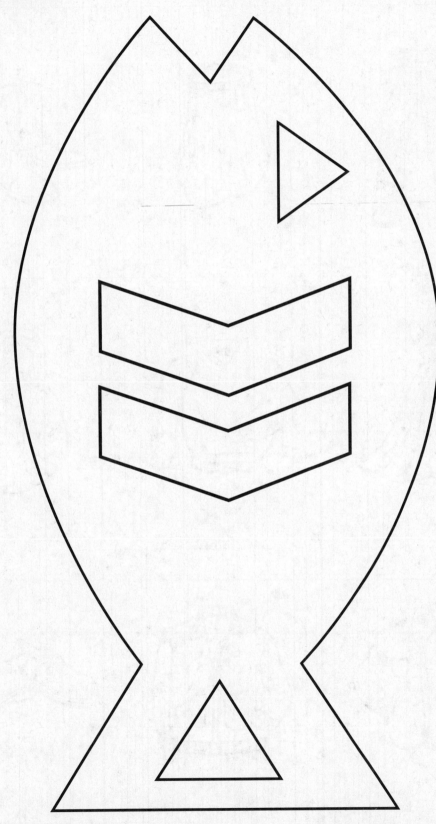

Vocabulary Clip Art

Vocabulary Clip Art

Vocabulary Clip Art

Practice Workbook Answers

7A-1
Answers are in no particular order but should include seven of the following.

El vestido cuesta 50 (cincuenta) dólares.

El traje cuesta 200 (doscientos) dólares.

Las botas cuestan 80 (ochenta) dólares.

Los zapatos cuestan 65 (sesenta y cinco) dólares.

La blusa cuesta 18 (dieciocho) dólares.

La camisa cuesta 15 (quince) dólares.

La falda cuesta 25 (veinticinco) dólares.

Los calcetines cuestan 3 (tres) dólares y 99 (noventa y nueve) centavos.

7A-2
A.
1. cien
2. quinientos
3. novecientos nueve
4. doscientos veintidós
5. setecientos sesenta y siete
6. seiscientos setenta y seis
7. ciento diez
8. ochocientos ochenta y uno

B.
1. Hay cien (100) tiendas.
2. El promedio diario de clientes en cada tienda es setecientos sesenta (760).
3. Hay trescientos veinticuatro (324) trabajadores en las tiendas.
4. Hay cuatrocientos cuatro (404) pantalones en cada tienda.
5. Hay seiscientas doce (612) camisas en cada tienda.

7A-3
TATIANA: ropa
MARIANA: piensas (quieres)
TATIANA: ____
DEPENDIENTA: servirle
TATIANA: Busco
DEPENDIENTA: llevar
TATIANA: ____
TATIANA: ____
MARIANA: queda

TATIANA: ____
MARIANA: comprar
TATIANA: ____
MARIANA: ____
TATIANA: precio
MARIANA: bien
TATIANA: ____
MARIANA: ____
TATIANA: vamos

7A-4
A correct answer will include two of the items mentioned.
1. Pedro lleva una camisa (a cuadros), una camiseta, una gorra, unos jeans y unos zapatos.
2. Las hermanas Guzmán llevan una blusa, un suéter, una falda negra y unos zapatos.
3. La profesora Jones lleva un traje, una blusa, unos calcetines y unos zapatos.
4. El doctor Cambambia lleva una camiseta, pantalones cortos, calcetines y zapatos. También tiene una sudadera.
5. Anita lleva un suéter, jeans y unos zapatos.

7A-5
A.
Row 1: ____ / quiero / prefiero
Row 2: piensas / quieres / ____
Row 3: piensa / ____ / prefiere
Row 4: pensamos / queremos / ____
Row 5: ____ / ____ / ____
Row 6: piensan / ____ / prefieren

B.
Answers may vary.
1. Prefieres
2. pensamos
3. quieren
4. prefiere
5. piensan
6. quiero
7. preferimos
8. piensa
9. quieres
10. prefieren
11. pienso
12. quiere

7A-6
A.
Row 1: ____ / esta / ____ / estas
Row 2: ese / ____ / esos / ____

B.
1. —esta / ese
   —Prefiero esta camisa.
2. —estos / esos
   —Prefiero esos jeans.
3. —estas / esos
   —Me gustan más estas sudaderas.
4. —ese / esta
   —Me gusta más ese vestido.
5. —estos / esas
   —Quiero estos zapatos negros.
6. —esta / ese
   —Prefiero ese abrigo.

7A-7
CELIA: esa
YOLANDA: ____
CELIA: estas
YOLANDA: ____
CELIA: ese
YOLANDA: Ese ____
CELIA: esos

YOLANDA: esos
CELIA: esos
YOLANDA: esos
CELIA: ____
YOLANDA: ____
CELIA: ____

Crucigrama (7A-8)
Across:
2. calcetines
3. traje
6. queda
7. camisa
8. pantalones
10. zapatos
12. precio
14. comprar
15. jeans
17. vestido
18. falda

Down:
1. sudadera
2. chaqueta
4. cuestan
5. razón
6. quinientos
8. perdón
9. gorra
11. abrigo
13. tienda
16. mil

Organizer (7A-9)
I. Vocabulary Answers will vary.
II. Grammar
1.

col. 1.	col. 2.
pienso	pensamos
piensas	pensáis
piensa	piensan

col. 1.	col. 2.
quiero	queremos
quieres	queréis
quiere	quieren

col. 1.	col. 2.
prefiero	preferimos
prefieres	preferís
prefiere	prefieren

2. este / esta, estos / estas, ese / esa, esos / esas

Antes de ver el video

Actividad 1

In the next video, Claudia and Teresa go shopping for clothes. In order to make decisions on what they want they will sometimes make comparisons. Using the following words, make a comparative statement for each set. Follow the model. **Answers will vary.**

Modelo blusa roja / blusa amarilla

La blusa roja es más bonita que la blusa amarilla.

1. botas marrones / botas negras

   _____

2. una falda larga / una mini falda

   _____

3. un traje nuevo / un traje de moda (*in fashion*)

   _____

4. Claudia – 16 años / Teresa – 15 años

   _____

5. suéter que cuesta 40 dólares / suéter que cuesta 30 dólares

   _____

¿Comprendes?

Actividad 2

Identify the speaker of the following quotes by writing the name of each person on the space provided.

1. "Tienes ropa muy bonita."   ___Claudia___

2. "Quiero comprar algo nuevo."   ___Teresa___

3. "¿Qué tal esta tienda?"   ___Claudia___

---

4. "Pues entonces, ¿esta falda y esta blusa?"   ___Dependienta___

5. "Busco algo bonito para una fiesta."   ___Teresa___

6. "Bueno, hay cosas que no cuestan tanto."   ___Dependienta___

7. "Bueno, uhm, aquí en México no llevamos esa ropa en las fiestas."   ___Berta___

8. "¡... pero es mi gorra favorita!"   ___Ramon___

Actividad 3

Can you remember what happened in the video? Write the letter of the correct answer on the line.

1. A Teresa no le gusta la falda y el vestido;   ___c___

   a. le quedan bien.
   b. le quedan más o menos.
   c. le quedan mal.

2. A Teresa no le gusta su ropa, pero sí tiene ropa   ___a___

   a. bonita.
   b. fea.
   c. muy vieja.

3. Teresa quiere   ___b___

   a. comprar algo extravagante.
   b. comprar algo nuevo.
   c. no ir a la fiesta.

4. Claudia quiere ver __a__

a. cuánto cuestan la falda y la blusa.
b. si le quedan bien los jeans y la camiseta.
c. otras cosas más bonitas.

5. Por fin las chicas deciden comprar __c__

a. unos jeans de cuatrocientos pesos con una camiseta de doscientos pesos.
b. en otra tienda.
c. una falda de trescientos pesos y un suéter de doscientos pesos.

Y, ¿qué más?

Actividad 4

Do you like the clothes that you have in your closet? Write one sentence about something in your closet that you do like, and why. Then write one sentence about something in your closet that you don't like, and why not. Follow the models. **Answers will vary.**

Modelo 1 | *Me gusta el suéter negro porque es bonito y puedo llevarlo cuando hace frío.*

_____

_____

Modelo 2 | *No me gustan los pantalones rojos porque son feos y me quedan mal.*

_____

_____

_____

_____

Actividad 5

Isabel is working at a laundry (**lavandería**) in Salamanca. As the customers bring in their order, write how many clothing items each person has from each category in the appropriate boxes. Then total the order and write the amount in the blanks provided in the grid for each customer. You will hear each dialogue twice.

LAVANDERÍA DOS PASOS
(Note: A is the symbol for Euros)

	Precios	Cliente 1	Cliente 2	Cliente 3	Cliente 4	Cliente 5
Blusas	3 A	2				1
Vestidos	6 A			1		
Pantalones	8 A		1		12	
Faldas	5 A	1		1		1
Suéteres	5 A	1		1		
Camisas	3 A		1		12	
Jeans	7 A					
Chaquetas	9 A			2		
Camisetas	3 A		1			
TOTAL		16A	14A	34A	132A	8A

Actividad 6

Listen to the following items available from one of the shopping services on TV. You might not understand all of the words, but listen for the words that you do know in order to identify which item is being discussed. Then write down the price underneath the correct picture. You will hear each set of statements twice.

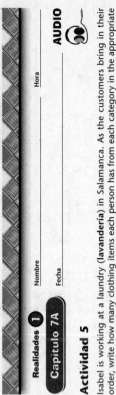

950 pesos   510 pesos   805 pesos   630 pesos   25 pesos/par

Actividad 9

What you wear can reveal secrets about your personality. Find out what type of message you send when you wear your favorite clothes and your favorite colors. As you listen to the descriptions, write down at least one word or phrase for each color personality and at least one article of clothing favored by that person. You will hear each set of statements twice.

EL COLOR	LA ROPA	LA PERSONALIDAD
Rojo	la gorra de béisbol	*Answers will vary:* *Sample answers — talentoso;* *deportista; juega a los* *deportes*
Amarillo	el traje de baño	
Morado	los suéteres	
Azul	los pantalones cortos	
Anaranjado	las mini-faldas o las camisetas	
Marrón	los zapatos elegantes	
Gris	los trajes	
Verde	los jeans	
Negro	la sudadera	

Actividad 7

Listen as friends talk about their plans for the weekend. Where are they thinking about going? What are they thinking about doing? How are they planning to dress? As you listen for these details, fill in the chart. You will hear each dialogue twice.

	¿Adónde piensa ir?	¿Qué piensa hacer?	¿Qué piensa llevar?
1. Paco	a la fiesta de Luisa	bailar	pantalones negros y camisa azul
2. Anita	al centro comercial	comprar una falda o un vestido nuevo	una blusa y una falda
3. Ernesto	al gimnasio	levantar pesas	la sudadera
4. Kiki	al cine	ver una película nueva	los jeans nuevos

Actividad 8

Susi is spending the summer in Ecuador, where she is living with a wonderful host family. As the summer comes to a close, she is searching for the perfect thank-you gifts for each member of the family. Listen as she talks to the sales clerk. In the chart below, write in the item that she decides to buy for each person in her new "family." You will hear this conversation twice.

Para la madre	Para el padre	Para el hijo, Luis	Para la hija, Marisol	Para el bebé
un abrigo	una gorra de béisbol	una camiseta	un traje de baño	unos calcetines

Actividad 11

Some students are thinking about what to wear for the next school dance. Look at the pictures, then write complete sentences telling what the students might be thinking. Use the verbs **pensar, querer,** or **preferir.** Follow the model.   **Answers may vary.**

Modelo

María piensa llevar un vestido negro al baile. También quiere llevar unos zapatos negros. Quiere ser muy elegante.

1. José prefiere llevar un traje blanco (gris) con zapatos negros. No quiere llevan uno negro. Va a un baile formal.

2. Ana y Rosi piensan llevar una blusa azul con una falda larga. También quieren unos zapatos y calcetines azules.

3. Ángel quiere llevar una camisa y pantalones rosados. Prefiere llevar la corbata negra y no la blanca. También quiere llevar unos zapatos negros con calcetines rosados.

Actividad 10

Answer the following questions about clothing and shopping in complete sentences.
Answers will vary.

1. ¿Quién va mucho de compras en tu familia?

_____

2. ¿Piensas comprar ropa nueva esta estación? ¿Qué piensas comprar?

_____

3. ¿Cuál prefieres, la ropa del verano o la ropa del invierno? ¿Por qué?

_____

4. ¿Prefieres la ropa de tus amigos o la ropa de tus padres? ¿Por qué?

_____

5. ¿Prefieres llevar ropa formal o informal?

_____

6. ¿Qué llevas normalmente para ir a la escuela?

_____

7. ¿Cuál es tu ropa favorita? Describe.

_____

_____

Actividad 13

You get a discount at the clothing store where you work after school, so you are going to buy presents for your friends and family there. Write complete sentences telling who you will buy gifts for and why you will choose each person's gift. Use the model to help you.

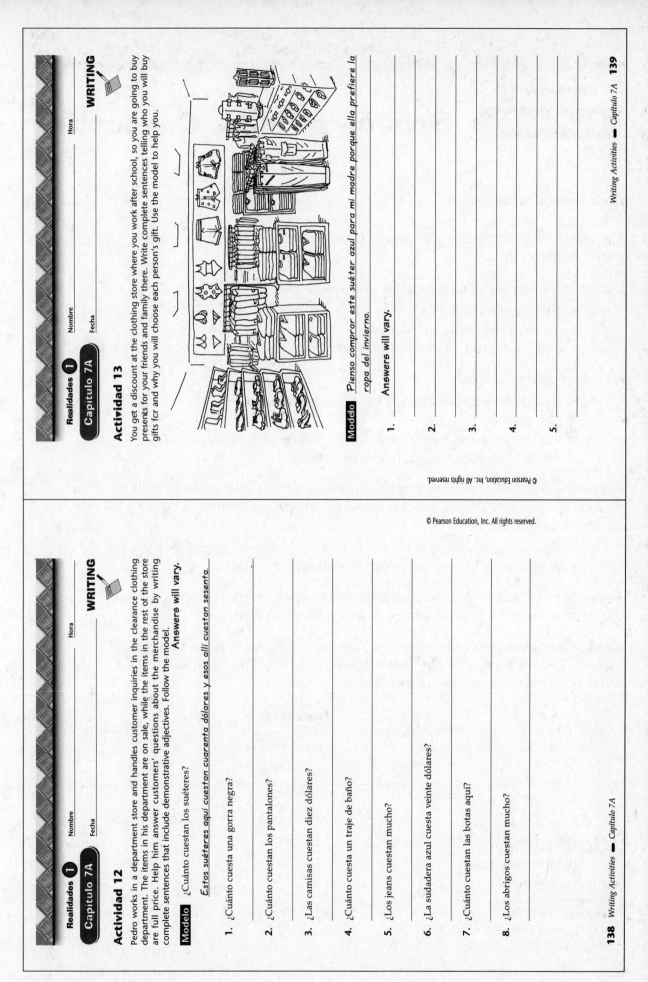

Modelo *Pienso comprar este suéter azul para mi madre porque ella prefiere la ropa del invierno.*

Answers will vary.

1. _____

2. _____

3. _____

4. _____

5. _____

Actividad 12

Pedro works in a department store and handles customer inquiries in the clearance clothing department. The items in his department are on sale, while the items in the rest of the store are full price. Help him answer customers' questions about the merchandise by writing complete sentences that include demonstrative adjectives. Follow the model.

Modelo ¿Cuánto cuestan los suéteres?   Answers will vary.

Estos suéteres aquí cuestan cuarenta dólares y esos allí cuestan sesenta.

1. ¿Cuánto cuesta una gorra negra?

   _____

2. ¿Cuánto cuestan los pantalones?

   _____

3. ¿Las camisas cuestan diez dólares?

   _____

4. ¿Cuánto cuesta un traje de baño?

   _____

5. ¿Los jeans cuestan mucho?

   _____

6. ¿La sudadera azul cuesta veinte dólares?

   _____

7. ¿Cuánto cuestan las botas aquí?

   _____

8. ¿Los abrigos cuestan mucho?

   _____

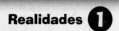
School-to-Home Connection

Dear Parent or Guardian,

The theme for the chapter is *De compras* (Shopping) and this chapter is called *¡Qué regalo!* (What a gift!).

Upon completion of this chapter, your child will be able to:

- talk about buying gifts
- tell what happened in the past
- understand cultural perspectives on gift giving

Also, your child will explore:

- the correct pronunciation of the letter combinations *gue, gui, que,* and *qui*
- the Spanish word ending *-ería,* which usually indicates where something is sold, made, or repaired

Realidades helps with the development of reading, writing, and speaking skills through the use of strategies, process speaking, and process writing. In this chapter, students will:

- read about shopping in different Hispanic communities in the U.S.
- write a letter to a cousin or other relative about a gift

Remember that additional help is available online at www.PHSchool.com by using the Web Codes in the Student Edition or in the Practice Workbook.

Check it out! Have your child write a list of family members. Ask him or her to name in Spanish the type of gift each of them might like. Then, ask your child whether each gift is expensive or inexpensive.

Sincerely,

For: Tips to Parents
Visit: www.phschool.com
Web Code: jce-0010

Chapter Resource Checklist

Resources	CO	APV	VH	MAN	LEC	PER	PE	VM	REP	PREP
Teacher										
Teacher's Resource Book										
Input Script		■								
Audio Script		■	■	■					■	■
GramActiva BLM				■						
Communicative Activities BLM				■						
School-to-Home Connection BLM	■									
Clip Art		■								■
Situation Cards BLM									■	
TPR Storytelling Book		■	■	■						
Fine Art Transparencies Teacher's Guide										
Student										
Practice Workbook		■	■	■					■	
Vocabulary		■								
Grammar				■						
Crossword Puzzle										
Organizer										
Writing, Audio & Video Workbook										
Writing				■						
Audio			■	■						
Video			■							
Heritage Language Learner Workbook										
Transparencies		■	■	■	■	■	■	■		
Practice Answers		■	■	■						■
Vocabulary and Grammar	■	■								
Fine Art										
Assessment										
Assessment Program										
Quizzes			■							
Chapter Test										■
ExamView Test Bank CD-ROM			■							
Test Preparation Workbook										
Alternative Assessment										
Performance-Based Speaking						■	■			
Rubrics	■						■			
Internet Self-Test										■
Technology										
I-text		■	■	■	■	■	■	■	■	■
Teacher Express CD-ROM		■	■	■	■	■	■	■	■	■
Video Program (VHS and DVD)			■					■		
Audio Program										
CD 7B		■	■	■						■
Assessment CD										■
Song CD		■								

Abbreviation Key

CO = Chapter Opener; APV = A primera vista; VH = Videohistoria; MAN = Manos a la obra; LEC = Lectura;
CV = Cultura en vivo; PO = Presentación oral; PE = Presentación escrita; MH = Mundo hispano; VM = Videomisterio;
REP = Repaso del capítulo; PER = Perspectivas del mundo hispano; PREP = Preparación para el examen

Input Script

Presentation

Input Vocabulary: Place the shopping mall transparency on the screen. Hand out copies of the Vocabulary Clip Art and have students tear them into individual gift items. Also hand out copies of the shopping mall transparency. Tell students *"En este mes, cuatro personas en mi familia tienen cumpleaños. Tengo que comprar regalos para mi abuela, mi padre, mi hermana que tiene un veinticinco años y mi hermanito que tiene quince años."* Point to the stores on the transparency as you tell where you are going and what you plan to buy each person. Students will place each item they hear on the appropriate store. Then describe other family members. Tell their ages and the activities they like and do not like. Make statements about appropriate and inappropriate gifts you plan to get each person you describe. Students will hold up the Clip Art item if a gift is appropriate. If it is not appropriate, they will hold up a gift item that is appropriate.

Input Dialogue 1: Bring a department store ad from a newspaper that shows gift items from the *A primera vista.* Also bring some of the actual items shown in the ad. The items should be visibly worn and old. Role-play the dialogue with a student. Then use the ad and the old items to reinforce students' comprehension of the dialogue. Pick up an old item and say, for example, *"Yo compré esta cartera hace cinco años. Pagué veinte dólares."* Stress the past-tense verbs and *hace cinco años.* Point to the same item in the ad and say *"Voy a comprar esta cartera mañana. Voy a pagar treinta dólares."* Stress **voy a comprar, voy a pagar,** and **mañana.** Repeat with several items.

Input Dialogue 2: Bring a Valentine's Day card to class. Tell students *"Esto es de mi novio (novia)."* Then proudly pull a photo of, for example, Brad Pitt or Julia Roberts out of your wallet and declare *"¡Y éste (ésta) es mi novio (novia)!"* Act offended when students don't believe you. Then role-play the dialogue with a student. The student will be the first speaker and you will be the second. Role-play the dialogue again with other students. Have them substitute **un reloj pulsera** with a gift item you indicate by pointing to the part of your body where the item is worn. Have the rest of the class hold up the Clip Art item you mention.

Comprehension Check

- Bring a department store catalog to class, or make flashcards with two samples of each gift item from the *A primera vista* on each flashcard. Indicate two of the same gift item to students and ask, for example, *"¿Prefieres estos guantes o estos guantes o los dos?"* Students will tell which they prefer.

- Make statements about items you bought. Tell the name of the item you bought, when you bought it, and its price in dollars. Have students respond to the price you paid by saying either *"¡Qué barato!"* or *"¡Qué caro!"*

- Pick one of the people shown shopping on the shopping mall transparency. Give clues to help students guess who you picked. For example, use location expressions to tell where stores are in relation to the person, or use present progressive tense verbs to tell what the person is doing or what gift items he or she is looking for, and so forth.

Audio Script

Audio CD, Capítulo 7B

Track 01: *A primera vista*, **Student Book, p. 346, (2:42)**

¡Qué regalo!

You will hear each word or phrase twice. After the first time there will be a pause so you can pronounce it, then you will hear the word or phrase a second time.

> Las mejores tiendas …
> ¡A su servicio!
>
> La Joyería La Perla
> Regalos de primera calidad
>
> La Zapatería Dos Pies
> Zapatos para toda la familia
>
> La Librería Barrera
> Selección completa de libros
>
> El Almacén Gardel
> Todo en una tienda
>
> Teletodo
> La tienda de electrodomésticos
>
> Menos y más
> La tienda de descuentos

Track 02: *A primera vista*, **Student Book, p. 347, (3:02)**

Vocabulario y gramática en contexto

You will hear each word or phrase twice. After the first time there will be a pause so you can pronounce it, then you will hear the word or phrase a second time.

> la cartera   los guantes
> la corbata   el bolso
> los anteojos de sol   el perfume
> el llavero

Read along as you listen to the dialogue.

FEMALE TEEN 1: ¡Mira! Todo cuesta menos aquí. ¡Qué barato!

FEMALE TEEN 2: ¡No puede ser! Yo compré esta cartera en el Almacén París hace una semana y pagué mucho más. ¡Uf!

You will hear each word or phrase twice. After the first time there will be a pause so you can pronounce it, then you will hear the word or phrase a second time.

> la cadena   la pulsera
> el reloj pulsera   los aretes
> el collar   el anillo

Read along as you listen to the dialogue.

FEMALE TEEN: Mi novio necesita un reloj pulsera.

MALE TEEN: ¿Por qué no lo compras? Cuesta 30 dólares. No es muy caro.

FEMALE TEEN: ¡Buena idea! Vamos a entrar.

Track 03: *A primera vista:* **Act. 1, Student Book, p. 347, (2:35)**

¿Qué vas a hacer?

Estás de compras con tu hermana en un centro comercial. Tu hermana te está diciendo todo lo que quiere hacer, o lo que necesita en el centro comercial. Para cada cosa que dice, señala dónde en el centro comercial tiene que ir. Vas a escuchar las frases dos veces.

1. Primero necesito comprar unos aretes.
2. Quiero comprar un televisor nuevo.
3. Necesito comprar ropa, unos zapatos y cosas para la casa y quiero ir a sólo una tienda.
4. Busco un libro para mamá.
5. Necesito unas botas para el invierno.
6. Quiero comprar algo muy barato para Miguelito.
7. Tengo que comprar un vestido nuevo.
8. ¿Dónde puedo comprar unos anteojos de sol muy baratos?

Track 04: *A primera vista:* **Act. 2, Student Book, p. 347, (2:10)**

¿Dónde lo llevas?

Escucha cada una de las frases. Señala la parte del cuerpo en la que una persona lleva cada artículo que se menciona. Vas a escuchar las frases dos veces.

1. ¡Qué bonito es este anillo!
2. Mira estos aretes que compré anoche.
3. ¿Qué piensas de la corbata azul?
4. Ese reloj pulsera es demasiado caro.
5. Vamos a mirar los anteojos de sol en esa tienda.
6. ¡Sólo pagué 15 dólares por estos guantes!
7. Un collar es un regalo perfecto.
8. Mira la pulsera que compré hace una semana.

Track 05: *A primera vista:* **Videohistoria, Student Book, pp. 348–349, (2:18)**

Un regalo especial

¿Qué pasó cuando Manolo compró un regalo para su tía? Lee la historia.

Read along as you listen to the Videohistoria.
See Student Book pages 348–349 for script.

Track 06: *Manos a la obra:* **Act. 4, Student Book, p. 350, (3:28)**

Escucha y escribe

Vas a escuchar lo que unos jóvenes dicen de algunas tiendas. En una hoja de papel escribe los números del 1 al 6. Escribe lo que escuchas.
Escribe frases para describir lo que crees que van a comprar los jóvenes en cada tienda. Vas a escuchar las frases dos veces.

1. **Male Teen 1:** La ropa es más barata en una tienda de descuentos.
2. **Male Teen 2:** Prefiero un almacén porque venden muchas cosas diferentes.
3. **Female Teen 1:** Después de las clases voy a la librería con una amiga.
4. **Female Teen 2:** Me encanta mirar las cosas bonitas en una joyería.
5. **Female Teen 3:** Prefiero ir a una tienda de electrodomésticos.
6. **Male Teen 3:** Siempre puedo buscar algo en una zapatería.

Track 07: Audio Act. 5, Writing, Audio & Video Workbook, p. 143, (4:52)

Sometimes giving gifts is even more fun than receiving them! Listen as people talk about gifts they enjoy giving to their friends and family. Match the pictures below with the corresponding description you hear. Then, in the spaces next to each gift, write where the person bought the gift and what the person paid for it. You will hear each set of statements twice.

1. Mi mejor regalo este año es un huevo de chocolate para mi novia. ¡Pero es un huevo especial de chocolate! Voy a poner un anillo dentro del huevo. Qué buena idea, ¿no? Compré el anillo en la joyería. Pagué ochocientos dólares.
2. Me encanta darle flores a mi madre. Para mí, las flores significan "gracias por todo, mamá." ¡Pero hay más para ella este año! Pagué treinta dólares por las rosas y por un collar como regalo especial en la Red. Las flores y los collares son más baratos en la Red que en las tiendas de flores o en las joyerías.
3. Anoche compré un llavero para mi hijo en el almacén por diez dólares. Pero en realidad, no es solamente un llavero. Tiene su nombre, entonces es su identificación.
4. Compré el perfume favorito de una amiga en la tienda de descuentos. Es su perfume favorito y solo pagué veintidós dólares. También hice para ella una pizza que tiene la palabra "perfume" hecha con salchichas. Muy original, ¿no?
5. Mi primo no es un chico deportista ni atrevido. A él le encanta pasar horas y horas con su computadora. Sólo habla de jugar videojuegos. Este videojuego tiene MUCHOS juegos diferentes para un chico de quince años. Mis padres y yo lo compramos en la tienda de electrodomésticos. Es caro: doscientos dólares.

Track 08: Audio Act. 6, Writing, Audio & Video Workbook, p. 143, (4:03)

Listen to the following mini-conversations about different kinds of stores. Circle *lógico* if the conversation makes sense and *ilógico* if it does not. You will hear each dialogue twice.

1. **Male Teen 1:** Busco unos aretes para mi novia. ¿Dónde hay una buena joyería?
   Male Teen 2: En la avenida Quinta.
2. **Female Teen 1:** Necesito unos guantes para el invierno.
   Female Teen 2: Seguro que están en la tienda de electrodomésticos.
3. **Adult Male:** Queremos comprar unos anillos de boda a un buen precio.
   Adult Female: Es mejor ir a la tienda de descuentos porque tiene los precios más bajos.
4. **Male Teen 3:** ¿Dónde puedo encontrar los libros más nuevos?
   Adult Female: En la zapatería.
5. **Female Teen 3:** Me gustan los pasteles de esa tienda, ¿cómo se llama?
   Female Teen 2: Heladería Esteban González.
6. **Female Teen 1:** ¿Se venden cadenas aquí?
   Adult Female: Creo que sí, en la joyería.
7. **Male Teen 3:** Compré mis nuevos anteojos de sol en la librería.
   Female Teen 2: Siempre tienen los mejores estilos allí.
8. **Male Teen 1:** Pagué cien dólares en el almacén por mi cartera.
   Female Teen 1: Cuesta solo diez dólares en la panadería.
9. **Male Teen 3:** ¿Dónde puedo encontrar el software nuevo?
   Adult Male: Puedes buscarlo en la Red.
10. **Adult Female:** Necesito un traje nuevo para la boda.
    Adult Male: ¿Por qué no vas a la tienda de ropa?

Track 09: *Manos a la obra:* Act. 11, Student Book, p. 354, (2:54)

¿El presente o el pasado?
En una hoja de papel escribe los números del 1 al 8. Vas a escuchar ocho frases que describen los quehaceres de una familia. ¿Ocurren los quehaceres en el presente o el pasado? Escribe *presente* o *pasado*. Vas a escuchar las frases dos veces.

1. Ella cocina para la familia cada día.
2. Mis padres trabajan todos los días excepto los fines de semana.
3. Corté el césped después de las clases.
4. ¿Ayudaste mucho a tus padres la semana pasada?
5. Mis hermanos limpiaron el baño y yo lavé los platos.
6. Mi hermanos y yo lavamos el coche ayer.
7. Siempre arreglo mi cuarto en la mañana.
8. Mi abuela arregló el sótano hace un mes.

Track 10: Audio Act. 7, Writing, Audio & Video Workbook, p. 144, (4:05)

Listen as Lorena shows a friend her photographs. Write a sentence describing each one as you hear Lorena describe it. You will hear each conversation twice.

1. **Female Teen 1:** Aquí estoy yo. Bailé en un programa de la escuela hace dos semanas. Me gustó mucho.
   Female Teen 2: Tú bailas muy bien, Lorena.
   Female Teen 1: Gracias. Practico mucho.
2. **Female Teen 1:** nadamos en el mar.
   Female Teen 2: ¿En dónde?

FEMALE TEEN 1: En Florida.
FEMALE TEEN 2: ¿Cuándo?
FEMALE TEEN 1: Hace ocho años.

3. FEMALE TEEN 1: Esta foto es de nuestras vacaciones en México. Visitamos el Distrito Federal hace unos diez años.
FEMALE TEEN 2: ¿Dónde están ustedes en esta foto?
FEMALE TEEN 1: Estamos en un café, comiendo mucho helado.
FEMALE TEEN 2: ¿Quién es el chico?
FEMALE TEEN 1: Es Lorenzo, mi hermano.
FEMALE TEEN 2: ¡Lorenzo! No lo creo.

4. FEMALE TEEN 1: Ah … me gusta esta foto. Es cuando monté a caballo con mi padre en Colorado. Creo que montamos juntos hace cinco años.
FEMALE TEEN 2: Estás muy contenta en la foto.
FEMALE TEEN 1: Sí. Me gustó mucho montar a caballo.

5. FEMALE TEEN 1: Aquí es cuando mis hermanos jugaron al básquetbol en la calle.
FEMALE TEEN 2: Sí. Eso pasó hace mucho tiempo.
FEMALE TEEN 1: Pues, creo que sólo hace cuatro años.
FEMALE TEEN 2: ¿Y no ves? Aquí estamos nosotras con el balón.
FEMALE TEEN 1: Sí, porque ganamos el partido contra los chicos.

Track 11: *Pronunciación:* **The letter combinations** *gue, gui, que,* **and** *qui,* **Student Book, p. 357, (3:05)**

You know that when the letter *g* appears before the letters *a, o,* or *u,* it is pronounced like the *g* in "go," and that *g* before *e* and *i* is pronounced like the *h* in "he."

To keep the sound of the *g* in "go" before *e* and *i,* add the letter *u: gue, gui,* but don't pronounce the *u.* Listen to and say these words:

You will hear each word twice. After the word is pronounced the first time, there will be a pause so you can pronounce it. Then you will hear the word a second time.

Guillermo	hamburguesa
guisantes	espaguetis
guitarra	Miguel

You also know that the letter *c* before *a, o,* or *u* is pronounced like the *c* in "cat," while the *c* before *e* and *i* is usually pronounced like the *s* in "Sally."

To keep the sound of the *c* in "cat" before *e* and *i,* words are spelled with *qu: que, qui,* but the *u* is not pronounced. Listen to and say these words:

queso	quieres
quehacer	quisiera
quince	riquísimo
quinientos	querer

Track 12: *Pronunciación:* **Student Book, p. 357, (1:12)**

Try it out! Listen to the first verse of this traditional song from Puerto Rico entitled *"El coquí."* El coquí is a little tree frog found in Puerto Rico, named for the *coquí, coquí* sound that it makes at night. Say the verse.

See Student Book page 357 for lyrics to song.

Track 13: Audio Act. 8, Writing, Audio & Video Workbook, p. 144, (4:40)

You have been waiting in line all day at the mall, so you have overheard many conversations as you waited. See if you can match each conversation with the illustrations below and write the number of each conversation under the correct illustration. You will hear each conversation twice.

1. CLIENT 1: Busco un bolso.
CLERK: ¿Para usted?
CLIENT 1: No, para una joven.
CLERK: Este bolso negro es muy bonito.
CLIENT 1: No está mal. ¿Te gusta, María?
CLIENT 2: A mí me gusta más ese bolso azul.
CLERK: Este bolso negro cuesta treinta dólares y ese bolso azul cuesta cuarenta dólares.

2. CLIENT: ¡Ay! ¿Dónde está mi cartera? No la tengo. Hace quince minutos que compré unos libros aquí.
CLERK: Lo siento, señorita. Su cartera no está aquí, pero puede comprar otra cartera allí, en el Almacén Galerías. Está al lado de nuestra librería.
CLIENT: ¡Noooo! Usted no comprende. No quiero COMPRAR una cartera, busco mi propia cartera. ¿La tiene o no?
CLERK: Lo siento. No la tengo.

3. CLIENT: Me gustaría comprar unos guantes.
CLERK: ¿Cómo los quiere? ¿Grandes? ¿Pequeños?
CLIENT: Grandes, por favor.
CLERK: ¿Le gustan estos?
CLIENT: ¡Uf! No me quedan bien. ¿No tiene otros más grandes?

4. CLIENT 3: Buenas tardes. Nosotros buscamos un anillo.
CLIENT 4: ¡Ay, mi amor! Me encanta este anillo.¡Es fabuloso!
CLIENT 3: ¿Cuánto cuesta?
CLERK: Novecientos dólares, señor.
CLIENT 3: ¿Tiene anillos más baratos?
CLERK: Éste de trescientos dólares es muy bonito y este anillo de quinientos dólares, también. ¿Le gusta uno de estos, señorita?
CLIENT 4: ¡Sí, me gusta más que el primer anillo!

Track 14: Audio Act. 9, Writing, Audio & Video Workbook, p. 145, (8:54)

As a special holiday service, El Almacén Continental is sponsoring a hotline that customers can call to get gift ideas. Listen as callers tell the store specialist what they have bought for a particular person in the past. Then listen to the specialist's suggestion for this year's gift. Use the chart below to take notes. You will hear each conversation twice.

1. ADULT MALE 1: Buenos días. El Almacén Continental. ¿En qué puedo servirle?
FEMALE TEEN 1: Hola. Busco algo especial para mi padre este año. El año pasado busqué mucho y hablé con mi madre, pero compré una corbata como siempre. ¿Cuál es un buen regalo para un señor que trabaja demasiado?

ADULT MALE 1: Él necesita algo divertido. Él trabaja mucho para la familia. Tenemos una gran variedad de videojuegos. Debes comprar un videojuego para él.

FEMALE TEEN 1: ¡Buena idea! Gracias.

2. **ADULT MALE 1:** Buenos días. El Almacén Continental. ¿En qué puedo servirle?

MALE TEEN 1: Buenos días. Quiero comprar algo diferente para mi hermana mayor. El año pasado, compré un suéter, como todos los años, y ella nunca lo llevó. Creo que no le gustó.

ADULT MALE 1: ¿Cómo es tu hermana?

MALE TEEN 1: Ella es una joven de trece años que quiere ser como una mujer de veinticinco años. A ella le encanta leer artículos sobre personas importantes.

ADULT MALE 1: Bueno. Un collar es el regalo perfecto para ella. A las jóvenes y a las mujeres les gustan los collares. Tenemos muchos de quince dólares.

MALE TEEN 1: No es muy caro. Muchas gracias.

3. **ADULT MALE 1:** Buenos días. El Almacén Continental. ¿En qué puedo servirle?

MALE TEEN 2: No quiero comprar otros aretes para mi madre este año. ¡Qué aburrido! ¿Tiene una idea para ella?

ADULT MALE 1: Cómo es ella? ¿Qué le gusta hacer?

MALE TEEN 2: Hmmm … Ah … le gusta caminar con nuestro perro todos los días.

ADULT MALE 1: ¡Ella no necesita aretes para caminar con el perro! Pero sí necesita guantes cuando hace frío. Tenemos muchos estilos aquí en el almacén.

MALE TEEN 2: Sí … ¡guantes! ¡Gracias!

4. **ADULT MALE 1:** Buenos días. El Almacén Continental. ¿En qué puedo servirle?

BOY: Hola. No tengo mucho dinero. Quiero comprar algo para mi hermano. El año pasado, mi madre y yo decoramos su dormitorio con globos. Yo no pagué por los globos. Este año, tengo mi propio dinero y quiero comprar algo.

ADULT MALE 1: Quizás un libro. ¿A tu hermano le gusta leer? Hay muchos libros que cuestan tres dólares.

BOY: Sí. Mi hermano lee mucho. Gracias, señor.

5. **ADULT MALE 1:** Buenos días. El Almacén Continental. ¿En qué puedo servirle?

FEMALE TEEN 2: Necesito una idea para un regalo para mi tío. El año pasado compré unos zapatos de tenis. Quiero comprar algo diferente este año. Él es muy gracioso y le gusta jugar al tenis.

ADULT MALE 1: ¿Por qué no compras anteojos de sol para jugar al tenis?

FEMALE TEEN 2: Buena idea. Él y su novia jugaron ayer por la tarde y él necesitó anteojos de sol. ¡Qué buena idea! Gracias.

Track 15: *Repaso del capítulo,* **Student Book, p. 370, (3:11)**

Vocabulario y gramática

Listen to these words and expressions that you have learned in this chapter. You will hear each word or expression once.

See Student Book page 370 for vocabulary list.

Track 16: *Preparación para el examen,* **Student Book, p. 371, (0:44)**

Escuchar

Practice task.

As a teenager tells what she bought for her friend's quinceañera, see if you can tell a) what the person bought, b) where she bought it, and c) how much she paid for it.

FEMALE TEEN: Yo compré este llavero para ella. Lo busqué en un almacén la semana pasada y pagué doscientos pesos. Es muy bonito, ¿no?

Video Script

A primera vista: *Un regalo especial,* **(6:12)**

MANOLO: Necesito comprar un regalo para mi tía.

CLAUDIA: ¿Sí? ¿Por qué?

MANOLO: Porque mañana es su cumpleaños.

CLAUDIA: No me digas.

MANOLO: Sí … pero es difícil saber qué comprar. El año pasado le compré un libro en una librería. Quizás otro libro …

MANOLO: Feliz cumpleaños, tía.

TÍA: Manolo, eres muy amable. Está muy lindo, gracias.

CLAUDIA: ¿Pero no es un poco aburrido—otro libro para ella?

MANOLO: Sí, bueno, ¿qué otra idea tienes?

CLAUDIA: Vamos a un almacén …

MANOLO: Pero es un poco caro, ¿no? Mejor vamos a un centro comercial. Allí podemos encontrar descuentos.

CLAUDIA: Ah, buena idea. Es verdad que hay descuentos. Mira, allí compré estos aretes.

MANOLO: ¿Cuánto pagaste por ellos?

CLAUDIA: Cincuenta pesos.

MANOLO: ¡Qué baratos … Pues, vamos! Aquí hay perfumes, guantes, corbatas …

CLAUDIA: ¿Corbatas para tu tía?

MANOLO: ¡Corbatas no! … ¿Sabes algo? Hace mucho tiempo que no compro regalos de mujer.

CLAUDIA: Bueno, mira por aquí también venden anteojos para sol, bolsos, carteras, llaveros …

MANOLO: No es muy personal, ¿verdad?

CLAUDIA: Tienes razón … Uhm …

MANOLO: ¡Ah! Tengo una buena idea. Ayer compré un videojuego en la Red … ¿Quizás podemos comprar un software?

CLAUDIA: ¡Uf! Para ti, sí, pero para tu tía, ¡no!

MANOLO: Bueno, pues, ¿qué otras ideas tienes?

CLAUDIA: Para mí, algo de joyería. Prefiero una pulsera, un collar, un anillo …

MANOLO: Hmmm. Un anillo no, pero un collar sí; puede ser bien bonito.

CLAUDIA: Pues vamos a una joyería. A ver este collar … Hmm … Señorita, ¿podemos ver este collar?

DEPENDIENTA: Cuesta doscientos pesos. Es muy buen precio.

CLAUDIA: Manolo, ¿te gusta?

MANOLO: Sí, vamos a comprarlo.

DEPENDIENTA: Gracias, hasta luego.

MANOLO: Aquí vienen el autobus.

MANOLO: ¡hola,, feliz cumpleaños, tía!

TÍA: Gracias, Manolo, muy amable. Ah, Manolo, es muy bonito, pero sabes que no tenemos perro.

MANOLO: No entiendo … que pasó.

GramActiva Videos: The preterite of *-ar* verbs; the preterite of verbs ending in *-car* and *-gar*; direct object pronouns, **(9:33)**

The Preterite of *-ar* verbs

HOST: Let's say your friend asks you what you did yesterday. And you say, I spun in a circle.

HOST: If you said I spun in a circle in Spanish, you would be using the preterite tense. The preterite tense is used for actions completed in the past. I bought a CD, I washed my dog, I jumped over a log: you get the picture.

HOST: We're going to show you how to change *-ar* verbs to the preterite tense. We'll use *comprar,* "to buy," as an example. The key to changing a verb to the preterite tense is to add the preterite endings to the stem of the verb.

HOST: For *yo,* add an accented *é* to the stem. *Compré.* For *tú,* add *-aste. Compraste. Usted, él, ella:* add an accented *ó. Compró.* The verb ending for *nosotros* and *nosotras* should look familiar. It's *-amos. Compramos: Vosotros, vosotras,* add *-asteis. Comprasteis. Ustedes, ellos, ellas,* use *-aron. Compraron.*

HOST: *Compré unos pantalones.*
I bought some pants.
Susan compró una blusa morada.
Susan bought a purple blouse.
Compramos unos calcetines amarillos la semana pasada.
We bought yellow socks last week.

HOST: That was a lot, so let's take another look at the chart.

SONG: Add *-é* for *yo, -aste* for *tú,* an ending for me, an ending for you. Add *-ó* for *usted, él,* and *ella.* That goes for gals, and for fellas. Add *-amos* for *nosotros,* and as for the rest, adding *-aron* for *ustedes, ellos,* and *ellas* will help you pass the test. Hey!

DEEP SINGER: And add *-asteis* for *vosotroooooooos.*

Quiz

HOST: Fill in the blanks with the correct form of the verb in the preterite tense.

HOST: (comprar, yo) _____ un suéter azul en la tienda.
Compré un suéter azul en la tienda.
(lavar) Ana y José _____ la ropa.
Ana y José lavaron la ropa.

The Preterite of verbs ending in *-car* and *-gar*

DAZED HOST: *Pagar. Jugar. Buscar. Practicar. Sacar. Tocar …*

HOST: He's a little bit stunned. He just found out that two groups of verbs in the preterite tense have a spelling change in the *yo* form: verbs that end with *-car* and verbs that end in *-gar.*

DAZED HOST: *Buscar … practicar …*

HOST: You'll pick up the conjugation in no time. But first, let's go over how to change a regular verb to the preterite tense.

HOST: As we said before, verbs that end in *-car* or *-gar* have a spelling change in the *yo* form. Take *buscar,* "to look for."

Host: In the *yo* form of the preterite tense, the *c* changes to a *qu. Busqué. Busqué la tienda:* "I looked for the store." *Saqué la basura.* "I took out the trash."

Host: The change from *c* to *qu* is just for verbs that end in *-car.* Now let's see how verbs that end in *-gar* change.

Host: Our *-gar* volunteer is *pagar*, "to pay." In the *yo* form, the *g* changes to a *gu. Pagué.* "I paid." In contrast, the present tense is *pago.*

Person 1: *Me gusta tu cadena. ¿Cuánto pagaste?*

Person 2: *Pagué trece dólares.*

Person 1: *Es muy bonita.*

Person 2: *Gracias.*

Host: Notice the *gu* in the *yo* form of *pagué* but not in the *tú* form.

Host: *Jugué al fútbol con mis amigos.*

Host: Think you got all that? There's one way to check …

Quiz

Host: Fill in the blanks with the correct form of the verb in the preterite tense.

Host: (pagar) Yo_____ veinte dólares por el suéter.
Pagué veinte dólares por el suéter.
(pagar) Nosotros_____ mucho.
Pagamos mucho.
(sacar) Yo_____ la basura.
Saqué la basura.

Direct object pronouns

Host: Today's exciting Spanish topic is direct object pronouns. Before we get to that, let's go over what a direct object is.

Lincoln: Hello. I'm Former President Abraham Lincoln. I'm here with an important message … a grammar message! A direct object tells who or what receives the action of the verb. Take the sentence, "I ate the hat." The verb is "ate." To find the direct object, ask yourself, what did I eat? The hat. So, hat is the direct object because it receives the action of the verb, ate. And it was delicious.

Host: Here's an example in Spanish. Cha cha cha.

Host: *Compré los guantes.* "I bought the gloves." What's receiving the action of the verb, *compré?* Or in other words, what was bought? It's *guantes.* So *guantes* is the direct object.

Host: Now, if your friend asks, "who bought the gloves?" you could say, "I bought the gloves"… or you could say, "I bought THEM." *Them* is a direct object pronoun. It takes the place of the direct object, gloves. Here are the direct object pronouns in Spanish:

Host: *Lo* and *la*, which are singular, mean "it." *Los* and *las*, which are plural, mean "them." *Los, las. Los los los los, los las.*

Host: Keep your eyes open for this. Remember I bought the gloves? *Compré los guantes.* In English, you'd say "I bought them."
In Spanish, you'd say *Los compré.* In English the direct object pronoun comes after the verb. But in Spanish, it usually goes in front of the verb.

Host: Example time. Cha cha cha.

Person 1: *¿Dónde compraste los aretes?*

Person 2: *Los compré en la Joyería Sánchez.*

Host: Freeze. Let's take a look at the conversation. *¿Dónde compraste los aretes? Los compré en la Joyería Sánchez.* Can you find the direct object pronoun? It's *los.* It's the pronoun for the direct object *aretes.* Also, notice that *los* comes BEFORE the verb.

Person 1: Can we move now?

Host: Sure.

Person 1 and Person 2: Whew.

Host: As you might have guessed, direct object pronouns have the same gender and number as the nouns they replace. Let's see some examples.

Host: *¿Tienes mi pulsera?*
Sí, la tengo.
¿Tienes mis anillos?
Sí, los tengo.

Host: Quiz time. Cha cha … cha?

Quiz

Host: Fill in the blank with the correct direct object pronoun.

Host: *¿Dónde compraste tu cartera?*
___ *compré en el almacén.*
La compré en el almacén.

Host: *¿Tiene Anita mis anteojos de sol?*
Sí, ___ tiene.
Sí, los tiene.

Hand: ¡Hasta luego!

Videomisterio: ¿Eres tú, María?, Episodio 6, (8:57)

Lola: Hola, Margarita.

Margarita: Espera un momento. Lola, hay un recado para ti.

Lola: ¿Sí? ¿De quién?

Margarita: De un tal Pedro.

Lola: ¡Qué bueno! ¡Pedro!

Margarita: Sí. Un segundo, Lola quiere hablar conmigo. Él dice que va a venir a la una y media.

Lola: Pedro, ¿qué?

Margarita: Pedro Reteña. A ver. Aquí está. Tengo razón. A la una y media.

Lola: ¿Es Reteña o Requena?

Margarita: Reteña o Resquena o algo así.

Lola: Gracias, Margarita.

Margarita: Nada. A ver, ¿qué decías? …

Lola: Creo que tengo un nuevo cliente.

Paco: ¡Qué bien! Lo necesitamos. ¿Quién es?

Lola: Se llama Pedro Requena. ¿Recuerdas el incidente del domingo pasado?

Paco: ¿Lo de la señora vieja?

Lola: Sí, doña Gracia. Pues es el nieto, el nieto de doña Gracia. Fantástico, ¿no? Y viene a la una y media.

Paco: Por fin, un cliente con dinero.

Lola: Vamos a ver …

Paco: Me voy. Adiós.

Margarita: Buenas tardes. ¿Y Ud. es …?

Pedro: Pedro Requena. Tengo una cita con la señorita Lago a la una y media.

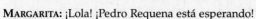

MARGARITA: ¡Lola! ¡Pedro Requena está esperando!

LOLA: ¡Ay! Hola Pedro. ¿Por qué no pasamos a mi oficina?

LOLA: Pedro, acabo de venir del hospital. Vi a su abuela.

PEDRO: Por favor, por qué no me tuteas?

LOLA: Está bien. No hay problema.

PEDRO: Qué bueno que ya estás trabajando.

LOLA: La verdad que sí. Para mí la investigación es como un deporte.

PEDRO: Pues ahora vas a trabajar para mí. Quiero saber … necesito saber qué le pasó a mi abuela.

LOLA: Muy bien.

PEDRO: Mi abuela es una mujer rica. Tiene dinero y unas joyas de valor. Son de la familia. Aquí tengo unas fotos de ellas.

LOLA: Este collar … ¡Qué bonito! Y las perlas … ¡Magníficas! ¿Quién es la señorita?

PEDRO: Es mi abuela. Sólo tengo estas fotos. Pero hay más joyas. Para mi abuela son muy importantes.

LOLA: Comprendo …

PEDRO: Mira, las joyas no están en el piso. Es evidente que el ladrón robó las joyas. Necesito saber dónde están. Es muy importante para mi abuela, y también para María.

LOLA: ¿Por qué?

PEDRO: María va a recibir todo el dinero, todas las joyas, todo de mi abuela.

LOLA: ¿María lo sabe?

PEDRO: No sé.

LOLA: Vamos a buscar las joyas. No te preocupes.

PEDRO: ¿Cómo es posible que el ladrón sepa que mi abuela tenía las joyas en su casa? Tiene que ser una persona que sabe mucho acerca de mi abuela.

LOLA: Y no sabemos dónde está María. ¿Qué dice la policía?

PEDRO: Yo hablé con un tal Inspector Gil.

LOLA: ¿Y?

PEDRO: No sé. No me gusta. Por eso estoy aquí. Quiero una detective privada. Necesito una investigadora.

LOLA: Comprendo. Nosotros cobramos 150 euros diarios más los gastos: transporte, comida, etcétera.

PEDRO: Eso no importa. Está bien.

LOLA: A mí sí. Bueno, te llamo cuando sepa algo.

PEDRO: Vale. Estoy en casa de unos amigos. Aquí está el número de teléfono: 318 18 02.

LOLA: Hasta pronto.

PEDRO: Ciao.

LOLA: Hasta luego.

MARGARITA: ¡Adiós!

Realidades ①

Capítulo 7B

Nombre _____

Fecha _____

Communicative Activity **7B-1**
Estudiante **A1**

You are planning a trip to visit friends in Mexico City. You have only $200 to spend on new clothes. Ask Student B the prices of the items below, write them in the spaces provided, and then circle the items you plan to buy according to your budget. (Alternate asking questions with Student A2.)

Student A1:	*¿Cuánto cuestan esos anteojos?*
Student B:	*Estos anteojos cuestan 27 dólares.*
Student A1:	*Pues, los compro. / Pues, no los compro.*

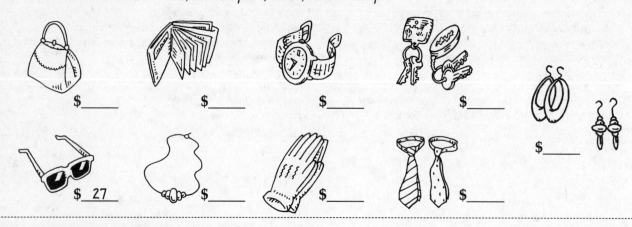

$_____ $_____ $_____ $_____ $_____

$ _27_ $_____ $_____ $_____

Realidades ①

Capítulo 7B

Nombre _____

Fecha _____

Communicative Activity **7B-1**
Estudiante **A2**

You are planning a trip to visit friends in Buenos Aires. You have only $100 to spend on new clothes. Ask Student B the prices of the items below, write them in the spaces provided, and then circle the items you plan to buy according to your budget. (Alternate asking questions with Student A1.)

Student A2:	*¿Cuánto cuestan esos anteojos?*
Student B:	*Estos anteojos cuestan 27 dólares.*
Student A2:	*Pues, los compro. / Pues, no los compro.*

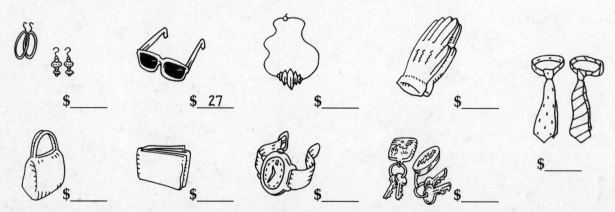

$_____ $ _27_ $_____ $_____

$_____ $_____ $_____ $_____ $_____

Realidades ①

Capítulo 7B

Nombre _____

Fecha _____

Communicative Activity **7B-1**

Estudiante **B**

Your partners are buying new clothes for a trip. Using the sale advertisement below from Almacén Continentes, answer your partners' questions about the price of each item. Then, add up the prices of the items your partners decide to buy. Make sure they don't overspend their budgets! Follow the model:

Student A1:	¿Cuánto cuestan esos anteojos?
Student B:	Estos anteojos cuestan 27 dólares.
Student A1:	Pues, los compro. / Pues, no los compro.

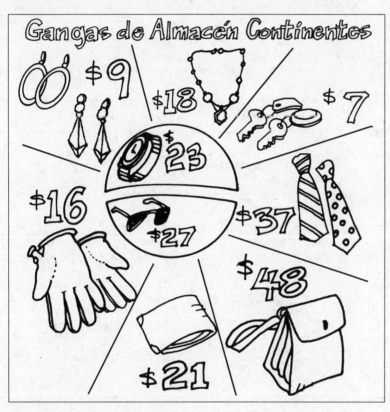

Mis compañeros(as) compran:

A1	Precio	A2	Precio
1.	$	1.	$
2.	$	2.	$
3.	$	3.	$
4.	$	4.	$
5.	$	5.	$
	$200		$100

Realidades 1

Capítulo 7B

Nombre _____

Fecha _____

Communicative Activity **7B-2**

Estudiante **A**

Many of your friends went to the mall last weekend to buy clothes for the new school year. Ask your partner what the following people bought on the shopping trip. Record the answers on the lines provided.

1. ¿Qué compró Cecilia? _____

2. ¿Qué compró Antonio? _____

3. ¿Qué compraron Pilar y Graciela? _____

4. ¿Qué compró Felipe? _____

5. ¿Qué compraron Mónica y Jorge? _____

6. ¿Qué compraron Marta y Sara? _____

7. ¿Qué compró tu tía Isabela? _____

8. ¿Qué compraron Paco y Gregorio? _____

9. ¿Qué compraron Nilda y Raúl? _____

10. ¿Qué compraste tú? _____

Now, use the following information to answer your partner's questions. Be prepared to answer a question about yourself as well.

Javier

Enrique

María y Pedro

Roberto y Gustavo

Susana y Violeta

Abuelita

Gloria

Pablo y Maribel

Andrés

Realidades ❶

Capítulo 7B

Nombre _____

Fecha _____

Communicative Activity **7B-2**

Estudiante **B**

Use the following information to answer your partner's questions. Be prepared to answer a question about yourself as well.

Felipe	**Tía Isabela**	**Paco y Gregorio**
Mónica y Jorge	**Celia**	**Antonio**
Nilda y Raúl	**Pilar y Graciela**	**Marta y Sara**

Now imagine that many of your friends went to various stores to buy presents last weekend. Ask your partner in what stores the following people looked for gifts. Record the answers on the lines provided.

1. ¿Dónde buscaron Pablo y Maribel un regalo? _____

2. ¿Dónde buscó Gloria un regalo? _____

3. ¿Dónde buscó Abuelita un regalo? _____

4. ¿Dónde buscaron Roberto y Gustavo un regalo? _____

5. ¿Dónde buscaron Susana y Violeta un regalo? _____

6. ¿Dónde buscó Javier un regalo? _____

7. ¿Dónde buscaron María y Pedro un regalo? _____

8. ¿Dónde buscó Enrique un regalo? _____

9. ¿Dónde buscó Andrés un regalo? _____

10. Y tú ¿dónde buscaste un regalo? _____

Situation Cards

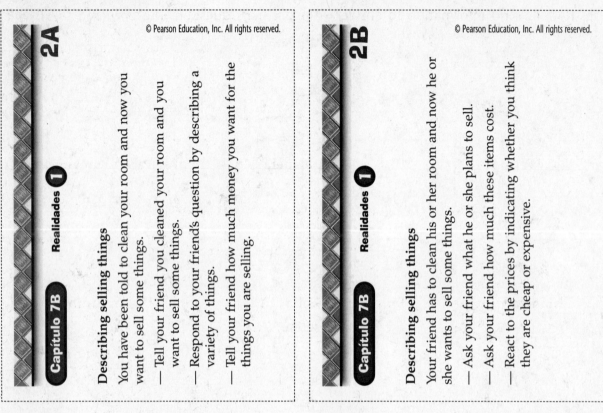

2A

Realidades ❶

Capítulo 7B

Describing selling things

You have been told to clean your room and now you want to sell some things.

— Tell your friend you cleaned your room and you want to sell some things.

— Respond to your friend's question by describing a variety of things.

— Tell your friend how much money you want for the things you are selling.

2B

Realidades ❶

Capítulo 7B

Describing selling things

Your friend has to clean his or her room and now he or she wants to sell some things.

— Ask your friend what he or she plans to sell.

— Ask your friend how much these items cost.

— React to the prices by indicating whether you think they are cheap or expensive.

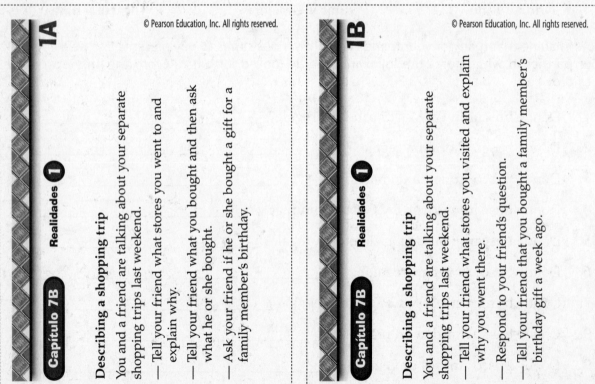

1A

Realidades ❶

Capítulo 7B

Describing a shopping trip

You and a friend are talking about your separate shopping trips last weekend.

— Tell your friend what stores you went to and explain why.

— Tell your friend what you bought and then ask what he or she bought.

— Ask your friend if he or she bought a gift for a family member's birthday.

1B

Realidades ❶

Capítulo 7B

Describing a shopping trip

You and a friend are talking about your separate shopping trips last weekend.

— Tell your friend what stores you visited and explain why you went there.

— Respond to your friend's question.

— Tell your friend that you bought a family member's birthday gift a week ago.

GramActiva

¡Qué regalo!

¿Quién compró qué?, p. 360

Nombre	¿Qué compró?	¿Dónde lo compró?	¿Cuánto costó?

Vocabulary Clip Art

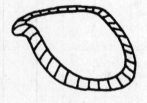

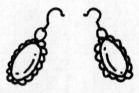

Vocabulary Clip Art

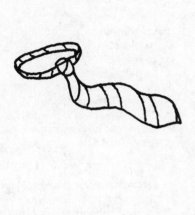

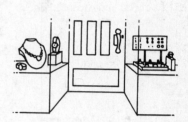

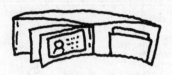

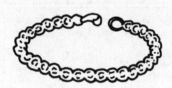

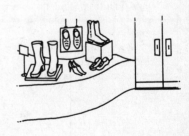

Practice Workbook Answers

7B-1
1. una cadena, un reloj pulsera, unos anteojos de sol, unos discos compactos
2. unos aretes, un bolso
3. un anillo, unos guantes, unos aretes, un perfume
4. una corbata, una cartera, un llavero
5. un collar, un perfume, una pulsera

7B-2
1. un lector DVD / tienda de electrodomésticos
2. unos libros / librería
3. unas botas / zapatería
4. un equipo de sonido / tienda de electrodomésticos (tienda de descuentos)
5. un abrigo / almacén
6. unos zapatos / zapatería
7. despertador / tienda de descuentos (tienda de electrodomésticos)
8. unos relojes pulsera / joyería
9. un bolígrafo / almacén

7B-3
1. Pepe va a la tienda de descuentos.
   Busca un regalo para su novia; algo barato porque no tiene mucho dinero.
2. El dependiente quiere venderle un anillo bonito o un collar. Pepe no quiere comprarlos porque son demasiado caros (no son baratos).
3. Pepe compra un llavero por fin.
4. Laura quiere el regalo perfecto para Pepe.
5. Laura no quiere ni una corbata ni unos guantes porque no son románticos y ella quiere un regalo romántico.
6. Laura va a comprar un anillo de cincuenta dólares.
   Es más caro que el regalo que compró Pepe.

7B-4
Answers may vary.
1. Lo compré hace una semana.
2. (Ayer) yo pagué un dólar por unos guantes (ayer).
3. Un lector DVD no es muy caro.
4. Venden joyas en el almacén.

5. La semana pasada yo compré un suéter nuevo.
6. Anoche yo compré una computadora nueva.
7. ¿Cuánto pagaste por el collar?
8. Tú lo compraste el año pasado.
9. Venden joyas por veinte dólares en esta tienda.
10. ¿Cuánto pagaste por el reloj?

7B-5
A.
Row 1: ____ / hablé / preparé / usé / miré
Row 2: compraste / hablaste / preparaste / usaste / ____
Row 3: compró / ____ / preparó / usó / miró
Row 4: compramos / hablamos / preparamos / ____ / miramos
Row 5: ____ / ____ / ____ / ____ / ____
Row 6: compraron / hablaron / ____ / usaron / miraron

B.
preparamos / hablamos / miraron / compré / llamó / regresó / cenamos / usamos / Caminaste / Compraste

7B-6
A.
Row 1: ____ / busqué / jugué / ____ / toqué
Row 2: pagaste / buscaste / ____ / practicaste / tocaste
Row 3: pagó / ____ / jugó / practicó / tocó
Row 4: pagamos / buscamos / jugamos / practicamos / ____
Row 5: ____ / ____ / ____ / ____ / ____
Row 6: pagaron / buscaron / jugaron / ____ / tocaron

B.
1. —pagaste
   —pagué
2. —____
   —jugó
3. —tocaste
   —Toqué
4. —____
   —busqué
5. —tocaron
   —tocamos
6. —____
   —practicó

7. —jugaste
   —Jugué

7B-7
A.
1. Los compré.
2. ¿Lo tienes?
3. Lo escribo.
4. Mi mamá lo recibe.
5. Las mujeres las llevan.
6. ¿Rosario va a comprarlo?
   (¿Rosario lo va a comprar?)
7. Las amigas los compraron.
8. Los llevo.

B.
Answers will vary. All should contain the direct object pronoun given.
1. La voy a poner (voy a ponerla) en el armario.
2. Sí, los compré ayer.
3. No, no lo uso.
4. Los voy a llevar (voy a llevarlos) a la fiesta mañana.
5. Sí, las tengo.

Crucigrama (7B-8)
Across:
5. bolso
7. tienda
8. zapatería
13. cadena
14. anteojos
17. venden
18. barato
20. joyería

Down:
1. guantes
2. sacar
3. collar
4. cartera
6. librería
9. aretes
10. almacén
11. pulsera
12. llavero
15. anillo
16. corbata
19. anoche

Organizer (7B-9)
I. Vocabulary Answers will vary.
II. Grammar
1.

col. 1	col. 2
-é	-amos
-aste	-asteis
-ó	-aron

col. 1	col. 2
pasé	pasamos
pasaste	pasasteis
pasó	pasaron

2. -qué / -gué
3. lo / la / los / las

Right panel

Realidades **1**

Nombre _____

Hora _____

Capítulo 7B

Fecha _____

VIDEO

Actividad 3

What happens when Claudia helps Manolo shop? Circle the letter of the correct answers.

1. Manolo necesita comprar un regalo para su tía porque
   a. mañana es su cumpleaños.
   b. mañana es su aniversario de bodas.
   c. mañana es su quinceañera.

2. El año pasado Manolo le compró a su tía
   a. unos aretes en la joyería.
   b. un libro en una librería.
   c. una corbata muy barata.

3. En el centro comercial, ellos ven
   a. videojuegos y software.
   b. pocas cosas en descuento.
   c. anteojos para sol, bolsos, carteras y llaveros.

4. Por fin, deciden comprar para la tía
   a. una cartera.
   b. un collar.
   c. un anillo.

5. Hay una confusión y Manolo le regala a la tía
   a. una pulsera.
   b. unos guantes.
   c. un collar de perro.

Left panel

Realidades **1**

Nombre _____

Hora _____

Capítulo 7B

Fecha _____

VIDEO

Antes de ver el video

Actividad 1

Where do you like to shop? With a partner, write three things you like to buy and the best place to buy them.   **Answers will vary.**

Cosas para comprar	Lugares donde comprarlas
_____	_____
_____	_____
_____	_____

¿Comprendes?

Actividad 2

In the video, Claudia and Manolo go many places to find a gift for Manolo's aunt. Look at the places from the video below and number them in the order in which Manolo and Claudia pass them (from beginning to end).

1 _____ el almacén

4 _____ la joyería

3 _____ la tienda de software

5 _____ la parada de autobuses

2 _____ el centro comercial

Y, ¿qué más?

VIDEO

Actividad 4

You are shopping for a birthday gift for your mother. Fill in the dialogue below with your possible responses. **Answers will vary.**

DEPENDIENTE: ¿Qué desea usted?

TÚ: _____

DEPENDIENTE: ¿Prefiere ver ropa, perfumes o joyas para ella?

TÚ: _____

DEPENDIENTE: Aquí hay muchos artículos, pero no cuestan tanto.

TÚ: _____

_____

_____

Realidades 1

Capítulo 7B

Nombre

Fecha

Hora

AUDIO

Actividad 5

Sometimes giving gifts is even more fun than receiving them! Listen as people talk about gifts they enjoy giving to their friends and family. Match the pictures below with the corresponding description you hear. Then, in the spaces next to each gift, write where the person bought the gift and what the person paid for it. You will hear each set of statements twice.

	Descripción	Lugar de compra	Precio
1.	4	la tienda de descuentos	$22
2.	3	el almacén	$10
3.	1	la joyería	$800
4.	5	la tienda de electrodomésticos	$200
5.	2	en la Red	$30

Actividad 6

Listen to the following mini-conversations about different kinds of stores. Circle **lógico** if the conversation makes sense and **ilógico** if it does not. You will hear each dialogue twice.

1. (lógico) ilógico
2. lógico (ilógico)
3. (lógico) ilógico
4. lógico (ilógico)
5. lógico (ilógico)
6. (lógico) ilógico
7. lógico (ilógico)
8. lógico (ilógico)
9. (lógico) ilógico
10. (lógico) ilógico

Actividad 7

Listen as Lorena shows a friend her photographs. Write a sentence describing each one as you hear Lorena describe it. You will hear each conversation twice.

1. Lorena	_____ bailó _____	hace	_dos semanas_ .
2. Lorena	_____ nadó (en Florida) _____	hace	_ocho años_ .
3. Lorena	_____ viajó a México _____	hace	_diez años_ .
4. Lorena	_____ montó a caballo _____	hace	_cinco años_ .
5. Lorena	_____ jugó al básquetbol _____	hace	_cuatro años_ .

Actividad 8

You have been waiting in line all day at the mall, so you have overheard many conversations as you waited. See if you can match each conversation with the illustrations below and write the number of each conversation under the correct illustration. You will hear each conversation twice.

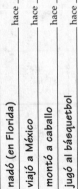  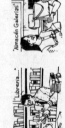

"Joyería López"   "Almacén Galerías"   "Librería..."   "La Tienda de Descuentos..."

4   2   1   3

Actividad 9

As a special holiday service, **El Almacén Continental** is sponsoring a hotline that customers can call to get gift ideas. Listen as callers tell the store specialist what they have bought for a particular person in the past. Then listen to the specialist's suggestion for this year's gift. Use the chart below to take notes. You will hear each conversation twice.

	La personalidad y las actividades de la persona	El regalo del año pasado	¿Un regalo para este año?
1	trabaja demasiado	una corbata	un video juego
2	una joven de trece años que quiere ser como una mujer de 25 años	un suéter	un collar
3	la gusta caminar con el perro	unos aretes	unos guantes
4	lee mucho	decoró el dormitorio con globos	un libro
5	es gracioso y le gusta jugar al tenis	unos zapatos de tenis	unos anteojos de sol

Actividad 11

In your Spanish class, you are asked to learn the dates of some important events in the history and culture of Spanish-speaking countries. To help you memorize these dates, write sentences telling when each event occurred. Follow the model.

Modelo Pablo Picasso / pintar su cuadro *Guernica* / 1937

Pablo Picasso pintó su cuadro Guernica en 1937.

1. Los Estados Unidos / declarar su independencia / el cuatro de julio, 1776

   Los Estados Unidos declararon su independencia el cuatro de julio del 1776.

2. Vicente Fox / ganar la presidencia de México / 2000

   Vicente Fox ganó la presidencia de México en el año 2000.

3. Antonio Banderas / actuar en la película *The Mambo Kings* / 1993

   Antonio Banderas actuó en la película The Mambo Kings en 1993.

4. Los jugadores argentinos / ganar la Copa Mundial (*World Cup*) / 1986

   Los jugadores argentinos ganaron la Copa Mundial en 1986.

5. Yo / comprar mis primeros zapatos / ???

   Answers will vary. "*Yo compré mis primeros zapatos …*"

6. Nosotros / entrar en la clase de español / ???

   Answers will vary. "*(Nosotros) entramos en la clase de español hace …*"

7. Los Juegos Olímpicos / pasar en España / 1992

   Los Juegos Olímpicos pasaron en España en 1992.

8. México / declarar su independencia / el quince de septiembre, 1810

   México declaró su independencia el quince de septiembre del 1810.

9. Simón Bolívar / liberar a Venezuela / 1821

   Simón Bolívar liberó a Venezuela en el 1821.

Actividad 10

You are talking to a friend about what what you buy when you go shopping. Tell what items you usually buy in each of the specialty shops suggested by the pictures. Then, tell what other items are available at the store. Use the model to help you.

Answers may vary. All answers are to have information listed below.

Modelo

En la zapatería, compro zapatos y botas. También es posible comprar guantes y carteras en una zapatería.

1.

   En la joyería compro unos collares, pulseras y relojes pulsera. También es posible comprar anillos y aretes.

2.

   En la librería compro libros. También es posible comprar revistas.

3. En la tienda de electrodomésticos compro un lector DVD, un televisor y discos compactos. También es posible comprar un equipo de sonido.

Actividad 12

The people in your neighborhood were very busy yesterday. Write at least three sentences about what they all did based on the pictures, using at least one of these verbs: **buscar, jugar, pagar, practicar, sacar, tocar.** Follow the model. **Answers may vary.**

Modelo El Sr. Rodríguez

Ayer el Sr. Rodríguez enseñó la clase de español. La clase practicó la *lección. Los estudiantes usaron las computadoras para hacer las actividades.*

1. Andrés

Ayer Andrés tocó la guitarra y cantó en la escuela. Sus amigos
escucharon la música. Todos lo pasaron bien.
_____

2. yo

Ayer yo practiqué los deportes. Jugué al fútbol y al tenis. Anoche yo
también jugué en un partido de vóleibol.
_____
_____

3. yo   mi madre

Ayer mi madre y yo miramos unos vestidos en una tienda de ropa. Allí
yo busqué un vestido moderno y barato. Mi madre buscó uno elegante
pero caro.

---

4. tú

Ayer tú lavaste el coche. Después, cortaste el césped. Anoche sacaste
la basura.
_____

5. Juana e Inés

Ayer Juana e Inés compraron unas cosas. Juana compró una pulsera
y pagó ochenta dólares. Inés compró un perfume y pagó unos veinte
dólares.

Actividad 13

You are writing a letter to your aunt in Mexico to tell her what you bought for your family for the holidays. In the letter, tell what you bought for each person, in what stores you found the items, and how much you paid. The letter has been started for you. **Answers will vary.**

Querida Tía:

   Saludos de los Estados Unidos. Te escribo para decirte que terminé de comprar los

regalos para la familia. Para _____, compré un suéter bonito. ¡Lo encontré en

el almacén por sólo veinte dólares! _____

_____

Bueno, nos vemos en una semana. ¡Buena suerte con las compras!

Un fuerte abrazo,

Tu sobrino(a)

Table of Contents

Tema 8: Experiencias
Capítulo 8A: De vacaciones

Capítulo 8B: Ayudando en la comunidad

Theme Project

Experiencias
Diario ilustrado

Overview:

You will create illustrated journal entries on construction paper of an imaginary one-week volunteer vacation you took. Then you will present your journal to the class, describing how you traveled, where you went, and what you did.

Materials:

Magazines, scissors, glue, markers, colored pencils or crayons, construction paper

Sequence:

STEP 1. Review the instructions with your teacher.

STEP 2. Submit an outline and sketch of your journal entries. Incorporate your teacher's suggestions into your draft.

STEP 3. Cut out or draw the illustrations you need, then create the layout for your journal on construction paper.

STEP 4. Submit a draft of your journal entries. Correct your draft, then work with a partner to describe your trip.

STEP 5. Present your journal to the class, describing where you went, what you did, and how you traveled.

Assessment:

Your teacher will use the rubric on the following page to assess this project.

Theme 8 Project: Diario ilustrado

RUBRIC	Score 1	Score 3	Score 5
Evidence of Planning	No written draft or sketch provided.	Draft was written and layout created, but not corrected.	Evidence of corrected draft and layout.
Use of Illustrations	No photos/illustrations were included.	Photos/illustrations for most entries were included.	Photos/illustrations for all entries were included.
Presentation	Lists places, activities, and transportation in entries, but does not provide additional description or use complete sentences.	Lists places, activities, and transportation in entries and provides some additional description. Does not always use complete sentences.	Lists places, activities, and transportation in entries and provides additional description. Uses complete sentences.

Realidades

Capítulo 8A # School-to-Home Connection

Dear Parent or Guardian,

The theme for the chapter is *Experiencias* (Experiences) and this chapter is called *De vacaciones* (On vacation).

Upon completion of this chapter, your child will be able to:

- talk about things to do on vacation
- describe places to visit while on vacation
- talk about events in the past
- understand cultural perspectives on travel and vacations

Also, your child will explore:

- the correct pronunciation of a weak vowel combined with any other vowel (a diphthong)
- the origin of place names that end in *-io* and *-eo*

Realidades helps with the development of reading, writing, and speaking skills through the use of strategies, process speaking, and process writing. In this chapter, students will:

- read a diary about a trip to Peru
- speak about a trip they took

Remember that additional help is available online at www.PHSchool.com by using the Web Codes in the Student Edition or in the Practice Workbook.

Check it out! Have your child tell you in Spanish what he or she did on a family vacation and his or her impressions of these activities.

Sincerely,

For: Tips to Parents
Visit: www.phschool.com
Web Code: jce-0010

Chapter Resource Checklist

Resources	CO	APV	VH	MAN	LEC	CV	PO	VM	REP	PREP
Teacher										
Teacher's Resource Book										
Input Script		■								
Audio Script		■	■	■					■	■
GramActiva BLM				■						
Communicative Activities BLM				■						
School-to-Home Connection BLM	■									
Clip Art		■								■
Situation Cards BLM								■		
TPR Storytelling Book		■	■	■						
Fine Art Transparencies Teacher's Guide	■									
Student										
Practice Workbook		■	■	■					■	
Vocabulary		■								
Grammar				■						
Crossword Puzzle										
Organizer										
Writing, Audio & Video Workbook										
Writing				■						
Audio				■						
Video			■							
Heritage Language Learner Workbook										
Transparencies		■	■	■	■	■	■			
Practice Answers										■
Vocabulary and Grammar	■	■	■	■						
Fine Art		■								
Assessment										
Assessment Program										
Quizzes			■							
Chapter Test										■
ExamView Test Bank CD-ROM			■	■						
Test Preparation Workbook										■
Alternative Assessment										
Performance-Based Speaking			■				■			
Rubrics	■							■		
Internet Self-Test										■
Technology										
I-text	■	■	■	■	■	■	■	■	■	■
Teacher Express CD-ROM	■	■	■	■	■	■	■	■	■	■
Video Program (VHS and DVD)			■					■		
Audio Program										
CD 8A		■								■
Assessment CD								■		
Song CD		■								

Abbreviation Key

CO = Chapter Opener; APV = A primera vista; VH = Videohistoria; MAN = Manos a la obra; LEC = Lectura;
CV = Cultura en vivo; PO = Presentación oral; PE = Presentación escrita; MH = Mundo hispano; VM = Videomisterio;
REP = Repaso del capítulo; PER = Perspectivas del mundo hispano; PREP = Preparación para el examen

Input Script

Presentation

Input Vocabulary 1: Place the transparency on the screen. Have students tear copies of the Vocabulary Clip Art into individual places. Describe a vacation in which you visited several places that were all closed, except for one: the lake. Students will arrange the places in the order you visited them. Say *"El verano pasado fui de vacaciones. Primero, fui al zoológico porque me gustan muchos los animales como los monos y los osos … ¡Cerrado! Entonces, fui al museo, porque me gusta ver el arte y los monumentos … ¡Cerrado!… Finalmente, fui al lago porque me gusta pasear en bote e ir de pesca … ¿Cerrado? No … ¡abierto! Pero, … comenzó a llover!"* Present *abierto* and *cerrado* by opening and closing the classroom door. Present *comenzó a llover* by making a noise like thunder and then pantomiming rain falling with your fingers. Then make statements about things you like and dislike. Have students hold up the place associated with each statement: *"Me encanta Mickey Mouse!"* (Students hold up *el parque de diversiones.*)

Input Dialogue 1: Role-play the first half of the dialogue with a student. The student will say the boy's lines and you the girl's. Raise a hand and say *"¡Fui al zoológico! ¿Y ustedes?"* Ask about the places on the transparency that are in your area. Have students raise their hand if they have been there. Ask students who raised their hand *"¿De veras? ¿Visitaste el zoológico?"* Role-play the second half of the dialogue. Then ask students to tell you the Spanish items they have learned that they could buy as souvenirs at each place: *"¿Cuáles son los recuerdos que puedo comprar en el parque de diversiones?"*

Input Vocabulary 2: Hand out copies of the beach transparency to students. Tell them *"¡Me encanta la playa! Hay muchas actividades que hacer en la playa. Por ejemplo, montar a caballo, bucear, tomar el sol."* Brainstorm with students other beach activities such as *ir de pesca, ir de cámping,* and *jugar al vóleibol.* Have students draw each new activity on the beach. Describe your next beach vacation. Have students number the activities in the order you say them. Then ask students which two activities they prefer.

Input Dialogue 2: Role-play the second dialogue with students. The students will say the first line and you will say the remaining lines. Draw a few skyscrapers on the chalkboard to represent *ciudad.* Draw a line leaving the city and another returning to teach *saliste / salí* and *regresamos.* Use a clock to demonstrate *muy temprano* and *muy tarde.*

Input Vocabulary 3: Hand out copies of the Vocabulary Clip Art showing transportation. Ask students *"¿Cómo prefieres viajar? ¿En avión, en barco, en tren o en autobús?"* Have students hold up the transportation they prefer. Then tell students places you plan to go. Ask them the transportation you should take. Say *"Mañana voy a Barcelona. ¿Cómo voy: en avión, en barco, en tren o en autobús?"* Have them show all the types of transportation you could take to get there.

Comprehension Check

- Say things you did or saw and have students hold up the Clip Art image of the place you must have been.

- Make logical and illogical statements about places you went and the transportation you took to get there: *"Fui a Madrid en avión. Fui a Hawai en autobús."* Have students hold up the Clip Art of the transportation you took if the statement was logical.

Audio Script

Audio CD, Capítulo 8A

Track 01: *A primera vista,* Student Book, p. 374, (3:05_

De vacaciones

You will hear each word or phrase twice. After the first time there will be a pause so you can pronounce it, then you will hear the word or phrase a second time.

el parque de diversiones	el museo
el teatro	el oso
la obra de teatro	el mono
el lago	el zoológico
pasear en bote	el estadio
el monumento	

Read along as you listen to the dialogues.

MALE TEEN: Dime, ¿adónde fuiste el mes pasado?

FEMALE TEEN: Fui de vacaciones con mis padres a un lugar fantástico.

MALE TEEN: ¿Qué lugar visitaste?

FEMALE TEEN: Fui a Barcelona. Me gusta mucho viajar a otros países como México, España, Guatemala …

MALE TEEN: ¿Qué hiciste?

FEMALE TEEN: Pues, fui al zoológico con mi familia.

MALE TEEN: ¿Te gustó? ¿Qué viste?

FEMALE TEEN: Fue fantástico. Vi muchos animales como osos y monos y también muchas otras atracciones. También compré unos recuerdos: una camiseta, unos aretes y un llavero.

Track 02: *A primera vista,* Student Book, p. 375, (2:27)

You will hear each word or phrase twice. After the first time there will be a pause so you can pronounce it, then you will hear the word or phrase a second time.

montar a caballo	el mar	bucear	tomar el sol

Read along as you listen to the dialogue.

MALE TEEN: Y ¿saliste de la ciudad?

FEMALE TEEN: ¡Por supuesto! Salí muy temprano para ir al mar. Durante el día aprendí a bucear. Fue muy divertido. Regresamos al hotel muy tarde, como a las diez de la noche.

You will hear each word or phrase twice. After the first time there will be a pause so you can pronounce it, then you will hear the word or phrase a second time.

el avión	el barco	el tren	el autobús

Read along as you listen to the dialogue.

MALE TEEN: ¿Cómo prefieres viajar?

FEMALE TEEN: En avión.

Track 03: *A primera vista:* Act. 1, Student Book, p. 375, (2:13)

El viaje de María Luisa

Vas a escuchar a María Luisa describir su viaje. Señala cada lugar en tu libro que ella menciona. Vas a escuchar cada frase dos veces.

1. Fui al mar a nadar y tomar el sol.
2. Visité el zoológico y vi muchos animales.
3. Fui al lago a pasear en bote.
4. Vi una obra de teatro en el Teatro Nacional.
5. El parque de diversiones fue muy divertido.
6. Vi un monumento grande en el parque.
7. Me gustó mucho ver el partido de fútbol en el estadio.

Track 04: *A primera vista:* Act. 2, Student Book, p. 375, (2:47)

¿Qué piensas? ¿Sí o no?

Vas a escuchar diez frases. Si la frase es lógica, haz el gesto del pulgar hacia arriba. Si es ilógica, haz el gesto del pulgar hacia abajo. Vas a escuchar cada frase dos veces.

1. Nado en el mar.
2. Hay un parque de diversiones en la cafetería.
3. Paseamos en bote en el hotel.
4. Voy a un concierto con los monos del zoológico.
5. Me gusta tomar el sol cuando voy al lago.
6. Hago mi tarea en el parque de diversiones.
7. Aprendo a bucear en el museo.
8. Saco fotos del monumento.
9. Voy a la escuela en avión.
10. En el mar viajo en barco.

Track 05: *A primera vista: Videohistoria,* Student Book, pp. 376–377, (2:54)

¿Qué te pasó?

¿Qué le pasó a Tomás durante su visita al parque nacional Sarapiquí en Costa Rica?

Read along as you listen to the *Videohistoria.*

See Student Book pages 376–377 for script.

Track 06: *Manos a la obra:* Act. 5, Student Book, p. 378, (2:22)

Escucha y escribe

Vas a escuchar a una persona describir su viaje a Puerto Rico. Uno de los lugares que visitó es El Yunque. En una hoja de papel escribe los números del 1 al 6 y escribe las frases que escuchas. Vas a escuhar cada frase dos veces.

1. El verano pasado fui a Puerto Rico con mi familia.
2. Fue mi primer viaje en avión y me gustó mucho.
3. Puerto Rico es un país impresionante y fantástico.
4. Puedes bucear, descansar y tomar el sol en la playa.
5. También puedes visitar El Yunque para ver pájaros, árboles y flores.
6. Quiero regresar a Puerto Rico. Compro mi boleto hoy.

Track 07: *Pronunciación:* Diphthongs, Student Book, p. 380, (5:19)

In Spanish, there are two groups of vowels, "strong" (*a, e,* and *o*) and "weak"(*i* and *u*).

When a weak vowel is combined with any other vowel, the

individual vowel sounds become blended to form a single sound called a diphthong (*un diptongo*). Listen to and say these words:

You will hear each word twice. After the word is pronounced the first time, there will be a pause so you can pronounce it. Then you will hear the word a second time.

limpiar	cuarto	seis	piensas
fuimos	siete	aire	ciudad
baile	juego	estadio	autobús

When two strong vowels are together, each vowel is pronounced as a separate sound. Listen to and say these words:

teatro	museo	pasear	bucear
cereal	video	leer	zoológico
traer	idea	tarea	cumpleaños

If there is an accent mark over a weak vowel, it causes that letter to be pronounced as though it were a strong vowel. Listen to and say these words:

día	frío	tíos	zapatería
joyería	país	esquío	gustaría

Track 08: *Pronunciación,* Student Book, p. 380, (1:27)

Try it out! Listen to some of the lines of "*Cielito lindo,*" a song from Mexico that is very popular with mariachi bands. Can you identify the diphthongs in the lyrics? Try saying the words and then singing the song.

See Student Book page 380 for lyrics to the song.

Track 09: Audio Act. 5, Writing, Audio & Video Workbook, p. 153, (7:48)

You call a toll-free telephone number in order to qualify for the popular radio game show, *Palabras Secretas (Secret Words)*. Your challenge is to guess each secret word within ten seconds. Listen to the clues and try to guess the word as the clock is ticking. You must write your answer down before the buzzer in order to be ready for the next one. You will hear each set of statements twice.

Bienvenido a *Palabras Secretas*. Escucha bien. Aquí está el número uno …

1. Nosotros vivimos en casas o apartamentos en las ciudades o en los pueblos. Cuando queremos ver animales, como los monos o los elefantes, vamos aquí para verlos. ¿Dónde viven los animales?
2. Los aviones fueron por el aire y los coches fueron por las calles. Pero los barcos no fueron por el aire ni por las calles. ¿En qué fueron los barcos?
3. Fui a la biblioteca para leer un libro y al teatro para ver una obra de teatro. Fui aquí para ver un partido de fútbol. ¿Adónde fui para ver el partido?
4. Fui al supermercado para comprar comida para una fiesta. Fui a una agencia de viajes para comprar éstos para un viaje en tren. ¿Qué compré antes de salir de viaje?
5. No es un continente. No es una ciudad. En el mundo hay más de cien. Los Estados Unidos es uno de éstos. Costa Rica es otro. ¿Qué es?

6. En este lugar hay muchos cuadros famosos. A las personas artísticas y a los turistas les gusta visitarlo. Uno de éstos lugares se llama El Prado. ¿Qué es este lugar?
7. Llevo un traje de baño para hacerlo cuando voy de vacaciones. No es nadar. No es tomar el sol. Me encanta ver las cosas debajo del mar. ¿Qué actividad es?
8. Son animales que viven en los árboles. Uno de ellos se llama tucán y es de muchos colores: verde, rojo, amarillo. Hay muchos en los parques nacionales de Costa Rica. ¿Qué son?

Track 10: Audio Act. 6, Writing, Audio & Video Workbook, p. 153, (4:00)

Listen as a husband and wife talk to a travel agent about their upcoming vacation. Where would each like to go? What type of things would each like to do? Most importantly, do they agree on what is the ideal trip? As you listen, write as much information as you can in each person's Travel Profile in the chart below. Can you think of a place they could go where both of them would be happy? You will hear this conversation twice.

TRAVEL AGENT: Buenos días. ¿En qué puedo servirles?

SEÑOR: Buenos días. Estamos pensando en nuestras vacaciones.

TRAVEL AGENT: Bueno. ¿Adónde les gustaría ir? ¿A un lugar cerca o lejos de aquí?

SEÑOR: Me gustaría ir a las montañas. Para mí, es un lugar perfecto porque hace frío en las montañas. Me gustaría montar a caballo y esquiar.

SEÑORA: Ay, mi amor, ¡no! ¿Las montañas? ¿Caballos? ¿Frío? ¡Qué horrible! A mí me gustaría ir al mar para tomar el sol. Ayer fui a la tienda para comprar un traje de baño *MUY* bonito. ¡Quiero llevarlo! Me gustaría nadar o bucear!

SEÑOR: ¿Bucear? ¡No sabes bucear! Y no quiero pasar mis vacaciones en una playa. Me gustaría ver pájaros y árboles altos.

SEÑORA: Mi amor, hay árboles y pájaros cerca del mar también. A mí me gustaría ver tiendas nuevas y playas bonitas.

TRAVEL AGENT: Pues … ¿Cómo les gustaría viajar? ¿En avión? ¿En barco?

SEÑOR: En barco, no. No me gusta viajar en barco. Prefiero viajar en avión.

SEÑORA: A mí también me gustaría viajar en avión.

You are going to hear this conversation again.

Track 11: Audio Act. 7, Writing, Audio & Video Workbook, p. 154, (4:46)

Listen as mothers call their teenaged sons and daughters on their cell phones to see if they have done what they were asked to do. Based on what each teenager says, categorize the answers in the chart. You will hear each conversation twice.

1. **ADULT FEMALE 1:** ¿Viste a tus primos?
   TEEN MALE 1: Voy a verlos esta noche.

2. **ADULT FEMALE 2:** ¿Vieron Susi y tú a la maestra de guitarra después de las clases?
   TEEN FEMALE 1: Sí, la vimos a las cuatro.
3. **ADULT FEMALE 1:** ¿Comiste los sándwiches de jamón y queso?
   TEEN FEMALE 2: Sí. Jorge y yo estamos comiéndolos ahora.
4. **ADULT FEMALE 2:** ¿Compartieron tú y tu hermana los diez dólares?
   TEEN MALE 2: Vamos a compartirlos. Seis dólares para mí y cuatro para ella, ¿no?
5. **ADULT FEMALE 1:** Marco, ¿saliste a tiempo para tu lección de piano?
   TEEN MALE 3: Sí. Papá y yo salimos a las tres y media.
6. **ADULT FEMALE 2:** ¿Escribiste tu cuento para la clase de inglés?
   TEEN MALE 2: Mis amigos, Carlos y Miguel, escribieron sus cuentos, pero yo estoy escribiendo mi cuento ahora.
7. **ADULT FEMALE 1:** ¿Corriste por treinta minutos después de la escuela?
   MALE TEEN 1: Sí, el perro y yo corrimos por cuarenta minutos.
8. **ADULT FEMALE 2:** ¿Aprendiste las palabras para el examen de español?
   FEMALE TEEN 1: Sí, las aprendí.
9. **ADULT FEMALE 1:** ¿Pediste el pastel para la fiesta?
   FEMALE TEEN 2: Sí, lo pedí por teléfono. Y los globos también.
10. **ADULT FEMALE 2:** ¿Leíste el periódico para tu clase de historia?
    MALE TEEN 2: Sí, lo leímos en clase esta mañana.

Track 12: Audio Act. 8, Writing, Audio & Video Workbook, p. 154, (2:47)

Your Spanish teacher has asked the students in your class to survey each other about a topic of interest. In order to give you a model to follow, your teacher will play a recording of part of a student's survey from last year. Listen to the student's questions, and fill in his survey form. You will hear each conversation twice.

1. **MALE TEEN 1:** Marco, ¿adónde fuiste el fin de semana?
   MALE TEEN 2: ¿Yo? Fui al lago.
2. **MALE TEEN 1:** Patricia, ¿adónde fuiste el fin de semana?
   FEMALE TEEN 1: El sábado mis amigos y yo fuimos al zoológico.
3. **MALE TEEN 1:** Chucho, ¿adónde fue tu familia? ¿Al zoológico también?
   MALE TEEN 3: Mi familia, no. A nosotros no nos gustan los animales. Fuimos al parque de diversiones.
4. **MALE TEEN 1:** Rita, ¿adónde fueron tus amigas el fin de semana?
   TEEN FEMALE 2: Ellas fueron al teatro para ver una obra muy popular.
5. **MALE TEEN 1:** Margarita, ¿adónde fuiste este fin de semana?
   FEMALE TEEN 3: Mis amigos y yo fuimos al centro comercial.

Track 13: Audio Act. 9, Writing, Audio & Video Workbook, p. 155, (6:24)

Everyone loves a superhero, and the listeners of this Hispanic radio station are no exception. Listen to today's episode of *Super Tigre*, as the hero helps his friends try to locate the evil Rona Robles! Super Tigre tracks Rona Robles down by asking people when they last saw her and where she went. Keep track of what the people said by filling in the chart. You will hear each conversation twice.

ANNOUNCER: ¡Bienvenidos a otro episodio de … *Super Tigre!* Como saben, Super Tigre salió del zoológico hace dos años para ayudar a sus amigos en la ciudad. Esta mañana Super Tigre fue al zoológico para buscar a la mala, mala, mala Rona Robles. Y ahora … ¡escucha!

1. **SUPER TIGRE:** Hola, Mono. ¿Viste a la mala, mala Rona Robles?
   MONO: Hola, Super Tigre. Sí. La vi aquí en el zoológico a las seis la mañana. Ella comió un yogur y fue en su coche al lago.
   SUPER TIGRE: Gracias, Mono. Te veo más tarde.
2. **SUPER TIGRE:** Hola, Paco. ¿Viste a Rona Robles aquí, cerca del lago?
   PACO: Sí, Super Tigre. Mis amigos y yo la vimos aquí en el parque a las ocho y media de la mañana. Ella paseó en bote por media hora y fue en su coche al museo.
   SUPER TIGRE: Gracias, Paco. Adiós.
3. **SUPER TIGRE:** Hola, Gustavo. ¿Viste a Rona Robles aquí en el museo de arte?
   GUSTAVO: Hola, Super Tigre. Sí. Yo y ese artista que está allá la vimos. Ella compartió su limonada conmigo a las once y media. Fue en su coche al hotel para visitar a su hermana.
   SUPER TIGRE: Gracias. Ustedes son fantásticos.
4. **SUPER TIGRE:** Buenas tardes, Victoria. ¿Vio usted a Rona Robles aquí en el hotel?
   VICTORIA: ¿Rona Robles? Sí, ella comió en el restaurante a la una con su hermana, pero las dos salieron al teatro.
   SUPER TIGRE: ¿Al teatro? Gracias.
5. **SUPER TIGRE:** ¡Hola, Susana! ¿Estás aquí para ver la obra de teatro?
   SUSANA: Sí. Los actores son fantásticos.
   SUPER TIGRE: Bueno. Susana, ¿viste a Rona Robles aquí en el teatro?
   SUSANA: Sí, la vi por cinco minutos a las dos y media. Creo que ella escribió algo en un papel y salió con su novio. Ellos fueron al estadio.
   SUPER TIGRE: ¡Gracias! ¡Gracias! ¡Voy al estadio! [*pause*] ¡Ajá! Aquí está Rona Robles! ¡En el estadio!

Track 14: *Repaso del capítulo*, Student Book, p. 396, (4:27)

Vocabulario y gramática
Listen to these words and expressions that you have learned in this chapter. You will hear each word or expression once.
See Student Book page 396 for vocabulary list.

Track 15: *Preparación para el examen,* **Student Book, p. 397, (0:53)**

Escuchar
Practice task.
As part of a presentation in Spanish class, a student talked about his last vacation. As you listen, see if you can determine: a) where he went, b) one thing he did, c) one thing he saw.

"Oye. Todo fue tremendo. Fuimos de vacaciones al parque nacional por una semana. Monté a caballo con mis primos y paseé en bote con mi padre. ¡Vi unos árboles más grandes que una casa!"

Video Script

A primera vista: *Tomás, ¿qué te pasó?*, (8:36)

ROSA: ¡Por fin! ¿Cómo fue su día en el parque?

GLORIA: Fue un desastre.

TOMÁS: Fue tremendo. Más o menos.

ROSA: Pero, Tomás. Mira. ¿Qué hiciste? ¿Te duele algo?

LORENZO: Dime, Raúl, ¿qué pasó?

RAÚL: Pues, fue un día interesante pero un poco difícil para Tomás.

ROSA: ¡Ven aquí, Tomás!

TOMÁS: Pero el día fue muy divertido. Aprendí mucho de los parques.

RAÚL: Y aprendiste otras cosas por experiencia, ¿verdad?

TOMÁS: Tienes razón.

LORENZO: Dime, ¿qué pasó?

RAÚL: Salimos de casa muy temprano …

GLORIA: Más temprano que los pájaros …

RAÚL: … y caminamos a la parada del autobús, para ir a Sarapiquí. Y …

TOMÁS: Me encanta la ciudad de San José. ¿Qué es esto?

RAÚL: Es el Teatro Nacional.

TOMÁS: ¿Y esto?

GLORIA: Ahora estamos en el Ministerio de Cultura

TOMÁS: ¿Y esto?

GLORIA: … Es el Parque España.

RAÚL: Hay que tomar el autobus allí. Voy a comprar los boletos … Un momento.

TOMÁS: ¿Cuánto dura el viaje?

GLORIA: El parque está a 82 kilómetros de San José. Es un viaje de hora y media.

RAÚL: Aquí están los boletos. Y allí viene el autobús. Vamos. Vamos. Podemos entrar por aquí.

GLORÍA: Es mi parque favorito. Lo llamamos bosque lluvioso. No hace ni frío ni calor, pero llueve mucho.

TOMÁS: Vamos, quiero ver los libros de los animales y pájaros …

GLORIA: Mira este mapa del parque; y este libro de los animales y pájaros.

TOMÁS: ¿A ver? ¡Qué pájaro tan bonito!

GLORIA: Sí.

RAÚL: Vamos. Ya tengo los boletos; cuestan 3,600 colones cada uno.

GLORIA: Bueno, vamos a caminar por aquí. Hay mucho que ver.

TOMÁS: Muy bien. Tengo mi cámara. Tengo mi mapa. ¡Vamos a explorar el parque! ¿Qué es?

GLORIA: Es un ave. Se llama el pecho amarillo. Hay más de cuatrocientas especies de aves en el parque.

TOMÁS: Ah sí. Hay más en los árboles.

GLORIA: ¡Tomás!

RAÚL: Tomás. ¡Cuidado! Mira abajo.

TOMÁS: ¿Qué …?

GLORIA: Tomás, ¿estás bien? ¿Te rompiste algo?

TOMÁS: Estoy bien. ¿Qué pasó?

RAÚL: Las raíces de los árboles son muy grandes. Mira.

TOMÁS: Ah, sí. No las vi.

GLORIA: Es evidente.

TOMÁS: Pues, vamos a continuar.

RAÚL: Sí, pero ten cuidado.

TOMÁS: ¿Qué es eso? ¿Un animal?

GLORIA: Es un mono. Hay muchos monos en el parque.

TOMÁS: ¿Dónde? ¿Puedo verlo? Quiero sacar una foto.

GLORIA: No. No sé dónde está.

TOMÁS: ¿Hay osos aquí?

GLORIA: ¿Osos? No. Pero, iguanas, sí.

TOMÁS: Interesante.

RAÚL: Vamos adelante.

TOMÁS: Mira esta planta. ¡Qué grande es!

GLORIA: Sí, es una palma. Hay muchas palmas en el parque.

TOMÁS: A ver.

RAÚL: ¡Cuidado! Tiene mucha agua … Llueve mucho aquí.

TOMÁS: Es solo un poco de agua.

RAUL: ¿Estás bien?

TOMÁS: Sí, sí. Vamos.

TOMÁS: Mira estas flores. ¡Qué bonitas! Gloria, ¿puedes sacar una foto aquí?

GLORIA: Claro. Un momento … cerca de ese árbol.

TOMÁS: ¿Aquí?

GLORIA: Uno. Dos …

GLORIA: Espera. Un poco más a la izquierda.

TOMÁS: ¿Ahora?

GLORIA: No, un poco más a la izquierda.

TOMÁS: "whoaaaa …"

RAÚL: Tomás …

GLORIA: Tomás. ¿Dónde estás?

TOMÁS: Aquí.

RAÚL: ¿Estás bien?

TOMÁS: Sí, estoy bien.

GLORIA: ¿Quieres regresar a casa?

RAÚL: ¿Quieres descansar?

TOMÁS: No, no, no. Vamos a continuar.

RAÚL: Por fin. Llegamos a la Catarata La Paz. Es una de las cataratas más espectaculares del país. Me encanta porque puedes estar muy cerca de ella.

TOMÁS: Fabuloso. Quiero sacar una foto.

GLORIA: ¡No! ¿Por qué no compras una tarjeta postal?

RAÚL: No, no. Tú sacas la foto y yo le ayudo a Tomás.

GLORIA: Uno, dos, tres …

LORENZO: Pobre Tomás.

RAÚL: Sí, pobre Tomás. Pero él está bien.

TOMÁS: Un momento. Ahora vengo.

ROSA: Gracias a Dios. Bueno, ¿tienen hambre? ¿comieron algo?

GLORIA: Sí mamá. Comimos en el Restaurante Sarapiquí.

RAÚL: Pero … tenemos hambre.

ROSA: Fabuloso. Tengo la comida favorita de Tomás: una ensalada, espaguetis y pollo …

RAÚL Y GLORIA: ¡Mamá …!

GramActiva Videos: the preterite of *-er* and *-ir* verbs; the preterite of *-ir*; the personal *a*, **(7:24)**

The Preterite of *-er* and *-ir* Verbs

HOST 1: In English, when you say something like *I ate the strawberries,* you are using the preterite tense.

HOST 2: The preterite tense is used to talk about actions completed in the past. It's the verb tense used most often in Spanish to talk about past events.

HOST: Coming up over the horizon are the preterite forms for regular *-er* and *-ir* verbs.

HOST: One neat thing about the preterite is that the conjugation for regular *-er* and *-ir* verbs is the same. So you only have to remember one pattern. Here are the preterite forms of *comer,* "to eat," and *vivir,* "to leave."

HOST: *Comí. Comiste. Comió. Comimos. Comisteis. Comieron.*

HOST: *Viví. Viviste. Vivió. Vivimos. Vivisteis. Vivieron.*

HOST: *Comí un sándwich de jamón y queso.*
  Comiste una manzana. Y
  El oso comió una flor.
  Viví en California el año pasado.
  Escribieron la tarea.

HOST: One verb you might see a lot is *ver,* "to see." *Ver* is an *-er* verb that's regular in the preterite, except for one thing. It doesn't have accent marks in any of its forms.

HOST: *Vi. Viste. Vio. Vimos. Visteis. Vieron.*

GUITAR HOST: It's time for a quiiiiiiiiiz!

Quiz

HOST: Fill in the blank with the correct preterite form of the verb.
  (aprender) Paquito _____ a montar en bicicleta.
  Paquito aprendió a montar en bicicleta.
  (salir) Ellas _____ del zoológico a las cuatro.
  Ellas salieron del zoológico a las cuatro.
  (ver) Ayer yo _____ una película.
  Ayer yo vi una película.

The Preterite of *-ir*

HOST: Things are never completely regular in the land of language. Like English, many often-used Spanish verbs are irregular in the preterite. *Ir,* "to go," is one of these verbs. Here's how you conjugate it.

HOST: *Fui. Fuiste. Fue. Fuimos. Fuisteis. Fueron.*

HOST: *Fui al teatro.*
  ¿Fuiste al museo?
  Fue al zoológico.
  Anoche fuimos al cine.
  Fuisteis a la zapatería.
  Fueron a la universidad.

RANGER: *Hola oso. ¿Adónde fuiste?*

BEAR: *Fui a un parque nacional.*

RANGER: *¿Qué comiste?*

BEAR: *Comí galletas.*

HOST: It's quiz time!

Quiz

Fill in the blank with the correct preterite form of the verb.

HOST: (ir) ¿_____ Ramón al zoológico?
  ¿Fue Ramón al zoológico?

HOST: (ir) Ellos _____ al almacén para comprar guantes.
  Ellos fueron al almacén para comprar guantes.

The Personal *a*

HOST: *Hola* Spanish aficionados. Our grammar gremlin for today is the personal *a*. You need to know direct objects to understand how to use the personal *a*, so let's review direct objects.

HOST: A direct object receives the action of a verb. So if you say, "We saw some balloons," *balloons* is the direct object. The word *balloons* receives the action of the verb saw. *Vimos los globos.*

HOST: So, what's the personal *a*? In Spanish, when the direct object is a person or group of people, you add an *a* before the direct object. That *a* is called the *personal a*.

HOST: Take *Visité a mi abuela.* The *a* gets added because the direct object, *mi abuela*, is a person. More examples: *Vimos a nuestros tíos.* You can use the personal *a* with pets too. *Lavé a mi perro.*

HOST: There's one exception to the personal *a* rule. Generally, the personal *a* is not used after *tener*. *Tener's* too classy for a sidekick. For example, *Tengo dos hermanas.* I have two sisters.

PERSON 1: *¿Qué ves?*

PERSON 2: *Veo unas montañas.*

PERSON 1: *Veo un lobo.*

PERSON 2: *Veo … a mi abuela.*

PERSON 1: *¿A quién viste?*

PERSON 2: *Uh, una piñata.*

PERSON 1: *Oh. Mira, es tu abuela.*

GUITAR HOST: *Quiz, quiz, quiz!*

Quiz

HOST: Personal *a* or no personal *a*?

VO: Veo _____ María.
  Veo a María.
  Tengo _____ dos primos.
  Tengo dos primos.
  Vimos _____ la profesora.
  Vimos a la profesora.

Videomisterio: *¿Eres tú, María?*, Episodio 7, (10:35)

LOLA: Diga.

ROSALINDA: Lola, habla Rosalinda, la amiga de Carmela.

LOLA: Hola, Rosalinda. Dime.

ROSALINDA: Mira. Te llamo porque tengo información sobre la otra chica en el accidente, Julia. Tengo la dirección de su piso. ¿La quieres?

LOLA: Pues, sí.

ROSALINDA: Toma nota. Calle Norte, Nº 23, 1º, D. "D" de Dinamarca.

LOLA: Muchas gracias, Rosalinda.

ROSALINDA: De nada. ¡Suerte! Y recuerdos a Carmela. Hasta luego.

LOLA: Adiós.
  ¡Ay! ¡Ay de mi! Dime.

PEDRO: Lola, habla Pedro.

LOLA: Hola, Pedro.

PEDRO: Mira, estoy cerca del piso de mi abuela. ¿Por qué no pasamos por allí ahora? ¿Vale?

Lola: ¿Ahora? Hmmm. Vale. Te veo delante de la puerta en cinco minutos. Adiós.

Lola: ¡Qué bonito! Quisiera ver el dormitorio de María. ¿Dónde está?

Pedro: No sé. Vamos a ver.

Lola: Sí. Mira. Aquí está su dormitorio.

Lola: ¿Es María?

Pedro: No sé. No la conozco.

Lola: Comprendo.

Lola: Mira esta tarjeta postal. Interesante, ¿no?

Pedro: Sí. Pero esto es un poco extraño.
("La chica de la foto es ella." "Luis Antonio")

Lola: Luis Antonio, Luis Antonio. Yo conozco ese nombre. Pero … ¿cómo?

Pedro: Yo conozco a un Luis Antonio. Bueno, a dos. El padre y el hijo. Mi abuelo tenía un secretario que se llamaba Luis Antonio. Luis Antonio … Llamas. Pero tuvo problemas con él. Ahora creo que los dos viven en Barcelona.

Lola: La tarjeta postal viene de Barcelona. ¡Qué casualidad!

Pedro: Sí

Lola: ¡Ya está!

Pedro: ¿El qué?

Lola: Ahora recuerdo. Uno de los enfermeros del hospital se llama Luis Antonio. *(flashback)* Este Luis Antonio ayudó a María y a otra chica después del accidente de coche.

Rosalinda: Hay un enfermero. Se llama Luis Antonio. Él trabaja aquí. Él les ayudó a las dos.

Pedro: Otra casualidad … quizá.

Lola: ¿Sabes, Pedro? En mi profesión la casualidad no existe … Vamos.

Lola: ¿Tienes algo que hacer ahora?

Pedro: No, ¿por qué?

Lola: Quiero visitar otro piso, el piso de Julia.

Pedro: ¿Julia?

Lola: La otra chica que estuvo en el accidente. La compañera de habitación de María en el hospital. Ella murió después del accidente.

Pedro: Y ¿para qué quieres ver su piso?

Lola: No sé. No sé.

Pedro: Bueno, voy contigo. Ahora, a ver, ¿dónde hay un taxi?

Pedro: Pero …

Lola: Te explico más tarde. Ahora entramos.

Joven: ¿Qué pasa? ¿Qué queréis?

Lola: Debe ser un error. ¿No vive aquí una chica que se llama Julia?

Joven: No, aquí no vive ninguna chica y vosotros no podéis …

Lola: Hombre, perdona. Busco a una amiga pero es evidente que éste no es su piso.

Joven: ¿A quién buscáis? Antes aquí vivía una chica …

Lola: Sí, estamos buscando a una chica.

Joven: Esperad un momento. Hace tres meses que vivo aquí. Pero hay algunas cosas de esa chica. Las tengo aquí. Un momento …

Joven: Toma.

Lola: Muchas gracias.

Joven: Adiós.

Lola: Adiós.

Lola: A ver … Hay cartas, papeles. Pedro, mira. Hay muchas cartas para Julia Romero Díaz. Y todas son de "Luis Antonio."

Pedro: Increíble. Muchas casualidades, ¿no crees?

Lola: Sí, demasiadas.

Realidades **1**

Capítulo 8A

Nombre

Fecha

Communicative Activity **8A-1**
Estudiante **A**

You are discussing with your partner what some of your friends did for summer vacation last year, but neither of you knows everything. Using the chart below, do the following: (1) In the boxes marked *yo*, write about what your family did on their your last vacation. (2) Ask your partner about what he or she did on their last vacation and fill in the boxes marked *mi compañero(a)*. (3) Ask your partner what your friends did on their vacation. Follow the model.

¿Adónde fue Enrique?   ¿Qué hizo?
¿A dónde salió?   ¿Le gustó?

	País (ir)	Lugar (salir)	Actividad (hacer)	Evaluación (gustar)
Yo				
Mi compañero(a)				
Enrique				
Cecilia y Talía				
Nina y Héctor	Puerto Rico			
Jorge	Perú			

Realidades 1

Capítulo 8A

Nombre _____

Fecha _____

Communicative Activity **8A-1**
Estudiante **B**

You are discussing with your partner what some of your friends did for summer vacation last year, but neither of you knows everything. Using the chart below, do the following: (1) In the boxes marked *yo,* write about what your family did on their your last vacation. (2) Ask your partner about what he or she did on their last vacation and fill in the boxes marked *mi compañero(a).* (3) Ask your partner what your friends did on their vacation. Follow the model.

> ¿Adónde fue Enrique?   ¿Qué hizo?
> ¿A dónde salió?   ¿Le gustó?

	País (ir)	Lugar (salir)	Actividad (hacer)	Evaluación (gustar)
Yo				
Mi compañero(a)				
Enrique	España			
Cecilia y Talía	México			
Nina y Héctor				
Jorge				

Realidades ➊

Capítulo 8A

Nombre _____

Fecha _____

Communicative Activity **8A-2**

Estudiante **A**

Write about your last vacation by completing the following sentences. Make some of your statements false and indicate which ones are true and which ones are false in column **1**. Then read each sentence to your partner. Your partner will tell you if he or she thinks your statement is true or false. Mark your partner's response in the column **2**. When you are finished, tell your partner which ones they guessed correctly and incorrectly by using the following phrases: *Es cierto que … / Es falso que …*

Mis últimas vacaciones ...	1	2
1. _____ es el mejor / peor lugar para las vacaciones.	Cierto / Falso	Cierto / Falso
2. Aprendí a _____.	Cierto / Falso	Cierto / Falso
3. Mi familia y yo visitamos _____.	Cierto / Falso	Cierto / Falso
4. Compré _____.	Cierto / Falso	Cierto / Falso
5. Salimos a _____.	Cierto / Falso	Cierto / Falso
6. Salí mucho a las _____ (hora) de la mañana / de la tarde / de la noche.	Cierto / Falso	Cierto / Falso
7. Vi mucho/a/os/as _____.	Cierto / Falso	Cierto / Falso
8. Viajamos en _____.	Cierto / Falso	Cierto / Falso
9. Fue _____.	Cierto / Falso	Cierto / Falso
10. Me gustó. / No me gustó.	Cierto / Falso	Cierto / Falso

Realidades 1

Capítulo 8A

Nombre

Fecha

Communicative Activity **8A-2**
Estudiante **B**

Write about your last vacation by completing the following sentences. Make some of your statements false and indicate which ones are true and which ones are false in column **1**. Then read each sentence to your partner. Your partner will tell you if he or she thinks your statement is true or false. Mark your partner's response in the column **2**. When you are finished, tell your partner which ones they guessed correctly and incorrectly by using the following phrases: *Es cierto que … / Es falso que …*

Mis últimas vacaciones …	1	2
1. Mi familia y yo fuimos de vacaciones . en _____ (mes)	Cierto / Falso	Cierto / Falso
2. El viaje fue _____.	Cierto / Falso	Cierto / Falso
3. Salí al lago / a los monumentos / al museo / a _____.	Cierto / Falso	Cierto / Falso
4. Visité _____.	Cierto / Falso	Cierto / Falso
5. Nosotros viajamos por _____ horas / días / semanas.	Cierto / Falso	Cierto / Falso
6. Me gustó aprender a _____.	Cierto / Falso	Cierto / Falso
7. Mi familia y yo vimos mucho/a/os/as _____.	Cierto / Falso	Cierto / Falso
8. Fui en autobús / avión / barco / tren / coche.	Cierto / Falso	Cierto / Falso
9. Regresamos _____.	Cierto / Falso	Cierto / Falso
10. Lo pasé bien / mal.	Cierto / Falso	Cierto / Falso

Situation Cards

2A

Capítulo 8A   **Realidades** ❶

Describing a past vacation

You and a friend are talking about trips you have taken.

— Greet your friend.

— Ask your friend where he or she went on vacation last year.

— Ask your friend what he or she did on the vacation.

— Respond to your friend's questions.

— Say good-bye.

2B

Capítulo 8A   **Realidades** ❶

Describing a past vacation

You and a friend are talking about trips you have taken.

— Greet your friend.

— Respond to your friend's question and tell whether you liked or didn't like the place.

— Answer your friend's question and then ask where he or she went last year and what he or she did.

— Say good-bye.

1A

Capítulo 8A   **Realidades** ❶

Describing places to go on vacation

You and a friend are talking about travel destinations.

— Greet your friend.

— Tell your friend you are thinking about going on vacation.

— Respond to your friend's question and ask him or her to suggest a good place for those activities.

— Say good-bye.

1B

Capítulo 8A   **Realidades** ❶

Describing places to go on vacation

You and a friend are talking about travel destinations.

— Greet your friend.

— Ask your friend what things he or she wants to do during vacation.

— Respond to your friend's question by mentioning a place you've gone to for those activities.

— Say good-bye.

GramActiva

De vacaciones

Mi familia, p. 393

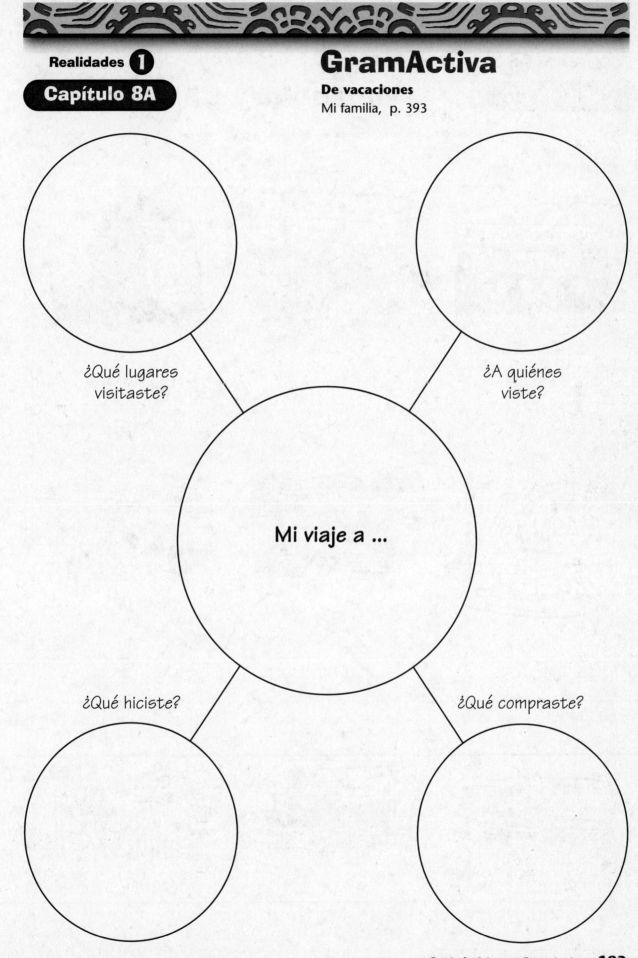

¿Qué lugares visitaste?

¿A quiénes viste?

Mi viaje a ...

¿Qué hiciste?

¿Qué compraste?

Vocabulary Clip Art

Realidades

Capítulo 8A

Vocabulary Clip Art

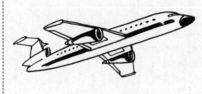

Practice Workbook Answers

8A-1
1. —los monos
   —zoológico
2. —el campo/las montañas
   —ciudad
3. —una obra de teatro
   —teatro
4. —pasear en bote
   —lago
5. —partido
   —estadio
6. —vacaciones
   —avión

8A-2
A.
1. monumento
2. zoológico
3. museo
4. parque de diversiones
5. estadio
6. teatro
7. ciudad
8. lago

B.
los recuerdos

8A-3
parque nacional / tomar el sol /
lago / árboles / bote / pájaros /
montar a caballo / teatro /
ciudad

8A-4
1. Aníbal fue a la playa.
2. En la playa Aníbal tomó el sol y
   buceó en el mar.
3. Aníbal fue con sus primos.
4. Va a hacer buen tiempo el
   sábado.
5. Carmen y Aníbal van a salir de la
   ciudad.

8A-5
A.
Row 1: ____ / escribí / corrí / salí
   / ____ / bebí
Row 2: comiste / ecribiste / ____
   / saliste / viste / bebiste
Row 3: comió / escribió / corrió /
   ____ / vio / ____
Row 4: comimos / ____ /
   corrimos / salimos / vimos /
   bebimos
Row 5: ____ / ____ / ____ /
   / ____ / ____

Row 6: comieron / escribieron /
   corrieron / salieron / vieron /
   bebieron

B.
1. corrí
2. bebió
3. salimos
4. Viste
5. comieron
6. escribí
7. comimos
8. corrieron
9. Salí
10. escribió

8A-6
1. fue al parque de diversiones
2. fui al teatro
3. fueron al partido de básquetbol
4. fuimos al museo
5. fue al parque nacional
6. fuiste a la ciudad
7. fueron a la piscina (a bucear)

8A-7
1. a un hombre
2. a unos chicos
3. un libro
4. un bote
5. a un hombre
6. un globo
7. una bicicleta
8. a una chica
9. a unos chicos (niños)

Crucigrama (8A-8)
Across:
2. lugar
6. recuerdos
7. parque
9. mono
11. estadio
15. país
16. avión
18. bote
19. zoológico
21. temprano

Down:
1. descansar
2. lago
3. ver
4. barco
5. museo
8. autobús
10. obra
12. tren

13. mar
14. viaje
17. árbol
20. ciudad
22. pájaro

Organizer (8A-9)
I. Vocabulary Answers will vary.
II. Grammar
1. col. 1.   col. 2.
   -í   -imos
   -iste   -isteis
   -ió   -ieron
2. col. 1.   col. 2.
   fui   fuimos
   fuiste   fuisteis
   fue   fueron
3. A / personal *a (a personal)*

Realidades 1

Nombre _____

Hora _____

Capítulo 8A

Fecha _____

VIDEO

Antes de ver el video

Actividad 1

You can see and learn a lot on a day trip. Make a list of four places you would like to visit for the day, and write next to each one the main attraction that you would like to see there. Follow the model.   **Answers will vary.**

Lugares	Cosas que ver
Modelo _Granada, España_	_La Alhambra_
_____	_____
_____	_____
_____	_____
_____	_____

¿Comprendes?

Actividad 2

Raúl, Gloria, and Tomás went on a day trip to San José and Sarapiquí Park. Under each heading, write the things that they saw in San José and the things that they saw in Sarapiquí Park.

Ministerio de Cultura	mono	Parque España	Catarata La Paz
Gran Terminal del Caribe	palma	bosque lluvioso	Teatro Nacional

San José	Parque Sarapiquí
Ministerio de Cultura	mono
Gran Terminal del Caribe	palma
Teatro Nacíonal	bosque lluvioso
Parque España	Catarata La Paz

Realidades 1

Nombre _____

Hora _____

Capítulo 8A

Fecha _____

VIDEO

Actividad 3

Based on the video story that you just watched, circle the most appropriate word to complete each statement.

1. Raúl, Gloria y Tomás salieron de la casa muy (tarde / (temprano)) para ir al parque Sarapiquí.

2. Para ir al parque ellos tomaron el ((autobús)/ avión).

3. El viaje dura ((una hora y media) / dos horas), porque el parque está a 82 ((kilómetros)/ millas) de San José.

4. En el parque (hace mucho calor / (no hace ni frío ni calor)) pero llueve mucho.

5. Raúl compra los (libros / (boletos)) en la Estación Biológica La Selva y cuestan 3,600 (pesos / (colones)).

6. Tomás tiene la (mochila / (cámara)) y el (boleto / (mapa)) y está listo para explorar el parque.

7. Ellos tienen mucho cuidado cuando caminan, pues las raíces de los árboles son muy ((grandes)/ interesantes).

8. Gloria le dice a Tomás: "Hay más de cuatrocientas especies de (monos / (aves)) en el parque."

9. Ellos tienen problemas al ((sacar las fotos)/ regresar a casa). Pero Tomás ((quiere)/ no quiere) continuar.

10. Raúl dice: "Fue un día ((interesante)/ desastre) pero un poco ((difícil)/ aburrido) para Tomás."

Capítulo 8A — *WAVA Answers*   **187**

Actividad 5

You call a toll-free telephone number in order to qualify for the popular radio game show, **Palabras Secretas** (*Secret Words*). Your challenge is to guess each secret word within ten seconds. Listen to the clues and try to guess the word as the clock is ticking. You must write your answer down before the buzzer in order to be ready for the next one. You will hear each set of statements twice.

1. _zoológico_   5. _país_
2. _lago_   6. _museo_
3. _estadio_   7. _bucear_
4. _boletos_   8. _pájaro_

Actividad 6

Listen as a husband and wife talk to a travel agent about their upcoming vacation. Where would each like to go? What type of things would each like to do? Most importantly, do they agree on what is the ideal trip? As you listen, write as much information as you can in each person's Travel Profile in the chart below. Can you think of a place they could go where both of them would be happy? You will hear this conversation twice.

	EL SEÑOR	LA SEÑORA
¿Adónde le gustaría ir?	a las montañas	al mar
¿Por qué le gustaría ir a ese lugar?	porque hace frío	porque compró un traje de baño nuevo
Cuando va de vacaciones, ¿qué le gustaría hacer?	1. montar a caballo 2. esquiar	1. nadar/tomar el sol 2. bucear
¿Qué le gustaría ver?	1. pájaros 2. árboles altos	1. tiendas nuevas 2. playas bonitas
¿Cómo le gustaría viajar?	en avión	en avión
¿Adónde deben ir?	Ellos deben ir a ...	(Answers will vary.)

Y, ¿qué más?

Actividad 4

Based on what you learned in the video, imagine that you took a field trip to Costa Rica. Your best friend is curious about your trip. Answer your friend's questions below.

Answers will vary.

1. —¿Cómo es el parque Sarapiquí?

2. —¿Sacaste fotos del parque?

3. —¿Qué fue lo que más te gustó?

4. —¿Qué fue lo que menos te gustó?

5. —¿Cuál es la comida típica de Costa Rica?

Realidades 1
Nombre
Hora
Capítulo 8A
Fecha
AUDIO

Actividad 7

Listen as mothers call their teenaged sons and daughters on their cell phones to see if they have done what they were asked to do. Based on what each teenager says, categorize the answers in the chart. You will hear each conversation twice.

	1	2	3	4	5	6	7	8	9	10
Teen did what the parent asked him or her to do.		X			X		X	X	X	X
Teen is in the middle of doing what the parent asked him or her to do.			X			X				
Teen says he/she is going to do what the parent asked him/her to do.	X			X						

Actividad 8

Your Spanish teacher has asked the students in your class to survey each other about a topic of interest. In order to give you a model to follow, your teacher will play a recording of part of a student's survey from last year. Listen to the student's questions, and fill in his survey form. You will hear each conversation twice.

	¿EL LUGAR?
1. Marco	el lago
2. Patricia	el zoológico
3. Chucho	el parque de diversiones
4. Rita	el teatro
5. Margarita	el centro comercial

Realidades 1
Nombre
Hora
Capítulo 8A
Fecha
AUDIO

Actividad 9

Everyone loves a superhero, and the listeners of this Hispanic radio station are no exception. Listen to today's episode of "Super Tigre," as the hero helps his friends try to locate the evil Rona Robles! Super Tigre tracks Rona Robles down by asking people when they last saw her and where she went. Keep track of what the people said by filling in the chart. You will hear each conversation twice.

	¿Dónde la vio?	¿A qué hora la vio?	¿Qué hizo ella? (What did she do?)	¿Adónde fue ella?
1	en el zoológico	a las 6:00 A.M. (seis de la mañana)	comió un yogur	al lago
2	en el parque	a las 8:00 A.M. (ocho de la mañana)	paseó en bote	al museo
3	en el museo de arte	a las 11:30 A.M. (once y media...)	compartió una limonada	al hotel
4	en el restaurante del hotel	a la 1:00 P.M. (una de la tarde)	comió el almuerzo	al teatro
5	en el Teatro Central	a las 2:30 P.M. (dos y media de la tarde)	escribió algo en un papel	al estadio

Where did Super Tigre finally find Rona Robles? _In the stadium_

Actividad 10

Answer the following questions in complete sentences. **Answers will vary.**

1. ¿Te gusta ir de viaje? ¿Te gustaría más ir de vacaciones al campo o a una ciudad?

_____

2. ¿Visitaste algún parque nacional en el pasado? ¿Cuál(es)? Si no, ¿te gustaría visitar un parque nacional?

_____

3. ¿Vives cerca de un lago? ¿Cómo se llama? ¿Te gusta nadar? ¿Pasear en bote?

_____

4. ¿Te gusta ir al mar? ¿Qué te gusta hacer allí? Si no, ¿por qué no?

_____

5. ¿Montaste a caballo alguna vez? ¿Te gustó o no? Si no, ¿te gustaría montar a caballo?

_____

6. Describe tu lugar favorito para vivir. ¿Está cerca de un lago? ¿Cerca o lejos de la ciudad? ¿Hay montañas / museos / parques / un mar cerca de tu casa ideal?

_____

Actividad 11

You and your friends are talking about what you did over the weekend. Write complete sentences based on the illustrations to tell what the following people did. Follow the model.

Answers may vary.

Modelo Pablo *vio una película* .

1. Mariela y su madre *corrieron en el parque* .

2. Nosotros *comimos en un restaurante* .

3. Yo *bebí mucha limonada* .

4. Roberto *vi los animales* .

5. Norma *abrió un regalo* .

6. Tú *escribiste un cuento* .

7. Ignacio e Isabel *compartieron el almuerzo* .

Capítulo 8A

Nombre _____

Hora _____

Fecha _____

WRITING

Actividad 13

A. Write two sentences telling what places you visited the last time you went on vacation. You can write about your ideal vacation if you would prefer. Follow the model.

Answers will vary.

Modelo *Fui al parque de diversiones.*

1. _____

2. _____

B. Write two sentences telling about people you saw when you were on vacation.

Answers will vary.

Modelo *Vi a mi abuela.*

1. _____

2. _____

C. Now, complete the letter below to your friend. Use your sentences from Part A and Part B and additional details to tell him or her about your vacation. **Answers will vary.**

Querido(a) _____:

¡Hola! ¿Cómo estás? Gracias por tu carta de la semana pasada. Te voy a contar un

poco de nuestras vacaciones del mes pasado. _____

_____

_____

Y cuando fuimos a otro lugar, vimos _____

_____

_____

_____

Un abrazo,

_____

Writing Activities — Capítulo 8A **159**

Realidades 1

Capítulo 8A

Nombre _____

Hora _____

Fecha _____

WRITING

Actividad 12

You and your friends were very busy yesterday. Tell all the places where each person went using the illustrations as clues. Follow the model.

Modelo Melisa y su padre *fueron de compras.*
Después, fueron al cine.

1. David *fue al zoológico. Después fue al*
parque con amigos. Finalmente fue a
casa.

2. Yo *fui a la escuela por la mañana. Fui a caminar con*
mis padres después.

3. Nosotros *fuimos al parque de diversiones.*
Después fuimos a comer en un café.

4. Raquel y Tito *fueron a la playa. Después*
fueron a un partido de béisbol. Al final
fueron al cine.

158 Writing Activities — Capítulo 8A

Capítulo 8A — *WAVA Answers* **191**

School-to-Home Connection

Dear Parent or Guardian,

The theme for the chapter is *Experiencias* (Experiences) and this chapter is called *Ayudando en la comunidad* (Helping in the community).

Upon completion of this chapter, your child will be able to:

- talk about volunteer work and ways to protect the environment
- talk about what people say
- talk about what people did for others
- understand cultural perspectives on volunteer organizations

Also, your child will explore:

- the correct pronunciation of the letter *x*
- the connection between Spanish words that end in *-dad* or *-tad* and English words that end in *-ty,* as well as the relationship between Spanish words that end in *-ción* or *-sión* and English words that end in *-tion*

Realidades helps with the development of reading, writing, and speaking skills through the use of strategies, process speaking, and process writing. In this chapter, students will:

- read an article about Habitat for Humanity
- make a poster announcing a community-service project and inviting students to participate

Remember that additional help is available online at www.PHSchool.com by using the Web Codes in the Student Edition or in the Practice Workbook.

Check it out! Have your child give the Spanish names of some items or materials in your kitchen that can be recycled.

Sincerely,

For: Tips to Parents
Visit: www.phschool.com
Web Code: jce-0010

Chapter Resource Checklist

Resources	CO	APV	VH	MAN	LEC	PER	PE	VM	REP	PREP
Teacher										
Teacher's Resource Book										
Input Script		X								
Audio Script		X	X	X					X	
GramActiva BLM										
Communicative Activities BLM				X						
School-to-Home Connection BLM	X	X								
Clip Art		X								X
Situation Cards BLM									X	
TPR Storytelling Book										
Fine Art Transparencies Teacher's Guide										
Student										
Practice Workbook									X	
Vocabulary				X						
Grammar										
Crossword Puzzle										
Organizer										
Writing, Audio & Video Workbook										
Writing				X						
Audio			X	X						
Video			X							
Heritage Language Learner Workbook										
Transparencies		X	X	X	X	X	X	X		
Practice Answers		X	X	X	X					X
Vocabulary and Grammar	X	X								
Fine Art										
Assessment										
Assessment Program										
Quizzes				X						
Chapter Test										X
ExamView Test Bank CD-ROM										
Test Preparation Workbook										
Alternative Assessment										
Performance-Based Speaking				X			X			
Rubrics										X
Internet Self-Test										
Technology										
I-text		X	X	X	X	X	X	X	X	
Teacher Express CD-ROM										
Video Program (VHS and DVD)			X	X				X		
Audio Program										
CD 8B		X	X	X						X
Assessment CD										X
Song CD		X								

Abbreviation Key

CO = Chapter Opener; APV = A primera vista; VH = Videohistoria; MAN = Manos a la obra; LEC = Lectura;
CV = Cultura en vivo; PO = Presentación oral; PE = Presentación escrita; MH = Mundo hispano; VM = Videomisterio;
REP = Repaso del capítulo; PER = Perspectivas del mundo hispano; PREP = Preparación para el examen

Input Script

Presentation

Input Vocabulary 1: Place the transparency showing volunteer work on the screen. Hand out copies of the Vocabulary Clip Art and have students tear them into individual images. Tell students that they are new counselors at *Amigos del Barrio.* Their job is to match volunteers to activities to which they are best suited. Point to each of the four types of volunteering and describe a person suited to that activity: *"Roberto quiere trabajar como voluntario. Roberto piensa que las zanahorias, las papas y los tomates son muy buenos para mantener la salud. Entonces, Roberto va a ayudar en el jardín de verduras."* Then describe four more volunteers and have students hold up the appropriate volunteer activity for each person.

Input Dialogue 1: Role-play the dialogue with a student. Then ask students *"¿Hay estos problemas en nuestra comunidad? ¿Cuáles?"* Have students hold up the Clip Art of problems they believe exist in their community. Then have students arrange their Clip Art from left to right with the far left being the most important volunteer activity and the far right being the least important. Then survey the class to see where students placed the activities. *"¿Quiénes dicen que ayudar en un jardín de verduras es lo más importante?"*

Input Vocabulary 2: Make several copies of the Vocabulary Clip Art showing recyclable materials. Cut each image into individual materials and tape the pieces in hidden places all around the room. Place the transparency on the screen. Point to the items and tell students how much each item will bring at the recycling center. With an erasable marker, write the amount by each item as you discuss it. Then give each student a small bag and tell them *"¡Vamos a recoger la basura en la sala de clases!"* Give students a set amount of time to collect the "garbage." Then have each student show and say the items he or she found and say how much money the items will bring at the recycling center.

Input Dialogue 2: Make a transparency of the Vocabulary Clip Art and cut the items into separate recyclable materials. Role-play the dialogue with a student. Say the first sentence of the dialogue again several times, substituting the different kinds of recyclable materials. Students will hold up the Clip Art items they hear. Then place the transparency Clip Art items on the projector. Say *"Dicen que tenemos que separarlas."* Have individual students come to the projector and ask each student to separate categories of materials from the rest: *"Separa los artículos de plástico."*

Comprehension Check

- Hand each student a slip of paper with a volunteer "mission statement" such as: *"Quiero enseñarles a los niños a jugar al fútbol."* Have students move around the room and ask each other questions to find out people with similar goals. When they have found all their members, they should write a banner announcing the type of volunteer work they plan to do on the chalkboard and stand as a group under their banner.

- Bring the actual recyclable materials to class. Make sure there are no sharp edges on the cans or glass items. Write *el plástico, el vidrio, las latas,* and *el papel* on four cardboard boxes. Have pairs of students work together to separate the items into the four boxes. Have them say the name of each item as they place it in the box.

Audio Script

Audio CD, Capítulo 8B

Track 01: *A primera vista,* **Student Book, pp. 400–401, (2:07)**

Ayudando en la comunidad
Read along as you listen to the statements.

¿Quieres ayudar a los demás?
¡Trabaja como voluntario en tu comunidad!
¡Habla con los Amigos del Barrio hoy! ¡Tú puedes ser
   la diferencia!
ayudar en un jardín de verduras
trabajar en un proyecto de construcción
hacer trabajo voluntario en una escuela primaria
trabajar en un campamento de deportes

Read along as you listen to the dialogue.

FEMALE TEEN: Mira el cartel. Hay problemas en nuestra
comunidad. Debemos trabajar como voluntarios.
MALE TEEN: Tienes razón. ¿Cómo puedes decidir qué
hacer? Es la primera vez que trabajo como voluntario.
FEMALE TEEN: Quiero enseñarles a los niños a leer. Es
necesario poder leer, ¿no crees?

Track 02: *A primera vista:* **Student Book, p. 401, (2:26)**

You will hear each word or phrase twice. After the first
time there will be a pause so you can pronounce it, then
you will hear the word or phrase a second time.

recoger la basura de la calle	el plástico
al lado del río	el vidrio
centro de reciclaje	las cajas
los periódicos	las bolsas
las latas	el cartón
las botellas	

Read along as you listen to the dialogue.

MALE TEEN: ¿Me ayudas a reciclar la basura del río y de las
calles? Son cosas que se pueden usar otra vez. Dicen
que tenemos que separarlas.
FEMALE TEEN: Bueno, te ayudo. ¿Adónde vamos a
llevarlas?
MALE TEEN: Al centro de reciclaje en la calle Bolívar.

Track 03: *A primera vista:* **Act. 1, Student Book, p. 401, (1:59)**

El trabajo voluntario
Gloria investiga los trabajos voluntarios en la comunidad.
Señala cada lugar que ella menciona. Vas a escuchar las
frases dos veces.

1. Me gustaría trabajar en una escuela primaria.
2. Es importante recoger basura del río.
3. Mucha gente ayuda en los proyectos de construcción.
4. Puedo ayudar en el centro de reciclaje.
5. Me gustan las flores. Puedo ayudar en un jardín.
6. Es importante recoger basura del lado de la calle.

Track 04: *A primera vista:* **Act. 2, Student Book, p. 401, (1:47)**

¿Qué puedes reciclar?
Estás separando unos artículos en dos cajas: una es para el
papel y la otra es para todos los demás artículos. Levanta
una mano si debes poner el artículo en la caja para papel.
Levanta las dos manos si debes ponerlo en la otra caja. Vas
a escuchar las frases dos veces.

1. Aquí están los periódicos.
2. ¿Dónde pongo la botella?
3. ¿Y las latas?
4. Tengo unas revistas.
5. ¿Y estos papeles?
6. Hay muchos vasos de vidrio aquí.

Track 05: *A primera vista: Videohistoria,* **Student Book, pp. 402–403, (2:06)**

Cómo ayudamos a los demás
Gloria, Raúl y Tomás hacen trabajo voluntario. ¿Por qué les
gusta ser voluntarios?

Read along as you listen to the *Videohistoria.*
See Student Book pages 402–403 for script.

Track 06: *Manos a la obra:* **Act. 4, Student Book, p. 404, (2:40)**

Escucha y escribe
En la región de Cataluña en España, hay un sistema para
reciclar que usan muchas personas.

En una hoja de papel, escribe los números del 1 al 6.
Escucha la descripción de este sistema y escribe las frases.
Vas a escuchar las frases dos veces.

1. Las personas llevan su basura en bolsas de plástico
   al centro de reciclaje.
2. En el centro hay cuatro cajas diferentes.
3. La primera caja es para la basura regular.
4. Hay que separar el vidrio. Lo ponemos en la caja verde.
5. Es necesario reciclar el papel. Usamos la caja azul para
   el papel.
6. La caja amarilla es para el plástico y las latas.

Escribe tres frases para describir el sistema de reciclaje
que usan, o que deben usar, en tu comunidad o barrio.
Si quieres, usa las frases sobre Cataluña como modelo.

Track 07: Audio Act. 5, Writing, Audio & Video Workbook, p. 163, (5:15)

Listen as Señora Muñoz, the Spanish Club sponsor, asks
several students what they did last weekend. If a student's
actions had a positive impact on their community, place
a check mark in the corresponding box or boxes. If a
student's actions had no positive effect on their
community, place an X in the corresponding box or
boxes. You will hear each conversation twice.

1. **Sra. Muñoz:** Javier, ¿qué hiciste el sábado?
   Javier: Jugué al fútbol con mis amigos. Nos gustó mucho porque durante la semana nunca tenemos tiempo para jugar.
2. **Sra. Muñoz:** Ana, ¿qué hiciste el domingo?
   Ana: Mis amigos y yo fuimos al hospital para trabajar como voluntarios. Es una experiencia inolvidable. Me encanta pasar tiempo con los niños. Les traemos juguetes y jugamos por horas y horas con ellos.
3. **Sra. Muñoz:** José, ¿que hiciste?
   José: Mi perro y yo caminamos y recogimos la basura de la calle. La pongo en una bolsa y la llevo al centro de reciclaje. Es buen ejercicio para mí y para mi perro, y para ayudar en la comunidad.
4. **Sra. Muñoz:** Celi, ¿que hiciste el sábado?
   Celi: Yo trabajé en el restaurante, como siempre. Necesito dinero para comprar un vestido nuevo para el baile de la escuela en diciembre.
5. **Sra. Muñoz:** Pablo, ¿que hiciste tú?
   Pablo: Yo fui a la biblioteca para trabajar con un grupo de niños de la escuela primaria que no pueden leer. Es un problema enorme para ellos.
6. **Sra. Muñoz:** Laura, ¿trabajaste con los niños también?
   Laura: No, yo trabajé con los ancianos. Les leí el periódico y hablé con ellos. Hay gente muy buena en el centro de ancianos. Pasar tiempo con ellos me gustó mucho.
7. **Sra. Muñoz:** Yo lavé la ropa que recogí en mi barrio. Luego la llevé a un centro de la comunidad que ayuda a la gente pobre.

Track 08: Audio Act. 6, Writing, Audio & Video Workbook, p. 163, (3:21)

Listen as people talk about what they did last Saturday. Did they do volunteer work in the community or did they earn spending money for themselves? Place a check mark in the correct box on the grid. You will hear each set of statements twice.

1. Mis amigos y yo enseñamos a leer a los niños en el hospital.
2. Trabajé por dos horas en el centro comercial y recibí quince dólares.
3. Recibí diez dólares por lavar los dos carros de mi padre.
4. Mis amigos y yo pasamos la tarde en el centro para ancianos. Nos gusta escucharles a ellos.
5. Saqué fotos de los niños con Santa Claus en el centro comercial. Me gusta mucho mi trabajo porque aprendo mucho sobre fotografía.
6. Es increíble la satisfacción que me da cuando jugamos con los niños enfermos en el hospital.
7. Mis amigos y yo recibimos veinte dólares por todas nuestras botellas y latas. Ahora podemos ir al concierto esta noche.
8. Recogí la ropa usada y la llevé al centro para la gente pobre.

Track 09: Audio Act. 7, Writing, Audio & Video Workbook, p. 164, (4:29)

Listen as our leaders, friends, and family give advice to teenagers about what we must do to serve our communities. Use the grid below to take notes as you listen. Then, use your notes to complete the sentences below. For example, you might write *El Vicepresidente de los Estados Unidos dice que hay que reciclar la basura de las calles.* In the last sentence, complete a statement about your personal suggestion for others. You will hear each set of statements twice.

1. El futuro del país está en sus manos. Ustedes deben empezar con la gente pobre de los barrios en su comunidad. Hay que darles a ellos la comida que necesitan.
2. Como padres, es nuestra responsabilidad enseñarles a nuestros hijos sobre el servicio a la comunidad. Hijos, ustedes necesitan conocer la experiencia inolvidable de ayudar a otra gente. Hay que darles ropa a los niños pobres.
3. Todos los médicos del hospital necesitamos más voluntarios. Hay muchos ancianos que no tienen familia en nuestra ciudad. Hay que visitarlos y hablar con ellos. Es una experiencia increíble escuchar sus historias.
4. Los profesores no solamente les enseñan a los estudiantes las matemáticas o las ciencias. En los clubes de la escuela, les hablamos de los proyectos de la ciudad y les decimos que hay que hacer trabajo voluntario en la comunidad.
5. Mis amigos dicen que es más importante hacer trabajo voluntario. Pero también dicen que es posible ayudar en la comunidad e ir al centro comercial los sábados. Se puede invitar al centro comercial a unos niños de la escuela primaria que tienen los padres que trabajan los sábados. Se puede comprar un juguete nuevo para ellos.

Track 10: Audio Act. 8, Writing, Audio & Video Workbook, p. 165, (4:07)

As you hear each of the following statements, imagine whom the speaker might be addressing. Choose from the list of people, and write the number of the statement on the corresponding blank. You will hear each set of statements twice.

1. Sí, me faltan un tenedor y un cuchillo. ¿Y me trae un vaso de agua también? ¿A quién le dice eso?
2. ¡No me diga! ¿Ochenta millas por hora? Lo siento mucho, señor. Es que tengo que ir al hospital a ver a mi hermana que está enferma. ¿A quién le dice eso?
3. Sra. González, no entiendo como usar los verbos irregulares. ¿A quién le dice eso?
4. No puedo dormir bien. ¿Debo tomar una aspirina u otra medicina? ¿A quién le dice eso?

5. ¡Pero todos mis amigos pueden ir al concierto! ¡No soy un niño! ¡Va a ser un concierto increíble! ¿A quiénes les dice eso?

6. Me encanta ese trabajo. Es increíble la satisfacción que se siente al ayudar a la gente. ¿A quién le dice eso?

7. Paquito, necesitas compartir el juguete con tu amigo. Tú puedes jugar con otro juguete. ¿A quién le dice eso?

8. Te gustan los animales, ¿no? ¿Cuál es tu animal favorito? ¿A quién le dice eso?

Track 11: *Manos a la obra:* Act. 18, Student Book, p. 413, (2:11)

Las donaciones

Vas a escuchar cómo varias personas y organizaciones, como la Cruz Roja, ayudaron a las víctimas de un desastre en El Salvador. En una hoja de papel, escribe los números del 1 al 6. Escribe las frases que escuchas. Vas a escuchar las frases dos veces.

1. Los voluntarios hicieron mucho para ayudar a las personas.

2. Muchos estudiantes en los Estados Unidos dieron dinero.

3. Otras personas les dieron ropa y zapatos usados.

4. Nosotros les dimos botellas de agua y comida.

5. La Cruz Roja les dio camas a muchas personas.

6. Una familia de mi comunidad trabajó como voluntaria allí.

Track 12: *Pronunciación*, The letter x, Student Book, p. 414, (3:56)

The letter x is pronounced several ways. When it is between vowels or at the end of a word, it is pronounced "ks." Listen to and say these words:

You will hear each word twice. After the word is pronounced the first time, there will be a pause so you can pronounce it. Then you will hear the word a second time.

examen	taxi	aproximadamente
exactamente	dúplex	éxito

When the x is at the beginning of a word, it is usually pronounced "s." At the end of a syllable, the x can be pronounced "s," "ks," or "gs." Listen to and say these words:

xilófono	explicar	experiencia
exploración	experimento	experto

Try it out! Work with a partner to ask and answer these questions, paying special attention to how you pronounce the letter x.

1. ¿En qué clase son más difíciles los exámenes?

2. ¿Qué clase tienes durante la sexta hora?

3. ¿En qué clase haces experimentos? ¿Qué tipo de experimentos haces?

4. ¿En qué clase hablas o escribes mucho de tus experiencias personales?

In the 1500s, the x represented the "h" sound of the Spanish letter j. That is why you see some words, like *México, Oaxaca,* and *Texas* written with x, even though the x is pronounced like the letter j. In words from indigenous languages of Mexico and Central America, the x has the "sh" sound, as with the Mayan cities of Xel-há and Uxmal.

Track 13: Audio Act. 9, Writing, Audio & Video Workbook, p. 165, (7:03)

Abuela Consuelo always has her grandchildren over for the holidays. She wants to know what they have done over the past year. They also remind her what she gave them last year as a gift. Use the grid to help keep track of each grandchild's story. You will hear each conversation twice.

1. **ABUELA:** Hola, Marta. ¿Cómo estás?
   MARTA: Emocionada de verte otra vez, abuela.
   ABUELA: ¿Hiciste muchas cosas este año?
   MARTA: Sí. Mis amigos y yo hicimos mucho. Fuimos al lago por dos meses y hace un mes fuimos al parque de diversiones.
   ABUELA: ¡Qué divertido! ¿Y qué te di el año pasado?
   MARTA: Me diste unos guantes.

2. **ABUELA:** Hola, Jorge. ¿Cómo estás ahora?
   JORGE: Bien, gracias abuela.
   ABUELA: ¿Qué hiciste este año pasado?
   JORGE: Fui al gimnasio de la comunidad con mi hermano mayor. Jugamos al básquetbol durante el verano.
   ABUELA: ¡Qué bueno para la salud! Dime, ¿qué te di el año pasado?
   JORGE: Tú y mis padres me dieron una bicicleta.

3. **ABUELA:** Hola, Sara. ¿Cuántos años tienes este año?
   SARA: Hola, abuela. Ahora tengo cinco años.
   ABUELA: Sara, ¿qué hicieron tú y tus amigos este año pasado?
   SARA: Hicimos muchas cosas. Fuimos a la ciudad donde vimos el zoológico y también visitamos al abuelo en el hospital.
   ABUELA: Sí, queremos mucho al abuelo. Sara, ¿qué te di el año pasado?
   SARA: Me diste unos zapatos rojos. Me encantan. Los llevo todos los días.

4. **ABUELA:** Hola, Miguel. ¿Cómo estás hoy?
   MIGUEL: Muy bien abuela.
   ABUELA: ¿Hiciste algo especial el verano pasado?
   MIGUEL: Sí, abuela. Mi familia y yo hicimos muchas cosas en el verano. Fuimos a la playa, montamos a caballo, y nadamos en el mar.
   ABUELA: Muy especial y divertido. Dime, Miguel, ¿qué te di el año pasado?
   MIGUEL: Tú no me diste regalo el año pasado, pero yo sí te di dulces. Mis padres me dieron un perro. Se llama Rufo.

5. **ABUELA:** Hola, Angélica. ¿Cuántos años tienes ahora?

ANGÉLICA: Hola abuela. Tengo ocho años ahora.

ABUELA: Eres una niña muy bonita. ¿Qué hiciste este año?

ANGÉLICA: Hice muchas cosas. Fui al trabajo de mi padre y él me hizo un juguete.

ABUELA: ¿Qué hace tu padre?

ANGÉLICA: Trabaja para una companía que hace juguetes.

ABUELA: Ah. Entonces, ¿qué te di el año pasado?

ANGÉLICA: Me diste estos aretes. Los llevo hoy.

Track 14: *Repaso del capítulo*, **Student Book, p. 422, (4:10)**

Vocabulario y gramática

Listen to these words and expressions that you have learned in this chapter. You will hear each word or expression once.

See Student Book page 422 for vocabulary list.

Track 15: *Preparación para el examen*, **Student Book, p. 423, (1:00)**

Escuchar

Practice task.

A radio station is sponsoring a contest to encourage people to help in the community. Listen as a teen tells the announcer what they did. Identify whether he a) helped older people, b) worked on a recycling project, c) contributed money, or d) worked as a volunteer in a hospital or school.

"Ayer yo fui al hospital para pasar tiempo con los niños de cinco y seis años. Les leí unos cuentos y les traje juguetes y libros. Fue increíble la satisfacción que me dio cuando ayudé a los niños."

Video Script

A primera vista: *Cómo ayudamos a los demás,* **(4:30)**

ROSA: Gloria, ¿y Raúl? ¿Dónde está? ¿No van al hospital hoy?

TOMÁS: ¿Al hospital? ¿Qué les pasó? ¿Están enfermos?

GLORIA: No. Nada de eso. Raúl y yo trabajamos como voluntarios en el Hospital Nacional de Niños. ¿Quieres venir con nosotros?

TOMÁS: ¡Claro que sí! Me encanta el trabajo voluntario.

RAÚL: Hola. Aquí estoy. Vamos.

LORENZO: Un momento, un momento. ¿Pueden Uds. reciclar este papel y estas botellas?

TOMÁS: Sí, tío. ¿Tenemos tiempo, verdad?

GLORIA: Sí, claro.

LORENZO: Gracias, Hasta luego.

TODOS: Adiós.

TOMÁS: Y, ¿qué hacen Uds. en el hospital?

GLORIA: Ayudamos con los niños. Leemos libros, cantamos y jugamos con ellos. A veces es difícil porque los niños están muy enfermos. Pero es una experiencia inolvidable.

RAÚL: Gloria tiene razón. Los niños son muy simpáticos.

TOMÁS: ¿Vamos a trabajar con ellos hoy?

GLORIA: Sí. Te va a gustar.

RAÚL: El año pasado yo trabajé en un centro de ancianos. Les ayudé con las comidas y pasé mucho tiempo hablando con ellos.

GLORIA: Y tú, Tomás, ¿haces algún tipo de trabajo voluntario en tu comunidad?

TOMÁS: Sí. Soy miembro de un club que se llama Casa Latina. El año pasado recogimos ropa usada. Separamos ropa para niños o adultos. Después, lavamos la ropa. Le dimos la ropa a la gente pobre del barrio. Fue mucho trabajo, pero me gustó.

GLORIA: Me imagino.

RAÚL: Tomás, aquí podemos reciclar el papel y las botellas.

TOMÁS: Ah sí, muy bien. En mi comunidad también reciclamos.

GLORIA: Mira, para el plástico, para el papel y para el vidrio.

TOMÁS: Yo creo que es muy importante reciclar y conservar.

GLORIA: ¡Claro que sí! Yo también lo creo.

RAÚL: Mira. Aquí está el hospital. ¿Entramos?

GramActiva Videos: the present tense of *decir;* indirect object pronouns; the preterite of *hacer* and *dar,* **(7:58)**

The present tense of *Decir*

HOST: Hey everyone. Strap on your verb goggles. We're going to conjugate *decir,* "to say" or "to tell."

HOST: *Decir* is similar to *tener* and *venir* in that the *yo* form is irregular: *Yo digo.* Also, the *e* in *decir* changes to an *i* in all forms except *nosotros* and *vosotros.*

HOST: *Digo. Dices. Dice. Decimos. Decís. Dicen.*

HOST: *Digo que el helado es mejor que las zanahorias. Mis padres dicen que mi hermano es perezoso.*

HOST: One more time, here's the conjugation.

HOST: *Digo, dices, dice, decimos, decís, dicen*

HOST: Okay, think you got it? Check your knowledge with this quiz.

Quiz

HOST: Put the correct form of *decir* in the blank.

Miguel ____ que los amigos son muy importantes.

Miguel dice que los amigos son muy importantes.

(yo) ____ que eres impaciente.

Digo que eres impaciente.

(nosotros) ____ que eres muy perezoso.

Decimos que eres muy perezoso.

Indirect object pronouns

HOST: Every time you give a newspaper to Newman or write a letter to Franchetta, you're using indirect objects. What are we talking about? Take the sentence *I gave a newspaper to Newman.*

HOST: In this sentence, *I* is the subject and *give* is the verb. The direct object answers the question *who* or *what.* What am I giving? The newspaper. So *newspaper* is the direct object. The indirect object answers the question *to whom* or *for whom* or *to* or *for what* the action is being done. To whom do I give the newspaper? To Newman. So *Newman* is the indirect object.

HOST: Now, if we replace *Newman* with *him* and say *I give him a newspaper,* we would be using an indirect object pronoun, *him.* The pronoun *him* is replacing the indirect object, *Newman.*

SINGER 1: Indirect …

SINGER 2: Object …

SINGER 3: Pronouns!

HOST: Come in close. I have something important to tell you. Ahh! Too close!

That's better. In Spanish, the indirect object pronoun generally comes right before the conjugated verb. Take a look as we go over the indirect object pronouns for Spanish.

HOST: Use *me* to say "to or for me." *Te* to say "to or for you."

Le to say "to or for him, her, or the formal you."

Nos to say "to or for us."

Os to say "to or for you" when you are using *vosotros.*

Les to say "to or for them," or "to or for the formal you plural."

HOST: Let's go back to our sentence, *I give him a newspaper.* *I give* is *doy.* *Him* is the indirect object. What's the indirect object pronoun for *him* in Spanish? *Le.* Indirect object pronouns usually go before the verb. *A newspaper* is *un periódico.* So our sentence is, *Le doy un periódico.* Here are some more examples.

Host: *Me das el juguete.* You give me the toy.
Les doy el juguete. I give them the toy.
Te dan el juguete. They give you the toy.

Host: Hey! Don't let your brain drain just yet. We got a quiz to do!

Quiz

Host: Rewrite the sentence with an indirect object pronoun.
Luis da la manzana a Amy.
Luis le da la manzana.
Damos un coche a nuestros padres.
Les damos un coche.

The preterite of *hacer* and *dar*

Host: As in English, many of the most commonly used verbs in Spanish are irregular. We're going to go over the preterite tense forms of two irregular verbs. *Hacer,* "to make" or "to do," and *dar,* "to give." First, *hacer.*

Host: The preterite form of *hacer* shouldn't be completely unfamiliar to you. If you ever said, *¿Qué hiciste?*—What did you do?—you've used the preterite *tú* form of *hacer.* Here's the conjugation.

Host: *Hice. Hiciste. Hizo.* Notice that the *c* changes to a *z.*
Hizo. Hicimos. Hicisteis. Hicieron.

Host: *Hiciste un juguete para un niño. Hizo trabajo voluntario en su comunidad.*
Hicieron su tarea.

Host: Like *hacer,* *dar* doesn't have any accent marks in the preterite. And speaking of *dar,* here's the preterite conjugation.

Host: *Di. Diste. Dio. Dimos. Disteis. Dieron.*

Host: *Le di un periódico a Marcel. Le dimos un plátano al mono.*
Les dieron un juguete a la niñas.

Host: Now a quick quiz to make sure you got this stuff.

Quiz

Host: Put the correct preterite form of the verb in the blank.
(hacer) Nosotros ____ muchas cosas ayer.
Nosotros hicimos muchas cosas ayer.
(dar) La semana pasada, mi abuela le ____ unas botas amarillas a mi hermana.
La semana pasada, mi abuela le dio unas botas amarillas a mi hermana.

Videomisterio: *¿Eres tú, María?,* Episodio 8, (6:52)

Lola: Necesito un café. ¿Quieres tomar algo?
Pedro: Sí, vamos a tomar algo.
Camarera: Aquí está.
Lola: Gracias.
Pedro: Mira. Es una foto. Debe de ser Julia, ¿no crees?
Lola: A ver, a ver esta foto. Yo conozco a este hombre … Pero no sé de qué … ¡Diós mío! ¡Qué problema!
Pedro: Oye, hay algo que no comprendo. ¿Cómo es que tienes las llaves del piso de Julia?
Lola: Eso es lo más raro. María tenía las llaves. Ella las perdió el domingo pasado, enfrente de su casa.
Pedro: ¿Y por qué tenía María las llaves del piso de Julia, que está muerta?
Lola: No sé.
Carmela: Hola, Lola. Habla Carmela. Llámame. ¿Qué hay de nuevo con el caso de doña Gracia?
Lola: Las diez y diez.
Lola: Las diez y media. ¡Ay! Por fin …
Lola: ¿Eres tú, María?
María: ¿Qué quieres? ¿Quién eres?
Lola: ¿Eres María Requena?
María: ¿Por qué quieres saberlo?
Lola: Yo quiero …
María: No me sigas. ¡No me sigas!
Gil: Diga.
Lola: Inspector Gil, soy Lola Lago. Acabo de ver a María Requena.
Gil: Estamos buscándola. ¿Dónde está?
Lola: Acabo de hablar con ella delante del piso de doña Gracia …
Gil: Srta. Lago, esto es cosa de la policía.
Lola: Pero todo esto es un poco raro, ¿no cree?
Gil: ¿Raro? ¿Por qué? Las joyas de doña Gracia no están en el piso. María robó las joyas y ya está.
Lola: Pero Inspector Gil, el nieto, Pedro Requena, dice que María va a recibir todo de doña Gracia. ¿Por qué necesita robar las joyas? No es lógico.
Gil: Ud. sabe muchas cosas …
Lola: También es mi caso. Ahora trabajo para Pedro Requena, el nieto de doña Gracia.
Gil: Qué interesante. Pero no olvide que hay que decirle todo a la policía.
Lola: Claro. Adiós.

Realidades 1

Capítulo 8B

Nombre _____

Fecha _____

Communicative Activity **8B-1**

Estudiante **A**

You are running a recycling center and have many volunteers who have signed up to collect different recyclable materials. Pretend that your partner has been responsible for keeping the sign-up sheet. Ask your partner who has signed to collect the materials and bring them to you. Record his or her answers on the lines below.

1. ¿Quién me lleva las cajas? _____

2. ¿Quién me lleva los periódicos? _____

3. ¿Quién me lleva el papel? _____

4. ¿Quién me lleva el plástico? _____

5. Quién me lleva las bolsas? _____

6. ¿Quién me lleva los cartones? _____

7. ¿Quién me lleva las botellas? _____

8. ¿Quién me lleva el vidrio? _____

9. ¿Quién me lleva las latas? _____

Now imagine that your partner is the host for a volunteer's appreciation dinner. You have worked to coordinate various projects in the community. You partner needs know who has worked on what project in order to prepare a speech. Answer his or her questions with the information below.

Dora

Pablo

Mariona

Héctor

Blanca

Mariona

Luis

Teresa

Joaquín

Realidades ❶

Capítulo 8B

Nombre _____

Fecha _____

Communicative Activity **8B-1**

Estudiante **B**

Imagine that your partner is running a recycling center and has many volunteers who have signed up to collect different recyclable materials. You have been responsible for keeping the sign-up sheet. Your partner will ask you who has signed to collect the materials and bring them to him or her. Answer his or her questions with the information below.

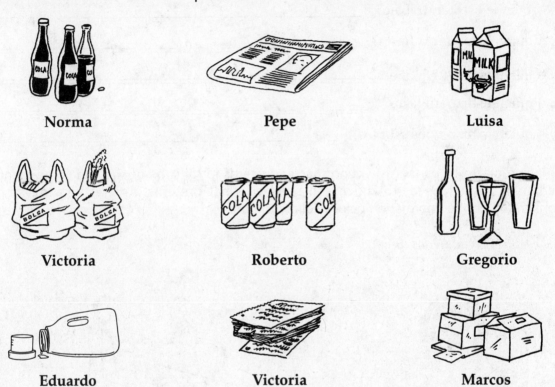

Norma

Pepe

Luisa

Victoria

Roberto

Gregorio

Eduardo

Victoria

Marcos

Now pretend that you are the host for a volunteer's appreciation dinner. Your partner has worked to coordinate various projects in the community. Ask your partner who has worked on what project so that you can give a speech at the dinner. Record his or her answers on the lines below.

1. ¿Quién trabaja con los ancianos? _____

2. ¿Quién trabaja en el jardín de la comunidad? _____

3. ¿Quién trabaja en la escuela? _____

4. ¿Quién trabaja en el hospital? _____

5. ¿Quién trabaja con los pobres en la calle? _____

6. ¿Quién trabaja a limpiar el río? _____

7. ¿Quién trabaja en el proyecto de construcción? _____

8. ¿Quién trabaja en el centro de reciclaje? _____

9. ¿Quién trabaja en el campamento? _____

Realidades 1

Capítulo 8B

Nombre

Fecha

Communicative Activity **8B-2**

Estudiante **A**

You are working at a community center and are in charge of keeping track of who has done what for whom. Ask your partner the following questions. Record his or her answers in the space provided.

1. A quién le hizo un trabajo? _____

2. ¿A quién le hizo una fiesta? _____

3. ¿A quién le hizo la tarea? _____

4. ¿A quién le hizo un favor? _____

5. ¿A quién le hizo unos dibujos? _____

Now imagine that your partner is writing thank you cards for gifts he or she and some friends received. Your partner needs to know who received what presents. Answer your partner's questions based on the information below. Follow the model:

Les dio el juguete a los niños.

a los niños

a mí

al Señor Robinson

a ti

a nosotros

Realidades 1

Capítulo 8B

Nombre _____

Fecha _____

Your partner is working at a community center and is in charge of keeping track of who has done what for whom. Answer your partner's questions based on the information below. Follow the model:

Me dio el trabajo a mí.

a mí

a ti

a la profesora

a los amigos

a nosotros

Now imagine that you are writing thank you cards for gifts for yourself and some friends. You need to know who was given what presents. Ask your partner the following questions. Record his or her answers in the space provided.

1. ¿A quién le dio un juguete? _____

2. ¿A quién le dio comida? _____

3. ¿A quién le dio un libro? _____

4. ¿A quién le dio un trabajo? _____

5. ¿A quién le dio dinero? _____

Situation Cards

2A

Realidades **1**

Capítulo 8B

Describing volunteer work

You and a friend are talking about how you can help the community.

— Tell your friend that you would like to volunteer to help other people.

— Respond to your friend's question and then ask if he or she has volunteer experience.

— Respond to your friend's description.

2B

Realidades **1**

Capítulo 8B

Describing volunteer work

You and a friend are talking about how you can help the community.

— Ask your friend what he or she might like to do to help.

— Respond to your friend's question and describe what you did last summer as a volunteer.

1A

Realidades **1**

Capítulo 8B

Talking about recycling

You are asking your friend questions about recycling.

— Ask your friend what types of items can be recycled in your neighborhood.

— Ask if the items need to be separated.

— Ask your friend when someone comes to pick up the recycling.

1B

Realidades **1**

Capítulo 8B

Talking about recycling

You are answering your friend's questions about recycling.

— Respond to your friend's questions.

Realidades ①

Capítulo 8B

GramActiva

Ayudando en la comunidad

Juego, p. 414

Vocabulary Clip Art

Vocabulary Clip Art

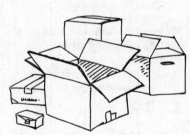

8B-1
1. el río
2. la calle
3. el centro de reciclaje
4. el proyecto de construcción
5. el hospital
6. la Cruz Roja (or el trabajo voluntario)
7. los voluntarios
8. el jardín
9. la escuela primaria

8B-2
A.
1. las cajas
2. la lata
3. la botella
4. los periódicos
5. plástico
6. vidrio

B.
1. No es necesario reciclar el helado.
2. Es necesario reciclar el plástico.
3. Es necesario reciclar el vidrio.
4. No es necesario reciclar la sala.
5. Es necesario reciclar las latas.

8B-3
Wording of answers will vary.
1. Álvaro hace cuatro cosas para ayudar a los demás. Ayuda en un proyecto de construcción, aprende a reciclar el papel y el vidrio, recoge la ropa usada que le da a la gente pobre del barrio y ayuda en un centro para ancianos.
2. Álvaro aprendió a reciclar el papel y el vidrio y a separar el papel normal de los periódicos.
3. Ellos llevaron la ropa usada a un centro para pobres.
4. Le dieron la ropa a la gente pobre del barrio.
5. Va a un centro para ancianos hoy.

8B-4
Answers will vary but may include:
—¿Dónde trabajan como voluntarios?
—¿Uds. hacen algo más en la comunidad?
—¿De dónde recogen la ropa usada?
—¿Hay que lavar la ropa?
—¿A quiénes les dan la ropa usada?
—¿Uds. ayudan en el hospital?
—¿Qué hacen allí?

8B-5
Answers may vary.
1. Los directores del centro de reciclaje dicen que la gente tiene que limpiar el barrio.
2. Gloria dice que la gente tiene que limpiar el barrio.
3. Yo digo que todos deben participar en las actividades de la comunidad.
4. La profesora dice que es esencial hacer trabajo voluntario.
5. La Cruz Roja dice que es importante ayudar a los enfermos.
6. Tú dices que es importante llevar la ropa usada a centros para los pobres.
7. Mi familia y yo decimos que es importante reciclar las botellas y latas.

8B-6
A.
1. les
2. nos
3. le
4. les
5. le
6. les
7. te
8. nos
9. le
10. me

B.
1. les
2. nos
3. me
4. Le
5. le
6. te
7. Les
8. les

8B-7
A.
Row 1: ____ / ____
Row 2: hiciste / diste
Row 3: hizo / dio
Row 4: hicimos / dimos
Row 5: ____ / ____
Row 6: hicieron / dieron

B.
LEYDIN: ____
MADRE: ____
LEYDIN: hice
MADRE: hiciste
LEYDIN: di
MADRE: dio
LEYDIN: ____
MADRE: hicieron
LEYDIN: hicieron / hicimos / di / hizo
MADRE: Hicieron
LEYDIN: hice
MADRE: hice / di

Crucigrama (8B-8)
Across:
2. recoger
4. demás
6. vez
10. inolvidable
13. proyecto
15. lata
16. jardín
20. voluntario
22. caja
24. problema

Down:
1. pobre
3. botella
5. a menudo
7. vidrio
8. cartón
9. gente
11. niños
12. centro
13. periódico
14. lleva
17. río
18. juguete
19. dicen
21. barrio
23. bolsa

Organizer (8B-9)
I. Vocabulary Answers will vary.
II. Grammar
1. col. 1. / col. 2.
digo / decimos
dices / decís
dice / dicen
2. col. 1. / col. 2.
me / nos
te / os
le / les
3. col. 1. / col. 2.
di / dimos
diste / disteis
dio / dieron
col. 1. / col. 2.
hice / hicimos
hiciste / hicisteis
hizo / hicieron

Antes de ver el video

Actividad 1

There are lots of things you can do to make the world a better place. Under each category, write two things that you would like to do to help. **Answers will vary.**

Cómo ayudar...

en mi comunidad _____

_____

con el ambiente _____

_____

¿Comprendes?

Actividad 2

In the video, the friends talk about how to help in their communities through volunteer work. Circle the letter of the appropriate answer for each question.

1. Gloria y Raúl trabajan como voluntarios en
   a. un centro de ancianos.
   b. "Casa Latina".
   (c.) el Hospital Nacional de Niños.

2. Tomás va al hospital porque
   a. está enfermo.
   (b.) a él le encanta el trabajo voluntario.
   c. tiene que llevar ropa para los niños.

3. Gloria dice: "Trabajar con los niños en el hospital es
   a. muy aburrido."
   (b.) una experiencia inolvidable."
   c. un trabajo que no me gusta."

---

4. En su comunidad, Tomás trabaja como voluntario
   a. dando comida a los pobres.
   b. enseñando a leer a los ancianos.
   (c.) recogiendo ropa usada para los pobres.

5. Ellos también cuidan el ambiente reciclando
   a. aluminio y periódicos.
   (b.) papel, plástico y vidrio.
   c. papel, vidrio y aluminio.

Actividad 3

Fill in the blanks from the box below to complete the story.

reciclar	importante	libros	pasado
ancianos	comunidad	voluntarios	difícil
lava	simpáticos	trabajo	

En el Hospital Nacional de Niños, Tomás y Gloria trabajan como (1) ___voluntarios___ .

Allí ellos cantan, leen (2) ___libros___ y juegan con los niños. A veces los niños

están muy enfermos y es (3) ___difícil___ , pero los niños son muy

(4) ___simpáticos___ . Raúl trabajó en un centro de (5) ___ancianos___ el año (6) ___pasado___ . Allí les ayudó con la comida y hablando con ellos.

Tomás también trabaja en su (7) ___comunidad___ ; él ayuda a recoger ropa usada.

Después la separa, la (8) ___lava___ y luego le da a la a la gente pobre del barrio.

Es mucho (9) ___trabajo___ , pero le gusta.

Todos ellos ayudan a (10) ___reciclar___ el papel y las botellas pues, piensan que

recicla: y conservar es muy (11) ___importante___ .

Y, ¿qué más?

Actividad 4

Now that you have seen Tomás, Gloria, and Raúl working in various ways to help others, think about the organizations that make it possible for them to do this work. Imagine that you work with one of the organizations listed below, and write a paragraph about your experiences. Use the model to help you.

el Hospital Nacional de Niños

un centro de ancianos

el club "Casa Latina"

Modelo *Me gusta trabajar en el centro de ancianos. Les ayudo con la comida y paso tiempo escuchando sus cuentos.*

Answers will vary.

_____

_____

_____

_____

_____

_____

_____

Actividad 5

Listen as Sra. Muñoz, the Spanish Club sponsor, asks several students what they did last weekend. If a student's actions had a positive impact on their community, place a check mark in the corresponding box or boxes. If a student's actions had no positive effect on their community, place an X in the corresponding box or boxes. You will hear each conversation twice.

	Javier	Ana	José	Celi	Pablo	Laura	Sra. Muñoz
enseñar a los niños a leer					✓		
reciclar la basura de las calles			✓				
jugar al fútbol con amigos	X						
recoger y lavar la ropa usada para la gente pobre							✓
trabajar en un centro para ancianos						✓	
traer juguetes a los niños que están en el hospital		✓					
trabajar en un restaurante del centro comercial				X			

Actividad 6

Listen as people talk about what they did last Saturday. Did they do volunteer work in the community or did they earn spending money for themselves? Place a check mark in the correct box on the grid. You will hear each set of statements twice.

	1	2	3	4	5	6	7	8
(helping hands)	✓		✓				✓	
(money)		✓		✓	✓	✓		✓

Actividad 8

As you hear each of the following statements, imagine whom the speaker might be addressing. Choose from the list of people, and write the number of the statement on the corresponding blank. You will hear each set of statements twice.

__4__ al médico

__2__ a la policía

__1__ al camarero

__3__ a la profesora de español

__5__ a sus padres

__7__ a un niño de cinco años

__6__ a un voluntario del hospital

__8__ a una persona que trabaja en el zoológico

Actividad 9

Abuela Consuelo always has her grandchildren over for the holidays. She wants to know what they have done over the past year. They also remind her what she gave them last year as a gift. Use the grid to help keep track of each grandchild's story. You will hear each conversation twice.

	¿Qué hizo el niño el año pasado?	¿Qué le dio la abuela al niño el año pasado?
Marta	fue al lago y al parque de diversiones	unos guantes
Jorge	fue al gimnasio de la comunidad	una bicicleta
Sara	fue a la ciudad y al zoológico o visitó al abuelo en el hospital	unos zapatos rojos
Miguel	fue a la playa, montó a caballo, nadó en el mar	no le dio un regalo/NADA
Angélica	fue al trabajo del padre	unos aretes

Actividad 7

Listen as our leaders, friends, and family give advice to teenagers about what we must do to serve our communities. Use the grid below to take notes as you listen. Then, use your notes to complete the sentences below. For example, you might write "El Vicepresidente de los Estados Unidos dice que hay que reciclar la basura de las calles." In the last sentence, complete a statement about your personal suggestion for others. You will hear each set of statements twice. **Answers may vary.**

¿Quién(es) lo dice(n)?	¿Qué dice(n)?
	Student notes will vary.
1. El Presidente de los Estados Unidos	
2. Mis padres	
3. Los médicos del hospital	
4. Mis profesores	
5. Mis amigos y yo	

1. El presidente de los Estados Unidos _dice que hay que darle comida a la gente pobre_

2. Los padres _dicen que hay que darles ropa a los niños pobres_

3. Los médicos _dicen que hay que visitar y hablar con los ancianos en el hospital_

4. Los profesores _dicen que hay que hacer trabajo voluntario_

5. Mis amigos _dicen que hay que comprar un juguete para un niño pobre_

6. Yo _personal answer_

Realidades **1**

Capítulo **8B**

Nombre _____

Fecha _____

Hora _____

WRITING

Actividad 10

Answer the following questions in complete sentences.   **Answers will vary.**

1. ¿Hay lugares para hacer trabajo voluntario en tu comunidad?

   _____

   ¿Qué hacen allí?

   _____

2. ¿Te gustaría trabajar como voluntario en:

   un hospital? ¿Por qué?

   _____

   un centro para personas pobres? ¿Por qué?

   _____

   un centro para ancianos? ¿Por qué?

   _____

3. ¿Tu familia recicla?

   _____

   ¿Qué reciclan Uds.?

   _____

   ¿Por qué es importante reciclar?

   _____

   ¿Te gustaría ayudar con el reciclaje en tu comunidad?

   _____

Realidades **1**

Capítulo **8B**

Nombre _____

Fecha _____

Hora _____

WRITING

Actividad 11

All of the following people were asked to speak on a subject. You are reporting on what everyone says. Use each item only once. Follow the model.

yo
nosotros
Sra. Ayala
Dr. Riviera
tú
Paco
José y María
Alicia y yo

el trabajo voluntario
el campamento de deportes
el reciclaje
el fútbol
el teatro
la ropa
la salud
los quehaceres

Modelo   *La señora Ayala dice que el trabajo voluntario es una experiencia inolvidable.*

1. Answers will vary. (Art is for visual effect, not essential in answers.)

   _____

2. _____

3. _____

4. _____

5. _____

6. _____

7. _____

Actividad 12

You are finding out what everyone's plans are for the weekend. Choose a verb and a direct object pronoun from the banks and write a sentence about weekend plans for each subject given. Use each verb only once. Follow the model. **Answers will vary.**

ayudar	dar	decir	enseñar	escribir
hacer	invitar	leer	llevar	traer
me	te	le	nos	les

Modelo _Miguel y Elena nos invitan a su fiesta._

1. Mis padres _____

2. Yo _____

3. Uds. _____

4. Nuestra profesora de español _____

5. El presidente _____

6. Rafael y Gabriel _____

7. Tu mejor amigo _____

8. El Sr. Fuentes _____

9. La Sra. Allende _____

10. Tú _____

Actividad 13

Last week, your Spanish class did some volunteer work at the local nursing home. Read the thank you letter from the residents, then write a paragraph explaining at least four things that you and your classmates did for them. Remember to use the preterite tense and indirect object pronouns where necessary. Follow the model.

Queridos muchachos:

Les escribimos para decirles "gracias" por su generosa visita de la semana pasada.

A la señora Blanco le gustó el libro de poesía que Uds. le regalaron. Todos lo pasamos bien. Nos gustó especialmente la canción "Feliz Navidad" que cantó Luisita. El señor Marcos todavía habla de los pasteles que las chicas le trajeron. Y nuestro jardín está más bonito que nunca, después de todo su trabajo. En fin, mil gracias de parte de todos aquí en Pinos Sombreados. Esperamos verles pronto.

Fuertes abrazos,

Los residentes

Modelo   _Nosotros visitamos a los residentes de Pinos Sombreados la semana pasada._

_____

_____

_____

_____

Table of Contents

Tema 9: Medios de comunicación
Capítulo 9A: El cine y la televisión

Capítulo 9B: La tecnología

Realidades ❶

Tema 9

Theme Project

Medios de comunicación
Cápsula de información

Overview:

You will create a time capsule that would communicate to someone from the future what life is like today. You should include in your capsules short descriptions accompanied by illustrations of popular movies, television shows, CDs, computer programs, and/or Web sites, how people spend their time, and anything else that you feel is of importance. Then you will present your time capsule to the class, explaining why you included each item in your capsule.

Materials:

Colored pencils or crayons, pens, blank paper, paper towel tubes or other container to serve as a time capsule

Sequence:

STEP 1. Review the instructions with your teacher.

STEP 2. Submit a list of items/activities and sketches of the illustrations you wish to include in your time capsule. Incorporate your teacher's suggestions into your draft.

STEP 3. Create a layout for the pages to go in the time capsule. Each page should contain a description and an illustration of one of the items from your list.

STEP 4. Submit a draft of your descriptions for each item on your list. Correct your draft, and then work with a partner and describe your time capsules to each other.

STEP 5. Present your time capsule to the class, explaining why you chose each item you included.

Assessment:

Your teacher will use the rubric on the following page to assess this project.

Theme 9 Project: Cápsula de información

RUBRIC	Score 1	Score 3	Score 5
Evidence of Planning	No written draft or layout provided.	Draft was written and layout created, but not corrected.	Evidence of corrected draft and layout.
Use of Illustrations	No illustrations were included.	Illustrations for most items were included.	Illustrations for all items were included.
Presentation	Provides a list of items to be included in the time capsule, but does not adequately describe them or explain why they were chosen.	Provides a brief description of items to be included in the time capsule, but does not adequately explain why they were chosen.	Provides a brief description of items to be included in the time capsule and explains why they were chosen.

School-to-Home Connection

Dear Parent or Guardian,

The theme for the chapter is *Medios de comunicación* (Communication) and this chapter is called *El cine y la televisión* (Movies and television).

Upon completion of this chapter, your child will be able to:

- describe movies and television programs
- express opinions about the environment
- talk about things he or she has done recently
- understand cultural perspectives on movies and television

Also, your child will explore:

- the correct pronunciation of words within a phrase
- Spanish words of Greek and Arabic origin

Realidades helps with the development of reading, writing, and speaking skills through the use of strategies, process speaking, and process writing. In this chapter, students will:

- read about the movement A Week Without Television
- speak about a movie or show

Remember that additional help is available online at www.PHSchool.com by using the Web Codes in the Student Edition or in the Practice Workbook.

Check it out! Ask your child to list three television programs. Have him or her give the Spanish name for each type of program. Then ask him or her to give an opinion of each program.

Sincerely,

For: Tips to Parents
Visit: www.phschool.com
Web Code: jce-0010

Chapter Resource Checklist

Resources	CO	APV	VH	MAN	LEC	CV	PO	VM	REP	PREP
Teacher										
Teacher's Resource Book										
Input Script		■								
Audio Script		■		■					■	■
GramActiva BLM										
Communicative Activities BLM				■						
School-to-Home Connection BLM	■									
Clip Art		■								■
Situation Cards BLM									■	
TPR Storytelling Book		■								
Fine Art Transparencies Teacher's Guide										
Student										
Practice Workbook		■		■					■	
Vocabulary		■		■						
Grammar				■						
Crossword Puzzle										
Organizer										
Writing, Audio & Video Workbook										
Writing				■						
Audio				■						
Video			■							
Heritage Language Learner Workbook										
Transparencies		■	■	■	■	■	■			
Practice Answers		■								■
Vocabulary and Grammar	■	■								
Fine Art	■	■								
Assessment										
Assessment Program										
Quizzes			■							
Chapter Test										■
ExamView Test Bank CD-ROM			■							
Test Preparation Workbook										
Alternative Assessment										
Performance-Based Speaking				■			■			■
Rubrics	■									■
Internet Self-Test										■
Technology										
I-text	■	■	■	■	■	■	■	■	■	■
Teacher Express CD-ROM	■	■	■	■	■	■	■	■	■	■
Video Program (VHS and DVD)			■		■			■	■	
Audio Program										
CD 9A		■	■	■	■					■
Assessment CD										■
Song CD		■								

Abbreviation Key

CO = Chapter Opener; APV = A primera vista; VH = Videohistoria; MAN = Manos a la obra; LEC = Lectura;
CV = Cultura en vivo; PO = Presentación oral; PE = Presentación escrita; MH = Mundo hispano; VM = Videomisterio;
REP = Repaso del capítulo; PER = Perspectivas del mundo hispano; PREP = Preparación para el examen

Input Script

Presentation

Input Vocabulary 1: Place the transparency on the screen. Have students tear copies of the Vocabulary Clip Art into individual types of programs. Tell students that they are the new program directors at Canal 9 and will decide when programs will air. Point to the interview show and say *"Éste es un programa de entrevistas. Puede ser interesante, especialmente para los adultos. ¿Quizás, lunes a viernes a las 10:30 por la noche?"* Have them write the days and the times on the Clip Art image. Describe the rest of the programs, asking students to suggest the days and times. Then make correct and incorrect statements about the new program schedule. Have students raise their right hand for correct statements and their left hand for incorrect statements.

Input Dialogue 1: Role-play the dialogue. Then say *"¿La verdad? Me aburren los programas deportivos. ¿Ya ustedes? ¿Cuáles programas son aburridos? ¿Interesantes? ¿Divertidos?"* Students will respond by holding up the Clip Art images of shows they think are boring, interesting, and fun. Then write a new dialogue on the chalkboard: *"¿Qué quieres ver en la tele?"* Student A: *"Quiero ver un programa de ____."* Student B: *"¡Me aburren los programas de ____!"* Point to different programs each time.

Input Vocabulary 2: Give copies of the movie transparency to students. Say *"Fui a ver todas estas películas. Primero fui a 'El crimen perfecto.' Generalmente, no me gustan las películas policíacas, pero me gustó mucho esta película. ¡Dos pulgares arriba!"* On their copy of the transparency, have students write a plus or minus sign by the movie genre, depending on whether you say you like or dislike that genre. Also have them note whether you award each movie a "thumbs-up" or "thumbs-down" sign. Then call out recent movies from each genre. Have them point to the genre they hear with their left hand, and with their right hand, critique the movie with a thumbs-up or thumbs-down sign.

Input Dialogue 2: Hand out copies of the Clip Art and have students tear the images into individual movie genres. Role-play the first two lines with a student. Then say the second sentence again, saying different genres and adjectives for **película policíaca** and for **violenta:** *"Mis amigos dicen que este drama es muy aburrido. No quiero verlo. Me interesan más las películas de horror."* Have students place the Clip Art into two piles: movies you do not want to see and movies that interest you. Role-play the last three lines. Make correct and incorrect statements about when the movies on the transparency start, end, and how long they last. Students will hold up the movie you mention only when you make a correct statement.

Comprehension Check

- Call out the names of TV shows that are likely to be popular with your students. Have them tell you the type of program it is, when it starts, and how long it lasts.

- Before class, prepare descriptions of movies from each genre. Tell the names of the actors and a brief synopsis, but do not say the genre or the movie title. Read the descriptions and have students hold up the genre. Then call on individual students to guess the name of the movie.

Audio CD, Capítulo 9A

Track 01: *A primera vista,* Student Book, p. 426, (2:48)

El cine y la televisión

You will hear each word or phrase twice. After the first time there will be a pause so you can pronounce it, then you will hear the word or phrase a second time.

    un programa de entrevistas
    un programa educativo
    un programa de concursos
    un programa musical
    un programa de noticias
    un programa de dibujos animados
    un programa deportivo
    una telenovela

Read along as you listen to the dialogue.

FEMALE TEEN: ¿Qué quieres ver en la tele?

MALE TEEN: ¿La verdad? Me aburre la televisión. No me interesan nada los programas que dan.

FEMALE TEEN: No estoy de acuerdo. Pienso que la televisión presenta muchos programas interesantes y divertidos.

Track 02: *A primera vista,* Student Book, p. 427, (2:07)

Vocabulario y gramática en contexto

You will hear each word or phrase twice. After the first time there will be a pause so you can pronounce it, then you will hear the word or phrase a second time.

    una película policíaca
    una comedia
    un drama
    una película de ciencia ficción
    una película romántica
    una película de horror

Read along as you listen to the dialogue.

FEMALE TEEN 1: ¿Qué dan en el Cine Florida?

FEMALE TEEN 2: Hay seis películas. Mis amigos dicen que esta película policíaca es muy violenta. No quiero verla. Me interesan más las películas románticas como *Antonio y Ana.*

FEMALE TEEN 1: Yo también quiero verla. ¿A qué hora va a empezar?

FEMALE TEEN 2: Empieza a las cuatro y media y termina antes de las seis. Dura menos de una hora y media.

FEMALE TEEN 1: ¿De veras? Son casi las cuatro. ¡Vamos ahora!

Track 03: *A primera vista:* Act. 1, Student Book, p. 427, (4:07)

¿Qué dan en la tele hoy?

Vas a escuchar información sobre ocho programas del Canal 9. Señala cada tipo de programa en tu libro. Vas a escuchar las frases dos veces.

1. ¡Puede ganar un televisor nuevo si contesta esta pregunta!

2. Hoy vamos a hablar sobre diferentes animales que podemos ver en el zoológico.

3. ¡Qué partido! Fue fantástico. Los Leones ganaron seis a tres. Son los mejores de la liga.

4. Hola amigos. Me llamo Pepita Lupita. ¿Quieres cantar conmigo? ¡La-la-la-la!

5. Hoy estoy hablando con el actor principal de la película romántica *Antonio y Ana.* Hola, Pedro. ¿Cómo está Ud.? Bien, gracias. Me encanta estar aquí.

6. Muy buenas noches. Habla Ramón Montes. Hoy en Washington, el presidente dice que la situación económica está mejor.

7. ¡No puede ser! Por favor, María. Te necesito. Te quiero. Eres la más importante para mí.

8. ¡Ahora aquí para cantar con nosotros, el grupo El Mariachi Michoacán! (need to hear mariachi music and applause)

Track 04: *A primera vista:* Act. 2, Student Book, p. 427, (2:49)

¿Qué película vamos a ver?

Vas a escuchar siete frases sobre las películas que dan en el Cine Florida. Si una frase es lógica, haz el gesto del pulgar hacia arriba. Si no es lógica, haz el gesto del pulgar hacia abajo. Vas a escuchar las frases dos veces.

1. La película policíaca es muy violenta.

2. ¡Ay! No dan una película romántica esta semana.

3. Dan un drama muy bueno esta tarde. ¿Por qué no vamos a verlo?

4. *Antonio y Ana* es una película de ciencia ficción.

5. Vamos con mi hermanito a ver *El terror en el castillo.* Es una comedia muy divertida.

6. Esta semana dan la película *La tragedia de Laura* en el Cine Florida.

7. *Mi tío tonto* es una película de ciencia ficción. Vamos a verla.

Track 05: *A primera vista: Videohistoria,* Student Book, pp. 428–429, (2:53)

¿Qué dan en la tele?

¿Qué programa de televisión van a ver los chicos? Lee la historia.

Read along as you listen to the dialogues.

See student pages 428–429 for script.

Track 06: *Manos a la obra:* Act. 4, Student Book, p. 430, (3:01)

Muchas opiniones

Un programa de radio les pregunta a sus oyentes qué piensan de los diferentes programas de televisión. Vas a escuchar las frases dos veces.

1 En una hoja de papel, copia la gráfica y escribe los

números del 1 al 6. Vas a escuchar las opiniones de unas personas. Escribe la clase de programa en la primera columna y la descripción en la segunda columna. Luego escribe frases para expresar tu opinión. Vas a escuchar las frases dos veces.

2 Habla con otro estudiante. Di si estás de acuerdo con sus opiniones.

1. Siempre vemos los programas educativos porque son realistas.
2. ¿Los programas de dibujos animados? ¡No! Son demasiado infantiles.
3. Uy, me aburren los programas de entrevistas. Son muy tontos.
4. Me encantan las telenovelas. ¡Qué emocionantes son!
5. No veo los programas de concursos porque generalmente son aburridos.
6. Me interesan los programas de la vida real. Son fascinantes.

Track 07: *Manos a la obra:* Act. 7, Student Book, p. 431, (1:11)

Escucha y escribe
Escucha y luego escribe en una hoja de papel lo que dice un joven sobre un programa de televisión que ve. Vas a escuchar el párrafo dos veces.

A menudo veo la telenovela que se llama *Un día más.* Dura una hora. Empieza a las seis de la tarde y termina a las siete. Lo dan en el canal 11. Me gustan las telenovelas. Para mí, son muy emocionantes.

Track 08: Audio Act. 5, Writing, Audio & Video Workbook, p. 173, (5:50)

Your friend is reading you the television line-up for a local television station. After listening to each program description, fill in on the grid what day or days the program is shown, what time it is shown, and what type of program it is. You will hear each set of statements twice.

1. Todos los domingos a las tres de la tarde, dan *Mi computadora,* una comedia sobre una computadora cómica que habla.
2. Todos los viernes a las ocho de la noche, dan la historia de una mujer atrevida en *La detective Morales.* Ella busca a los malos y defiende a los buenos.
3. Este martes a las diez de la noche el canal cuatro presenta *Cine en su sofá.* Esta semana van a dar una película romántica; la historia del trágico amor de Romeo y Julieta.
4. Todos los sábados a las nueve de la mañana dan *Las aventuras del Gato Félix,* el programa de dibujos animados para todos los niños.
5. Dan el programa *Cara a cara* todos los lunes a las once de la mañana. Esta semana hay una entrevista con Cecilia Beliz, la actriz de la telenovela *Marisol.*
6. El miércoles a las tres de la tarde, dan *Lo mejor del béisbol,* un programa interesante sobre los mejores jugadores de béisbol.

7. De lunes a viernes a las dos y media de la tarde, dan la emocionante telenovela *Marisol,* ¡ahora en sus mejores capítulos!
8. Este viernes a las siete de la noche podemos ver a Susi Dulce en concierto desde el Estadio Bel-Air, en el programa musical llamado *Festival,* el programa de la música joven.
9. Hay que empezar el día con *Treinta minutos,* donde Rita Moreno y Rafael Quiñones presentan las noticias locales e internacionales todos los días a las seis de la mañana.
10. ¿Quiénes son los mayas? En el programa educativo *Las Américas,* Gloria Coronado va a hablar sobre este pueblo fascinante, el sábado a las once y media de la mañana.

Track 09: Audio Act. 6, Writing, Audio & Video Workbook, p. 173, (8:38)

Listen as people in a video rental store talk about what kind of movie they want to rent. After listening to each conversation, match the picture to the type of film they both agree to rent. You will hear each conversation twice.

1. MALE TEEN 1: Me gustaría ver una película policíaca esta noche. ¿Te gusta ésta?
   FEMALE TEEN 1: No me gustan las películas policíacas. Son demasiado violentas. ¿Por qué no vemos una comedia? Aquí hay una con Jaime Caras. Él es muy gracioso.
   MALE TEEN 1: Pienso que sus películas son infantiles, pero si quieres verla, estoy de acuerdo.
   FEMALE TEEN: Gracias. El viernes que viene podemos ver una película policíaca.
2. BOY: Mamá. Yo quiero ver esta película. ¿Está bien?
   ADULT FEMALE 1: No. Después de ver estas películas de ciencia ficción, siempre piensas que hay monstruos en tu dormitorio y no puedes dormir. Este drama de un gato que habla es mejor.
   BOY: Mami, este drama es muy infantil. ¡Yo tengo nueve años!
   ADULT FEMALE 1: Aquí hay una película de dibujos animados sobre un chico que busca un anillo mágico.
   BOY: Sí, mamá. Quiero ver esta comedia.
3. ADULT MALE 1: Acabo de terminar una semana de trabajo y estoy listo para una noche contigo y con una película buena. ¡Ah! Esta película de horror es fantástica.
   ADULT FEMALE 2: Mi amor, no me gustan las películas de horror. Son demasiado violentas y realistas. Yo quiero ver una película romántica.
   ADULT MALE 2: Bueno, Carmen. Una película romántica para mi mujer romántica.
4. MALE TEEN 2: Ana, ¿viste esta película? Todo el mundo dice que es la mejor película de Riqui Robles.
   FEMALE TEEN 2: Sí, la vi, pero no me gustan las películas de él. Prefiero un drama.
   MALE TEEN 2: Aquí hay un drama con unos actores muy buenos.
   FEMALE TEEN 2: Sí, Nicolás Lozano y Gabriela Muñoz son tremendos.

MALE TEEN 2: De acuerdo. Una película con estos dos actores.

5. MALE TEEN 3: ¿Qué piensas de las películas de ciencia ficción?
   MALE TEEN 4: Todas las películas de ciencia ficción son iguales. Me aburren. ¿Qué tal una película de horror?
   MALE TEEN 3: A mí me gustan las películas de horror también. ¿Por qué no vemos ésta, *En la calle que vives*.
   MALE TEEN 4: Bien.

6. ADULT MALE 2: ¿Usted vio alguna vez las películas de Daniel Guantes?
   ADULT MALE 3: Sí, señor. Me gustan todas sus películas policíacas.
   ADULT MALE 2: Bueno. Quiero ver una de éstas. ¿Cuál me recomienda?
   ADULT MALE 3: Ésta es mi favorita, *La decepción*. Es casi una película clásica.
   ADULT MALE 2: Gracias. Voy a verla.

7. FEMALE TEEN 3: Quiero ver una película de ciencia ficción en particular, pero no recuerdo el título.
   ADULT FEMALE 3: ¿Puede describirla?
   FEMALE TEEN 3: Creo que sí. Es una película sobre un planeta superior con una gente superinteligente. Allí crean ratones gigantes que se comen a casi toda la gente.
   ADULT FEMALE 3: Ah, sí. La tengo. Esa película se llama *El regreso de los ratones*. Es muy buena.

Track 10: Audio Act. 7, Writing, Audio & Video Workbook, p. 174, (4:06)

Listen to a film critic interviewing five people on opening night of the movie *Marruecos*. After listening to each person's interview, circle the number of stars that closely matches the person's opinion of the movie, from a low rating of one star to a high rating of four. After noting all of the opinions, give the movie an overall rating of one to four stars, and give a reason for your answer. You will hear each conversation twice.

1. ADULT MALE 1: Buenas tardes, señorita. ¿Qué piensa usted de la película que acaba de ver?
   ADULT FEMALE 1: Oh, ¡me encantó! Tiene actores famosos y muy buena música. Quiero verla otra vez.

2. ADULT MALE 1: Muy bien. Y usted señor, ¿qué dice de *Marruecos*?
   ADULT MALE 2: Bueno, para mí, un poco aburrida. Esta película acaba de durar tres horas. Fue demasiada larga. Casi salgo después de una hora.

3. ADULT MALE 1: Perdone, señora, ¿le gustó usted la película que acaba de ver?
   ADULT FEMALE 2: Más o menos. Sí me gustó, pero no es la mejor película de ese director.

4. ADULT MALE 1: ¿Y usted qué dice, señor?
   ADULT MALE 3: Excelente. Las películas de Roque Larrú siempre son buenas. Marruecos es interesante, cómica y romántica; ¡lo tiene todo!

5. ADULT MALE 1: Señorita, ¿a usted le gustó *Marruecos*?
   ADULT FEMALE 3: ¡Oh, sí! ¡Eduardo Capetín es muy buen actor: ¡me fascina! Es simpático, gracioso y, ¿por qué no? ¡guapísimo! Sí, *Marruecos* me gustó mucho.

Track 11: *Manos a la obra:* Act. 14, Student Book, p. 436, (2:14)

Escucha y escribe

Escucha las opiniones de la familia Linares sobre los programas que dan en la televisión. En una hoja de papel, escribe los números del 1 al 6 y escribe las frases que escuchas. Vas a escuchar las frases dos veces.

1. A mi hermana le encantan las telenovelas.
2. A mis padres no les gustan nada los programas de la vida real.
3. A nosotros nos interesan mucho los programas deportivos.
4. A mí me aburren los programas de entrevistas.
5. A mi hermanito le interesan los programas educativos sobre los animales.
6. A ti te gustan los programas musicales, ¿no?

Track 12: Audio Act. 8, Writing, Audio & Video Workbook, p. 174, (5:01)

Listen as two friends talk on the phone about what they just saw on TV. Do they seem to like the same type of programs? As you listen to their conversation, fill in the Venn Diagram, indicating: 1) which programs only Alicia likes; 2) which programs both Alicia and Laura like; and 3) which programs only Laura likes. You will hear this conversation twice.

ALICIA: Hola, Laura. ¿Qué haces?

LAURA: Acabo de ver mi telenovela favorita.

ALICIA: Dan las telenovelas por la tarde, ¿no? Son las diez de la noche.

LAURA: La vi en video. La historia me interesa mucho.

ALICIA: No me interesan nada las telenovelas. Son demasiado emocionantes. Mi familia y yo acabamos de ver una película de ciencia ficción. Nos gustó mucho.

LAURA: A mi hermano de ocho años le encanta la ciencia ficción, pero a mí no. Todo eso me parece muy tonto. Prefiero los programas de entrevistas. Anoche vi a Carlos Cuzco, un actor muy gracioso, en el programa *Juanito*.

ALICIA: Tienes razón. Pienso que los programas de entrevistas son muy interesantes también. Casi todas las noches hay personas fascinantes en ellos. Yo vi a Carlos Cuzco también. Es muuuy guapo. Me interesó mucho cuando él habló de su película nueva. Es una película romántica. Me gustaría verla.

LAURA: De acuerdo. Las películas de Carlos Cuzco son las mejores películas que hay. ¿Te gustan los programas de concursos? A mí me gusta participar en casa. Muchas veces yo puedo contestar las preguntas y los participantes no saben las respuestas.

ALICIA: Me aburren los programas de concursos. No me importa si los participantes ganan mucho dinero o no. Yo prefiero ver un programa de noticias. Me fascinan las noticias internacionales.

LAURA: ¿Por qué no vemos una película de Carlos Cuzco esta noche? ¿Te gustaría ver un video aquí en mi casa?

ALICIA: ¡Qué buena idea!

You are going to hear this conversation again.

Track 13: Audio Act. 9, Writing, Audio & Video Workbook, p. 175, (5:04)

Listen as a television critic reviews some of the new shows of the season. As you listen, determine which shows he likes and dislikes, and why. Fill in the chart. You will hear each paragraph twice.

1. De todos los programas nuevos, *Doctor Marco* es el programa que me interesa más. Es un programa con el doctor Marco Martínez, quien es un psiquiatra famoso. Él habla con las mujeres, los hombres y los niños que tienen problemas emocionales. Me gusta mucho porque puedo entender mis propios problemas cuando lo escucho a él.
2. Este programa, *Sobrevivir,* me fascina. Estos programas de la vida real son muy populares ahora, pero a mí no me gustan porque me hacen enfermo. Tenemos que mirar cuando una persona come un insecto. ¡Qué asco!
3. Este drama, *Nuestra ciudad,* representa la mejor televisión que hay. Acabo de ver el primer episodio. Me encanta el programa porque es sobre una ciudad con toda clase de personas: buenas y malas, pobres y ricas, jóvenes y viejas. Los actores son tremendos también.
4. Hay muchos programas de entrevistas que son buenos, pero el nuevo *Conversaciones con Diana* no es uno de ellos. Diana habla y habla de sus problemas, de sus niños y de sus experiencias. No me gusta porque ella habla demasiado. Nosotros queremos escuchar a los actores y a los cantantes del programa. ¡Ellos no pueden hablar ni una palabra con ella!
5. Este programa de comedia, *Chachis,* sólo dura treinta minutos cada semana, pero a mí me encantaría verlo siete días por semana. Todos los actores son muy graciosos y los escritores son fabulosos.

Track 14: *Pronunciación:* Linking words, Student Book, p. 438, (3:11)

In Spanish, just as in English, we don't pronounce a sentence as completely separate words. Instead, the words flow together in phrases. That is why it often seems that phrases or sentences sound as if they are one long word.

How the words flow together depends on the last sound of a word and the beginning sound of the following word. The flow of sounds is usually created by two of the same vowels, two different vowels, or a consonant followed by a vowel. Listen to and say these word combinations:

You will hear each word twice. After the word is pronounced the first time, there will be a pause so you can pronounce it. Then you will hear the word a second time.

Me_encanta
nos_interesa
de_entrevistas
dibujos_animados
le_aburre
de_horror

Try it out! Listen to and say these sentences. Be careful not to break the flow of sound where you see "_".

Me_interesa_ese programa de_entrevistas.
A_Ana le_aburre_ese programa_educativo.
La película de_horror dura_una_hora_y media.
Vamos a ver lo que_hay_en la tele.
Me_encanta_el actor y la_actriz de_esa telenovela.

Track 15: *Repaso del capítulo,* Student Book, p. 436, (4:31)

Vocabulario y gramática
Listen to these words and expressions that you have learned in this chapter. You will hear each word or expression once.

See student page 436 for vocabulary list.

Track 16: *Preparación para el examen,* Student Book, p. 447, (1:27)

Escuchar
Practice task.
Listen as you hear a phone pollster ask people about TV programs they have watched on the new Spanish-language cable station. For each viewer, decide if the shows were: a) boring, b) interesting, c) too violent, or d) too childish or silly.

1. A nosotros no nos gusta el programa *Paco Payaso.* Debe ser un programa educativo para niños, pero es demasiado infantil. Mi hijo tiene ocho años y a él no le gusta cantar una canción del alfabeto.
2. Pienso que los programas de la vida real son ridículos. Me aburren mucho. No me importan ni me interesan.
3. Me gustan mucho los programas de entrevistas. Me encanta el programa, *Miguel.* Él es muy cómico y tiene entrevistas muy interesantes.

Video Script

A primera vista: *¿Qué dan en la tele?*, (4:41)

ELENA: ¡Uf! ¿Qué hacemos?

ANA: No sé.

JAVIER: ¿Qué queréis hacer?

ELENA: ¿Ponemos la tele?

IGNACIO: ¿Qué dan en la television? Elena, ¿dónde está el mando a distancia?

ELENA: Está aquí, encima de la mesita, al lado de la lámpara.

IGNACIO: ¡Ah, sí! Gracias. Vamos a ver lo que ponen …

ANA: ¡Fabuloso! Es mi programa favorito, *El amor es loco.* Es una telenovela muy emocionante. ¿Elena, la ves?

ELENA: Sí. Me encanta. El actor principal es muy guapo …

IGNACIO: ¡Basta! Me aburren las telenovelas. A ver otro canal.

ANA Y ELENA: Ignacio, nuestra telenovela …

JAVIER: ¡Aquí! Es un programa de deportes. ¿Quiénes están jugando?

ELENA: Javier, siempre piensas en los deportes. Pero, ahora no.
¿Qué más hay? Hmmm. ¿Qué clase de programa es éste?

ANA: Es un programa de la vida real. Es muy realista.

IGNACIO: Ana, ¿qué dices? No son realistas. Pienso que son tontos. ¿Verdad, Javier …?

JAVIER: Pues, no sé mucho sobre esta clase de programas.

JORGITO: Elena, quiero ver dibujos animados. Ya son las cuatro.

ELENA: Jorgito. ¿No ves que estoy aquí con mis amigos? Sal de aquí.

IGNACIO: No, está bien. En el canal 2 dan dibujos animados. Ven, Jorgito. Siéntate aquí.

ELENA: Por favor, Jorgito. Puedes ver la tele más tarde.

JORGITO: Pero …

ELENA: Mira. Puedes escuchar música en mi cuarto.

JORGITO: ¿Sí?

ELENA: Sí, pero solamente hoy.

JORGITO: Vale. Adiós.

TODOS: Hasta luego.

IGNACIO: Basta de programas infantiles. ¿Qué más hay …?

ELENA: Un momento. Este programa de entrevistas es mi favorito. Hablan de todo.

IGNACIO: No, no tenemos que ver más …

ELENA: ¡Ignacio!

IGNACIO: Un programa de concursos.

TODOS: ¡No!

IGNACIO: Un programa educativo.

TODOS: ¡No!

IGNACIO: Las noticias.

TODOS: ¡No!

IGNACIO: Pues, vosotros no queréis ver nada. Hay muchos canales y no hay nada que ver.

ANA: Tengo una idea. ¿Por qué no vamos al cine?

JAVIER: Buena idea. Pero, ¿qué vamos a ver?

IGNACIO: Quiero ver una película de ciencia ficción.

ELENA: ¡No, no! Vamos a ver una película romántica.

IGNACIO Y JAVIER: No. Son tontas.

ANA: ¿Por qué no vemos una comedia? Son divertidas.

TODOS: ¡No!

IGNACIO: ¡Vamos ya! Pues están dando un drama nuevo en el Cine Capitol.

TODOS: No …

GramActiva Videos: *acabar de* + infinitive; *gustar* and similar verbs, (6:21)

Acabar de **+ infinitive**

HOST: Today's lesson is about a regular *-ar* verb and its little buddy. The verb is *acabar* and the little buddy is *de.*

HOST: By itself, *acabar* means "to finish." But when you combine the present tense of *acabar* plus *de* plus an infinitive, you can say something just happened. For example, *Acabo de ver un programa de entrevistas.* I just saw a talk show. *Acabo de ver* means "I just saw." *Acabo de ir*—"I just went." *Acabo de comer*—"I just ate." Although the action took place in the past, the present-tense forms of *acabar* are used.

HOST: See if you can match these people with the action they just did.

HOST: Good luck.

HOST: Here are the answers. In each phrase, notice that *acabar* is in the present tense; *de* comes after it, and then the infinitive.

HOST: Now presenting: Conversation Theater.

PERSON 1: *Mis padres acaban de ver una película muy buena en el cine.*

PERSON 2: *¿Qué película?*

PERSON 1: Como agua para chocolate.

PERSON 2: *Pues, yo acabo de leer ese libro.*

HOST: Just one thing left: a fun-packed quiz! Okay, it's not packed with fun, but it will let you see how much of this stuff you picked up.

Quiz

HOST: Complete the following sentences to say what just happened.

Yo _____ ver un programa de deportes.
Yo acabo de ver un programa de deportes.
Melissa _____ ir al parque.
Melissa acaba de ir al parque.

Gustar **and similar verbs**

HOST: You have used *gustar* to say things like, *Me gusta el pan tostado. ¿Te gusta el pan tostado?* It literally means "The toast pleases me. Does the toast please you?" Pretty simple, right?
Well, we can also use *gustar* to say "it pleases him or her," "it pleases us," and "it pleases them" … though in English you would almost always translate these as *he likes it, we like it,* etc.

HOST: With *gustar* you need to use the indirect object pronouns. You used those pronouns before, let's review then very quickly: *me, te, le, nos, os,* and *les.*

So, to say that something pleases someone, we would use: indirect object pronoun + *gustar* + subject.

Me gusta el helado. When the subject is plural, use *gustan.*

Me gustan las telenovelas.

Here's a look at *gustar* with the indirect object pronouns.

Le gustan las fresas. So, how would you say "He or she likes strawberries"?

"We like strawberries"?

Nos gustan las fresas.

How about "They like the dessert"?

Les gusta el postre.

HOST: *Les gusta escuchar música.*

HOST: *Le gustan los anillos.* Notice that *los anillos* is plural, so we use *gustan* instead of *gusta.*

HOST: In Spanish, often an additional *a* and a pronoun is used for emphasis or clarification.

HOST: *A mí me gusta el pan tostado.* I like toast.

A mi hermano le gusta el pan tostado.

A mi hermano makes it clear it's your brother who likes toast.

HOST: Some other Spanish verbs are used in a similar way to *gustar.* Here are a few of them.

HOST: *Encantar,* "to delight or enchant."

HOST: *A mis padres les encanta el teatro.*

HOST: *Doler,* "to hurt or ache."

HOST: *A Fernando le duelen los pies.*

HOST: *Aburrir,* "to bore."

HOST: *Me aburren las películas románticas.*

HOST: *Interesar,* "to interest."

HOST: *Nos interesan mucho los programas de dibujos animados.*

HOST: *Quedar,* "to fit."

HOST: *No me queda bien la camisa.*

Quiz

HOST: Very well. Quiz time now. Fill in the blank with the correct verb and pronoun.

HOST: (I love) _____ los programas musicales.

Me encantan los programas musicales.

(It interests us) _____ navegar en la Red.

Nos interesa navegar en la Red.

Videomisterio: *¿Eres tú, María?*, Episodio 9, (10:00)

MARGARITA: ¿Sí?

LOLA: Margarita, ¿está Paco?

MARGARITA: ¿De parte de quién?

LOLA: Soy yo, Lola. Mujer, rápido …

MARGARITA: Ya va, ya va …

PACO: ¿Sí …?

LOLA: Paco, te necesito ahora mismo. Por favor, rápido. Y Margarita también.

PACO: ¿Margarita también?

LOLA: Sí. Los dos.

PACO: Muy bien. ¿Qué pasa?

LOLA: Venid y explico todo. ¡Rápido!

PACO: Vale. Hasta ahora. ¡Vamos!

LOLA: Paco, ve a sentarte al lado de María.

MARGARITA: Lola, yo quiero ser detective. Yo quiero ir allí.

LOLA: No sé …

MARGARITA: Por favor. Escucho muy bien.

LOLA: Vale. La chica de azul. Rápido. Venga.

PACO: ¿Qué pasa, Lola?

LOLA: ¡Ay de mí!

PACO: Cálmate, Lola.

PACO: Mira. ¿Quién es ese hombre?

LOLA: Es el hombre del domingo pasado. Y también es el mismo hombre que aparece en la foto con María. Creo que vive en Barcelona. Mira.

PACO: Tienes razón …

PACO: A ver … ¿De qué están hablando?

LOLA: No sé. Pero es muy evidente que Margarita está escuchándolo todo.

MARGARITA: Lola, no tienes razón. Hay un problema. Esa chica no es María. El hombre la llama "Julia," no "María."

LOLA: ¿Julia? ¿Estás segura?

MARGARITA: Sí. Él dice que quiere irse de Madrid. Pero ella no quiere irse con él. Hay problemas entre ellos.

LOLA: ¡Muy bien, Margarita! Ahora lo comprendo todo. Voy a llamar al Inspector Gil, que vengan en seguida.

MARGARITA: Yo no comprendo nada.

LOLA: No importa, ahora no hay tiempo. Voy a llamar a la policía.

PACO: Mira, van a pagar. Van a irse. ¿Qué hacemos?

LOLA: Corre, vete, ve.

MARGARITA: ¿Y yo también?

LOLA: No. Tú debes ir a la oficina.

MARGARITA: ¿A la oficina …?

LOLA: Sí, a la oficina. Basta de detective por hoy.

GIL: Diga.

LOLA: ¿Inspector Gil? Sí, soy Lola Lago. Sí, esta es la historia …

LOLA: Vamos a seguirlos. Le vuelvo a llamar más tarde.

GIL: Pero, oye, oye …

LOLA: Luego, luego llamo. ¡Se van!

GIL: Oye.

LOLA: Paco, síguela tú. Yo le sigo a él. Si pasa algo, llama a la oficina.

LOLA: ¡Lástima!

MARGARITA: Yo ayudé mucho. Yo fui al café …

LOLA: Margarita, lo siento, pero espero una llamada muy importante.

MARGARITA: Adiós, Tony. Tengo que colgar. Sí, te llamo luego.

MARGARITA: Buenos días. Dígame. Lola, habla Paco …

LOLA: Paco, dime.

PACO: Estoy en la Estación de Chamartín. Va a ir en tren. Andén 1.

LOLA: Voy para allá.

LOLA: Margarita, llama al Inspector Gil. Dile que estoy en la Estación de Chamartín, Andén 1. Tiene que ir a la estación ahora.

228 *Capítulo 9A* ➡ *Video Script*

Realidades ❶

Capítulo 9A

Nombre _____

Fecha _____

Communicative Activity **9A-1**

Estudiante **A**

First express your opinion by completing the following sentences. Then read each sentence to your partner and listen to his or her response. Does your partner agree or disagree with you? Check the appropriate column to indicate your partner's response. When your partner tells you his or her opinion, respond with one of the reactions below.

Mi opinión ...	Está de acuerdo	No está de acuerdo
1. _____ es el mejor actor del cine.	_____	_____
2. La película más emocionante es _____.	_____	_____
3. No me gustan las películas _____.	_____	_____
4. Me encantan las películas de horror (más / menos) que las de ciencia ficción.	_____	_____
5. El programa de televisión que me interesa más es _____.	_____	_____
6. La comedia más divertida es _____.	_____	_____
7. _____ es la peor actriz de la tele.	_____	_____
8. Deben dar menos _____ en la tele.	_____	_____
9. Me aburre el canal _____ de la tele.	_____	_____
10. De los programas de entrevistas, _____ es más tonto que _____.	_____	_____
11. Los programas infantiles me aburren (más / menos) que los programas de la vida real.	_____	_____
12. Un programa de concursos me interesa (más / menos) que un programa deportivo.	_____	_____

REACCIONES

A mí (no) me gusta(n).   Creo que sí.

¡Claro que sí!   Creo que no.

Estoy de acuerdo.   Tienes razón.

No estoy de acuerdo.   No tienes razón.

Realidades ❶

Capítulo 9A

Nombre _____

Fecha _____

Communicative Activity **9A-1**

Estudiante **B**

First express your opinion by completing the following sentences. Then read each sentence to your partner and listen to his or her response. Does your partner agree or disagree with you? Check the appropriate column to indicate your partner's response. When your partner tells you his or her opinion, respond with one of the reactions below.

Mi opinión ...	Está de acuerdo	No está de acuerdo
1. Me gustan más las películas de _____.	_____	_____
2. _____ es el peor actor del cine.	_____	_____
3. Una película policíaca es (más / menos) emocionante que una película de ciencia ficción.	_____	_____
4. La mejor película romántica es _____.	_____	_____
5. Deben dar (más / menos) programas educativos en la tele.	_____	_____
6. De las telenovelas, _____ es más triste que _____.	_____	_____
7. _____ es la mejor actriz de la tele.	_____	_____
8. El programa de entrevistas que me interesa más es _____.	_____	_____
9. El peor programa de televisión es _____.	_____	_____
10. Los dibujos animados me _____.	_____	_____
11. Las noticias del canal _____ son menos interesantes que las noticias del canal _____.	_____	_____
12. Deben dar más programas _____ en la tele.	_____	_____

REACCIONES

A mí (no) me gusta(n).	Creo que sí.
¡Claro que sí!	Creo que no.
Estoy de acuerdo.	Tienes razón.
No estoy de acuerdo.	No tienes razón.

Realidades **1**

Nombre _____

Capítulo 9A

Fecha _____

Communicative Activity **9A-2**
Estudiante **A**

Your partner has interviewed an actress, a director, and some students about what they like and dislike about television and the movies. Now you are interested in knowing what your partner discovered. Ask your partner who has the following interests. Record your partner's answers on the lines provided.

1. ¿A quién le encantan las telenovelas?

   _____

2. ¿A quién no le gusta después de ver una película de horror?

   _____

3. ¿A quién le falta una televisión?

   _____

4. ¿A quién le queda bien el vestido?

   _____

5. ¿A quién le aburren los programas de entrevistas?

   _____

6. ¿A quién le interesan las películas románticas?

   _____

7. ¿A quién le gusta el canal de música?

   _____

8. ¿A quién le interesan los programas deportivos?

   _____

Now imagine that you are an actor being interviewed on a talk show. The host is interested in learning about preferences of Hollywood insiders. Your partner will play the role of the talk show host. Answer your partner's questions with the information below.

el actor	X	X	X			X		X
las actrices	X			X			X	X
el escritor	X				X	X	X	

Realidades ①

Capítulo 9A

Nombre _____

Fecha _____

Communicative Activity **9A-2**
Estudiante **B**

Imagine that you have interviewed an actress, a director, and some students about what they like and dislike about television and the movies. Your partner is interested in knowing what you discovered. Answer your partner's questions with the information below.

la actriz			X	X			X	
el director		X	X		X			X
los estudiantes	X	X		X	X	X		

Now imagine that you are a talk show host and are interviewing a famous actor. You are interested in learning about the preferences of Hollywood insiders. Your partner will play the role of the actor. Record your partner's answers on the lines provided.

1. ¿A quién le aburren los programas de concursos?

_____

2. ¿A quién le encantan las películas policíacas?

_____

3. ¿A quién le gusta el canal de noticias?

_____

4. ¿A quién le falta el dinero?

_____

5. ¿A quién le duele la mano?

_____

6. ¿A quién le interesan los programas de dibujos animados?

_____

7. ¿A quién le quedan los trajes?

_____

8. ¿A quién le gustan las comedias?

_____

Situation Cards

2A

Capítulo 9A   **Realidades** **1**

Describing movies and expressing opinions
You and a friend are talking about movies.

— Tell your friend about a movie you've just seen and
  mention what kind of movie it is.

— Respond to your friend's question.

— Answer your friend's question and explain why you
  like or dislike the actor or actress.

— Respond to your friend's question.

— Say good-bye.

2B

Capítulo 9A   **Realidades** **1**

Describing movies and expressing opinions
You and a friend are talking about movies.

— Tell your friend what you think about that kind of
  movie and then ask if he or she liked the movie.

— Ask your friend who the lead actor or actress was
  in the movie.

— Ask your friend who his or her favorite actor or
  actress is.

— Say good-bye.

1A

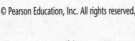

Capítulo 9A   **Realidades** **1**

Describing TV programs and expressing opinions
You and a friend are talking about television.

— Greet your friend.

— Ask your friend what his or her favorite type of
  television program is.

— Tell your friend what you think the best type of
  program is and then ask him or her about the worst
  type of show.

— Respond to your friend's question.

— Say good-bye.

1B

Capítulo 9A   **Realidades** **1**

Describing TV programs and expressing opinions
You and a friend are talking about television.

— Greet your friend.

— Respond to your friend's question and explain why.

— Answer your friend's question and ask him or her
  about the worst type of show.

— Say good-bye.

GramActiva

El cine y la televisión
¿Qué dan esta semana?, p. 443

Nombre	
Clase de película o programa	
Actor/actores	
Actriz/actrices	
Cómo es	
Cuánto tiempo dura	
Para quiénes es bueno(a)	
Tus impresiones	

Vocabulary Clip Art

Vocabulary Clip Art

Practice Workbook Answers

9A-1

A.
1. película de horror
2. película de ciencia ficción
3. película policíaca
4. drama
5. película romántica
6. comedia

B.
Answers may vary.
1. Casi son las cinco.
2. Son las dos y media.
3. menos de dos horas
4. antes de las doce

9A-2
1. de dibujos animados
2. de noticias
3. educativos
4. de concursos
5. musicales
6. de entrevistas
7. deportivos
8. telenovelas

9A-3
película / policíacas / por eso / sobre / realistas / me / horror / clase de / programas / concursos / canal

9A-4
1. Tres programas de noticias empiezan a las seis.
2. El canal 42 (cuarenta y dos) tiene programas deportivos. El canal 60 (sesenta) tiene programas musicales. El dos tiene programas educativos.
3. Puedo ver el fútbol en el canal 42 (cuarenta y dos) a las ocho.
4. Voy a ver el canal 2 (dos) para ver un programa educativo a las nueve.
5. Un programa de concursos empieza a las nueve en el canal 33 (treinta y tres). Un programa de la vida real empieza a las nueve en el canal 30 (treinta).
6. Dan un programa de entrevistas a las siete en el canal 26 (veintiséis).
7. Sí, dan una película de horror a las ocho en el canal 26 (veintiséis).

9A-5
1. acaba de esquiar. Ahora va a comer.
2. acabamos de jugar al básquetbol. Ahora vamos a beber (agua).
3. acaban de ver una una película. Ahora van a casa.
4. acabo de ver la tele. Ahora voy a hacer la tarea (estudiar).
5. acabas de leer. Ahora vas a lavar el coche.
6. acaban de usar la computadora. Ahora van a salir de la escuela (ir a casa).
7. acaba de comer (cenar). Ahora va a jugar videojuegos.
8. acaba de reciclar (separar el vidrio y el plástico). Ahora va a ir al centro de reciclaje.

9A-6

A.
1. interesa
2. duele
3. aburren
4. encanta
5. gustan
6. interesa
7. quedan / falta

B.
1. me falta
2. les aburren
3. le queda
4. te encantan
5. les gusta
6. le duelen
7. le faltan
8. nos interesan
9. les interesan

9A-7
1. A Elena le encanta leer y escribir poemas.
2. A ti te faltan unos zapatos negros para ir a la fiesta.
3. A mí me duelen los pies después de correr diez kilómetros.
4. Al Sr. Mirabal le interesa el fútbol americano.
5. A mis padres les aburren los programas de entrevistas.
6. A nosotros nos importa el trabajo voluntario.
7. A Uds. les falta el dinero para comprar los boletos para el cine.

8. A José y a Felipe les interesan las películas policíacas.
9. A Angélica le aburre el trabajo.
10. A Vanessa y a mí nos encanta la comida italiana.

Crucigrama (9A-8)
Across:
3. película
6. ciencia ficción
8. telenovela
12. por eso
13. cómica
15. actor
16. duran
17. entrevistas
19. concursos

Down:
1. canal
2. fascinante
4. ya
5. actriz
7. infantil
9. faltar
10. noticias
11. policíaca
14. de veras
16. deportivos
18. sobre

Organizer (9A-9)
I. **Vocabulary** Answers will vary.
II. **Grammar**
1. acabar / de
2. is pleasing to me / indirect object pronoun / verb / subject

Antes de ver el video

Actividad 1

In the second column, write the title of a movie or a television program that is associated with the category in the first column. The first one is done for you.   **Answers will vary.**

Programa o película	Nombre del programa o película
telenovelas	"Days of Our Lives"
noticias	
programas de entrevistas	
programas de la vida real	
películas de ciencia ficción	
programas de concurso	
programas educativos	
programas de deportes	
comedias	
dibujos animados	
películas románticas	
programas infantiles	

¿Comprendes?

Actividad 2

Look at the pictures and write what type of program each one is. Then, write the name of the character in the video who likes this type of program.

	CATEGORY	CHARACTER'S NAME
1.	noticias	Ignacio
2.	telenovela	Elena y Ana
3.	deportes	Javier
4.	programa de entrevistas	Elena
5.	dibujos animados	Jorgito

Actividad 3

Using complete sentences, answer the following questions about what happen: in the video.

1. ¿Quién tiene el mando a distancia primero?

   Ignacio tiene el mando a distancia primero.

2. ¿Qué piensa Ana de la telenovela "El amor es loco"?

   Ana piensa que "El amor es loco" es una telenovela fascinante.

3. ¿A quiénes les encantan las telenovelas?

A Ana y Elena les encantan las telenovelas.

4. ¿Qué piensa Ignacio de los programas de la vida real?

Ignacio piensa que los programas de la vida real son tontos.

5. ¿Qué piensa Jorgito de escuchar música en el cuarto de su hermana?

A Jorgito le encanta escuchar música en el cuarto de su hermana.

6. ¿Qué deciden hacer los amigos al final?

Los amigos deciden ir al cine.

7. ¿Qué quiere ver Elena en el cine? ¿Están de acuerdo Ignacio y Javier?

Elena quiere ver una película romántica. Ellos no están de cuerdo.

Y, ¿qué más?

Actividad 4

What kind of TV programs do you like? What type of movies do you enjoy watching? Explain your preferences. Follow the model.

Modelo

A mí me gustan mucho los programas de concursos: son muy divertidos porque puedes jugarlos en casa con tu familia o amigos. Mi hermano prefiere los deportes; siempre quiere el mando a distancia para ver los juegos. Cuando voy al cine prefiero ver comedias, pues las películas románticas son aburridas.

Answers will vary.

Actividad 5

Your friend is reading you the television line-up for a local television station. After listening to each program description, fill in on the grid what day or days the program is shown, and what time it is shown, and what type of program it is. You will hear each set of statements twice.

	Día(s)	Hora	Clase de programa
"Mi computadora"	domingo	5:00 P.M.	comedia
"La detective Morales"	viernes	8:00 P.M.	programa policíaco
"Cine en su sofá"	martes	10:00 P.M.	película romántica
"Las aventuras del Gato Félix"	sábado	9:00 A.M.	dibujos animados
"Cara a cara"	lunes	11:00 A.M.	programa de entrevistas
"Lo mejor del béisbol"	miércoles	3:00 P.M.	programa deportivo
"Marisol"	lunes a viernes	2:30 P.M.	telenovela
"Festival"	viernes	7:00 P.M.	programa musical
"Treinta minutos"	todos los días	6:00 A.M.	noticias
"Las Américas"	sábado	11:30 A.M.	programa educativo

Actividad 6

Listen as people in a video rental store talk about what kind of movie they want to rent. After listening to each conversation, put the letter of the type of film they agree on in the space provided. You will hear each conversation twice.

1. ___B___
2. ___G___
3. ___E___
4. ___C___
5. ___F___
6. ___A___
7. ___D___

A. una película policíaca

B. una comedia

C. un drama

D. una película de ciencia ficción

E. una película romántica

F. una película de horror

G. una película de dibujos animados

Realidades **1**

Capítulo 9A

Nombre

Fecha

Hora

AUDIO

Actividad 7

Listen to a film critic interviewing five people on opening night of the movie *Marruecos*. After listening to each person's interview, circle the number of stars that closely matches the person's opinion of the movie, from a low rating of one star to a high rating of four. After noting all of the opinions, give the movie an overall rating of one to four stars, and give a reason for your answer. You will hear each conversation twice.

	No le gustó nada	Le gustó más o menos	Le gustó mucho	Le encantó
1.	[★]	[★★]	[★★★]	(★★★★)
2.	(★)	[★★]	[★★★★]	[★★★★★]
3.	[★]	(★★★)	[★★★★]	[★★★★]
4.	[★]	[★★]	[★★★]	(★★★★)
5.	[★]	[★★]	(★★★★)	[★★★★]

¿Cuántas estrellas para *Marruecos*? ¿Por qué?

Answers will vary, but overall rating should be about 3 stars.

Actividad 8

Listen as two friends talk on the phone about what they just saw on TV. Do they seem to like the same type of programs? As you listen to their conversation, fill in the Venn Diagram, indicating: 1) which programs only Alicia likes; 2) which programs both Alicia and Laura like; and 3) which programs only Laura likes. You will hear this conversation twice.

a Alicia

a ellos

a Laura

1. la ciencia ficción
2. los programas de noticias

1. los programas de entrevistas
2. las películas románticas

1. las telenovelas
2. los programas de concursos

Realidades **1**

Capítulo 9A

Nombre

Fecha

Hora

AUDIO

Actividad 9

Listen as a television critic reviews some of the new shows of the season. As you listen, determine which shows he likes and dislikes, and why. Fill in the chart. You will hear each paragraph twice.

	Le gusta...	¿Por qué le gusta?	No le gusta...	¿Por qué no le gusta?
1	X	Entiende sus propios problemas cuando lo escucha.		
2			X	Está enfermo cuando lo mira.
3	X	Es sobre toda clase de gente.		
4			X	Diana habla demasiado.
5	X	Los actores son graciosos.		

[Answers may vary for several reasons. Some teachers may require a complete sentence while others may be satisfied with a descriptive phrase. Other teachers may allow their students to fill in the grid in English.]

Actividad 11

Your school newspaper printed a picture of the preparations for the Cinco de Mayo party at your school. Describe the photo using a form of **acabar de** + infinitive to tell what everyone just finished doing before the picture was taken.   **Answers will vary.**

Modelo   *Horacio Ibáñez acaba de sacar la foto.*

1. Isabel _____ *acaba de decorar el cuarto.* _____

2. Julia y Ramón _____ *acaban de poner la mesa.* _____

3. Yo _____ *acabo de lavar el piso.* _____

4. La señora Lemaños _____ *acaba de preparar la comida.* _____

5. Ana _____ *acaba de hacer unos regalos.* _____

Actividad 10

Answer the following questions about movies and television.   **Answers will vary.**

1. ¿Te gusta ir al cine?

2. ¿Prefieres los dramas o las comedias? ¿Por qué?

3. ¿Cómo se llama tu película favorita? ¿Qué clase de película es?

4. ¿Te gustan las películas policíacas? ¿Por qué?

5. ¿Te gusta más ver le tele o leer? ¿Por qué?

6. ¿Qué clase de programas prefieres? ¿Por qué?

7. ¿Cuántos canales de televisión puedes ver en casa?

¿Cuál es tu canal favorito?

¿Por qué?

8. ¿Tienes un programa favorito? ¿Cómo se llama?

Actividad 12

You and your friends are talking about movies. Tell about people's preferences by choosing a subject from the first column and matching it with words from the other two columns to make complete sentences. Use each subject only once, but words from the other columns can be used more than once. Follow the model.   **Answers will vary.**

nosotros	gustar	las películas románticas
mis padres	encantar	las película de horror
mí	aburrir	las películas policíacas
ti	interesar	las comedias
los profesores	disgustar	los dramas
mis amigas		
mi abuelo		

Modelo   _A mí me encantan las películas románticas._

1. _____

2. _____

3. _____

4. _____

5. _____

6. _____

Actividad 13

You are writing your new Spanish-speaking pen pal an e-mail about American television. First tell him about a program that you just saw. What type of show was it? Did you like it? Was it interesing? Then, tell him about two other types of TV shows that are popular in America. Make sure to tell him your opinion of these types of shows, and what some other people you know think about them.   **Answers will vary.**

Fecha: 20 de abril

Tema: La televisión

Querido Pancho:

¡Hola! ¿Cómo estás? Acabo de terminar de ver el programa _____

_____. A mí _____

_____

En los Estados Unidos, la gente ve mucho la tele. _____

_____

_____

_____

¡Te escribo pronto!

Un abrazo,

_____

School-to-Home Connection

Dear Parent or Guardian,

The theme for the chapter is *Medios de comunicación* (Communication) and this chapter is called *La tecnología* (Technology).

Upon completion of this chapter, your child will be able to:

- talk about computers and the Internet
- ask for something
- tell what something is used for
- talk about knowing people or knowing how to do things
- understand cultural perspectives on using technology

Also, your child will explore:

- how to divide words into syllables
- using the suffix *-mente* to form an adverb

Realidades helps with the development of reading, writing, and speaking skills through the use of strategies, process speaking, and process writing. In this chapter, students will:

- read an Internet article about the mixture of technology terms in contemporary Spanish
- write an e-mail to a friend defending their computer use

Remember that additional help is available online at www.PHSchool.com by using the Web Codes in the Student Edition or in the Practice Workbook.

Check it out! Ask your child to name in Spanish his or her favorite computer activities. Then have him or her describe these activities in English.

Sincerely,

For: Tips to Parents
Visit: www.phschool.com
Web Code: jce-0010

Chapter Resource Checklist

Resources	CO	APV	VH	MAN	LEC	PER	PE	VM	REP	PREP
Teacher										
Teacher's Resource Book										
Input Script		▓								
Audio Script		▓	▓	▓					▓	
GramActiva BLM				▓						
Communicative Activities BLM				▓						
School-to-Home Connection BLM	▓									
Clip Art		▓								▓
Situation Cards BLM									▓	
TPR Storytelling Book										
Fine Art Transparencies Teacher's Guide										
Student										
Practice Workbook		▓							▓	
Vocabulary		▓								
Grammar				▓						
Crossword Puzzle										
Organizer										
Writing, Audio & Video Workbook										
Writing				▓						
Audio				▓						
Video			▓	▓						
Heritage Language Learner Workbook										
Transparencies		▓	▓	▓	▓	▓				
Practice Answers		▓								▓
Vocabulary and Grammar	▓	▓								
Fine Art	▓									
Assessment										
Assessment Program										
Quizzes			▓							
Chapter Test			▓							
ExamView Test Bank CD-ROM			▓							
Test Preparation Workbook			▓							
Alternative Assessment										
Performance-Based Speaking			▓				▓		▓	
Rubrics	▓								▓	
Internet Self-Test										▓
Technology										
I-text	▓	▓	▓	▓						
Teacher Express CD-ROM	▓	▓	▓	▓						
Video Program (VHS and DVD)	▓	▓	▓	▓				▓		
Audio Program		▓	▓	▓						
CD 9B		▓	▓	▓						▓
Assessment CD										
Song CD		▓								

Abbreviation Key

CO = Chapter Opener; APV = A primera vista; VH = Videohistoria; MAN = Manos a la obra; LEC = Lectura;
CV = Cultura en vivo; PO = Presentación oral; PE = Presentación escrita; MH = Mundo hispano; VM = Videomisterio;
REP = Repaso del capítulo; PER = Perspectivas del mundo hispano; PREP = Preparación para el examen

Input Script

Presentation

Input Vocabulary 1: Place the transparency showing computer uses on the screen. Hand copies of the Vocabulary Clip Art to students and have them tear them into individual images. Announce to students *"¡La escuela va a vender todas las computadoras, y con el dinero, va a comprar un* hot tub *para la sala de descanso de los profesores! ¡A mí me gusta la idea de un* hot tub, *pero no creo que es una buena idea vender las computadoras! Miren …"* Describe how important each computer use is to students as you point to the images. Ask students about each computer use *"¿Están de acuerdo? ¿Es importante poder ___?"* Have students raise the corresponding Clip Art if they agree it is important. Then tell students to arrange their Clip Art from left to right, with the one on the far left being *el uso más importante para mí* and the one on the right being *el uso menos importante para mí.* Ask students where they placed each computer use.

Input Dialogue: Role-play the grandfather's first speech bubble and his granddaughter's first sentence. Then ask individual students *"¿Te comunicas con el correo electrónico?"* Use gestures to help convey meaning. Ask students who respond positively *"¿Es complicado?"* Ask about other activities *"¿Debo tomar un curso para aprender a jugar al vóleibol?"* Students will respond with *"No, puede aprender facilmente."* You might throw in an activity such as *volar un avión* and have students tell you that it *is* complicated and you *do* need to take a course.

Model the next two sentences of the granddaughter's speech bubble. Then ask *"¿Debes tener miedo de los osos?"* Nod your head vigorously and say *"¡Sí, por supuesto, debes tener miedo de los osos!"* Then ask individual students *"¿Si un oso entra en la sala de clases, te puedo pedir ayuda?"*

Then model the remaining lines of the granddaughter's speech bubble and the grandfather's second speech bubble. Ask individual students *"¿Cómo te comunicas con tus amigos? ¿Por correo electrónico? ¿Carta? ¿Tarjeta? ¿Cara a cara?"* Have students raise their hand when they hear the ones that applies to them.

Comprehension Check

- Call out different school subjects and have students hold up the Clip Art image of the computer use most helpful for that school subject. For example, *"El arte"* (students hold up the *hacer gráficos* image).

- Describe different situations and have students tell you the best way to communicate *"Es el cumpleaños de tu abuela. Tienes una pregunta sobre la tarea de español. ¡Viste el novio de tu amiga en el cine con otra chica!"*

- Bring to class pictures of different animals and insects, both scary and not scary. Show students the pictures and ask *"Tienes miedo de ___?"* Have students respond *"Sí, tengo miedo."* or *"No, no tengo miedo."*

Audio Script

Audio CD, Capítulo 9B

Track 01: *A primera vista,* **Student Book, p. 450, (2:09)**

La tecnología

Read along as you listen to the statement.

FEMALE TEEN: En el laboratorio en nuestra escuela, los estudiantes saben usar las computadoras para hacer muchas cosas. A muchos estudiantes les gusta … (quick pause) … crear documentos o escribir una composición … (quick pause) … hacer gráficos … (quick pause) y preparar presentaciones con diapositivas.

FEMALE TEEN: Otros estudiantes están en línea para navegar en la Red. Pueden buscar un sitio Web o bajar información para un informe.

FEMALE TEEN: A otros les interesa grabar un disco compacto. Esta chica graba canciones.

You will hear each word or phrase twice. After the first time there will be a pause so you can pronounce it, then you will hear the word or phrase a second time.

la diapositiva
la computadora portátil
una canción

Track 02: *A primera vista,* **Student Book, p. 451, (1:36)**

Read along as you listen to the statement.

ABUELO: Nunca me comunico con el correo electrónico. ¿Es complicado? ¿Debo tomar un curso para aprender?

FEMALE TEEN: No, abuelito, puedes aprender fácilmente. No debes tener miedo de usar la computadora. Y siempre me puedes pedir ayuda. ¿Cómo te comunicas con tus amigos que no viven cerca?

ABUELO: Prefiero enviarles una carta o una tarjeta o puedo visitarlos para hablar cara a cara. Es mucho más personal.

You will hear each word or phrase twice. After the first time there will be a pause so you can pronounce it, then you will hear the word or phrase a second time.

la carta   la tarjeta   hablar cara a cara

Track 03: *A primera vista:* **Act. 1, Student Book, p. 451, (2:33)**

¿Sí o no?

Vas a escuchar siete frases. Si una frase es cierta, haz el gesto del pulgar hacia arriba. Si una frase es falsa, haz el gesto del pulgar hacia abajo. Vas a escuchar las frases dos veces.

1. Necesito una computadora para comunicarme cara a cara con mis amigos.
2. Para navegar en la Red necesito estar en línea.
3. No es posible jugar juegos en la Red.
4. No podemos preparar una presentación con diapositivas en una computadora portátil.

5. Tengo que estar en la Red para crear gráficos y documentos.
6. Es posible enviar una foto por correo electrónico.
7. No es posible enviar una tarjeta por correo electrónico.

Track 04: *A primera vista:* **Act. 2, Student Book, p. 451, (1:37)**

¿Es lógico?

Primero lee las respuestas. Luego escucha cada conversación y escoge el comentario más lógico. Vas a escuchar las frases dos veces.

1. **ADULT MALE:** Hijo, no me gusta nada navegar en la Red.
   MALE TEEN 1: Pero, papá, no es complicado.
2. **MALE TEEN 1:** Necesito bajar información de la Red para un informe.
   MALE TEEN 2: Muy bien. Tienes que estar en línea.
3. **FEMALE TEEN 1:** Tu tía va a celebrar su cumpleaños en una semana.
   FEMALE TEEN 2: ¿Por qué no le envías una tarjeta?

Track 05: *A primera vista: Videohistoria,* **Student Book, pp. 452–453, (2:50)**

¿Cómo se comunica?

Ana sabe usar una cámara digital y una computadora. Ella puede navegar en la Red y tiene su propia página Web. ¿Qué le va a enseñar a Javier?

Read along as you listen to the *Videohistoria.*
See student pages 452–453 for script.

Track 06: *Manos a la obra:* **Act. 5, Student Book, p. 455, (3:15)**

1. Vas a escuchar las opiniones de cuatro personas sobre cómo prefieren comunicarse. En una hoja de papel, escribe los números del 1 al 4 y escribe lo que escuchas. Vas a escuchar las frases dos veces.
2. Después de escuchar sus opiniones, indica si crees que las personas que tienen estas opiniones están en la sala o en el laboratorio de computadoras.

1. Me gusta más hablar cara a cara con mis amigos. No los visito en los salones de chat.
2. No me gusta ir a la biblioteca por libros. Prefiero estar en línea en casa buscando información.
3. Me interesa más crear una presentación usando gráficos. Es fácil bajar los gráficos y ponerlos en un documento o archivo.
4. No me comunico con mis amigos por correo electrónico. Les hablo por teléfono o les escribo cartas.

Track 07: **Audio Act. 5, Writing, Audio & Video Workbook, p. 183, (8:23)**

While navigating a new Web site, two friends click on a link to a self-quiz to find out if they are *CiberAdictos.* Based on their discussion of each question, write in the chart below whether you think they answered *sí* or *no.*

According to the Web site, a score of more than six *sí* answers determines that you are a *CiberAdicto*. You will hear each set of statements twice.

1. **RAFAEL:** Bueno. ¿Pasas más de treinta minutos cada día en la Red? Pues, yo sí. Paso al menos dos horas cada día en la Red. ¿Y tú, Miguel?
   MIGUEL: Yo también. Estoy en línea desde las cuatro de la tarde hasta las once de la noche.
2. **RAFAEL:** ¿Prefieres comunicarte con tus amigos por correo electrónico o por teléfono? No es una pregunta difícil. Yo prefiero el correo electrónico porque es más rápido.
   MIGUEL: Yo no. Yo quiero comunicarme cara a cara. Con el correo electrónico, hay muchos problemas de comunicación.
3. **RAFAEL:** ¿Vas a la Red para sacar información? Bajo toda la información que necesito de la Red. Miguel, ¿qué haces tú?
   MIGUEL: Yo prefiero la Red también. Los libros en la biblioteca no tienen la información más nueva.
4. **RAFAEL:** ¿Usas la Red para escuchar música nueva? Yo escucho música en un sitio Web para música latina. Si me gusta una canción, la grabo en un disco compacto. Miguel, ¿tú grabas discos compactos también?
   MIGUEL: Yo, no. Yo tengo una colección muy grande de discos compactos que compré con mi propio dinero.
5. **RAFAEL:** ¿Tienes tu propia página Web? Yo, no. Necesito comprar una cámara digital primero. Miguel, ¿tienes una página Web?
   MIGUEL: Acabo de terminarla. Tengo fotos de mis amigos y de mis lugares favoritos.
6. **RAFAEL:** ¿Compras mucho en la Red? Yo compro mucha ropa en las tiendas de la Red. Es más barata. Compré un suéter por quince dólares hace una semana. En el centro comercial de aquí cuesta veinticinco dólares. ¿Y tú, Miguel?
   MIGUEL: Tengo miedo de comprar algo en la Red. No quiero dar información personal a una persona que no conozco.
7. **RAFAEL:** ¿Te gusta visitar salones de chat? [*pause*] A mí, no. Prefiero hablar con mis amigos cara a cara. No quiero unos amigos imaginarios que no conozco. En los salones de chat no sé si hablo con una persona de quince años o de cincuenta.
   MIGUEL: Tienes razón, Rafael. No me gustan los salones de chat tampoco. Me aburren porque las conversaciones son ridículas.
8. **RAFAEL:** ¿Usas la computadora para la escuela? Pues, sí. La uso para mis informes de la escuela y para jugar videojuegos también.
   MIGUEL: Rafael, tú usas la computadora para todo. Yo uso los videojuegos de la computadora cada noche, pero no la uso mucho para la escuela.

Track 08: Audio Act. 6, Writing, Audio & Video Workbook, p. 183, (3:07)

Victor has studied for the first quiz in his beginning technology class. As the teacher reads each statement, he

is to answer *falso* or *cierto*. Listen to the statements and write the answers in the boxes, and take the quiz too. Would you be able to score 100%? You will hear each statement twice.

1. Puedes usar una computadora portátil cuando viajas en avión.
2. Es más rápido mandar una tarjeta postal que un correo electrónico.
3. Generalmente conoces bien a las personas en los salones de chat.
4. Puedes usar los gráficos de la Red para hacer más interesantes tus informes.
5. Es muy caro mandar una tarjeta electrónica en la Red.
6. Necesitas estar en línea para navegar la Red.
7. Puedes usar diapositivas en una presentación de computadora.
8. Cada sitio Web tiene su propia dirección electrónica.
9. Hace cien años que tenemos las computadoras y la Red.
10. Con la Red es más fácil y más rápido obtener información.

Track 09: Audio Act. 7, Writing, Audio & Video Workbook, p. 183, (4:07)

Listen to the following conversations that you overhear while sitting at a table in the Café Mariposa. After listening to what each person is saying, write the number in the corresponding dialogue bubble. You will hear each statement twice.

1. **SR. CRUZ:** ¿Qué es esto? Yo pido un bistec y me sirve espaguetis.
2. **SRA. VARGAS:** Yo pido una ensalada de frutas y me sirve pescado. No puedo comer este pescado. Es horrible.
3. **SR. ÁVILA:** ¡Camarero! No me gusta la salsa de tomate encima de mis espaguetis. Yo pido mis espaguetis con mantequilla solamente, y me sirve esto. No me gustan las salsas de tomate.
4. **MARCELO:** Papá, no me gusta esta sopa. Está fría. Quiero pedir espaguetis.
   DANIELE: ¿Por qué nos sirve sopa fría, Marcelo? ¡Pedimos espaguetis! ¡Yo quiero espaguetis!
5. **SR. URBINA:** ¿Qué es esto? ¿Un bistec? Yo pido pollo y el camarero me sirve un bistec. ¡Qué asco!
6. **SRA. CAMPOS:** Generalmente pido una ensalada de frutas. Pero esta noche, no. Mi amor, ¿puedes decirle al camarero que quiero una ensalada de lechuga y tomate?
   SR. CAMPOS: Sí. ¡Camarero! Mi esposa quiere una ensalada de lechuga y tomate.
7. **SRA. SUERTE:** Mi arroz con pollo está muy sabroso. La próxima vez ustedes deben pedir arroz con pollo.

Track 10: Audio Act. 8, Writing, Audio & Video Workbook, p. 184, (4:24)

Listen as teenagers talk to each other about what they need to learn how to do. The second teenager is always able to suggest someone whom the first teenager should ask for help. Match the person who is suggested to the correct picture. You will hear each set of statements twice.

1. **FEMALE TEEN 1:** Yo quiero hacer ejercicio, pero me aburre correr o nadar. Quiero levantar pesas. ¿Sabes levantar pesas correctamente?

   FEMALE TEEN 2: Yo, no. ¿Pero conoces a Marta? Ella va al gimnasio cada día para levantar pesas. Voy a presentarte a Marta.

2. **MALE TEEN 1:** ¿Sabes si una computadora portátil es muy diferente de una computadora normal?

   MALE TEEN 2: No sé. ¿Conoces a Lorena? Ella conoce bien las computadoras portátiles.

3. **FEMALE TEEN 3:** No sabemos navegar en la Red. ¿Puedes ayudarnos?

   FEMALE TEEN 4: ¿Conocen Uds. a Susi? Ella sabe mucho de navegar la Red para buscar información.

   FEMALE TEEN 5: No, no conocemos a Susi, pero debes pedirle ayuda. Nos parece simpática.

4. **MALE TEEN 3:** Necesito practicar básquetbol, pero ninguno de mis amigos tiene tiempo hoy.

   MALE TEEN 4: ¿Conoces a Andrés? ¿Lo ves? Está practicando básquetbol ahora. Puedes practicar con él.

5. **FEMALE TEEN 6:** Me gusta mucho la música, pero no sé grabarla de la Red.

   FEMALE TEEN 7: Mis amigos conocen a una chica que sabe mucho sobre grabar discos compactos. Debes conocerla.

6. **MALE TEEN 5:** Quiero sacar fotos del cumpleaños de mi abuelo. ¿Sabes hacer un video?

   MALE TEEN 6: Yo, no. Pero Javier sí sabe. ¿Lo conoces?

Track 11: Audio Act. 9, Writing, Audio & Video Workbook, p. 184, (3:50)

Listen as two people discuss how the computer and the Internet have changed our lives. As you listen, organize their points into two columns by summarizing what they say. You will hear each set of statements twice.

1. **ADULT FEMALE 1:** Una vez, escribimos cartas bonitas y largas a nuestros novios. Hoy solamente enviamos correos electrónicos muy cortos.
   ADULT MALE 1: De acuerdo, señorita. Pero ahora si uno escribe una carta por correo electrónico, la otra persona puede recibirla en menos de un minuto. Antes, una persona recibió la carta dos semanas después.

2. **ADULT FEMALE 1:** Ahora puedes tener una conversación con un amigo que vive en otro país y no cuesta nada en los salones de chat.
   ADULT MALE 1: Sí, pero en el pasado los amigos escucharon la voz de la otra persona. En los salones de chat, generalmente no pueden escuchar la voz. Solamente pueden leer sus palabras.

3. **ADULT FEMALE 1:** Una vez, escuchamos la música nueva en la radio.
   ADULT MALE 1: Y ahora escuchamos la música en la Red y la grabamos en discos compactos.

4. **ADULT FEMALE 1:** Con las computadoras y la Red todo

el mundo es muy impaciente. Hoy, queremos todo AHORA.
   ADULT MALE 1: Sí. Es cierto. Todo AHORA y todo PERFECTO. En el pasado, una persona pasó muchas horas en la biblioteca, buscando la información que necesitaba. Hoy no.

Track 12: *Pronunciación*, Dividing words into syllables, Student Book, p. 462, (6:13)

Knowing how to divide words into syllables will help you sound out a new word. Just as in English, all syllables in Spanish include a vowel. When there is a consonant between two vowels, you divide the word into syllables before the consonant. The letter combinations *ch, ll,* and *rr* are never divided in Spanish. Listen to and say these words:

You will hear each word twice. After the word is pronounced the first time, there will be a pause so you can pronounce it. Then you will hear the word a second time.

ju-gar	no-ti-cias	na-ve-gar
ca-lle	la-bo-ra-to-rio	a-bu-rri-do
pá-gi-na	co-mu-ni-dad	

When there are two consonants between vowels, you divide the word between the consonants. Exceptions are the blends *pr, pl, br, bl, fr, fl, tr, dr, cr, cl, gr,* and *gl.* These blends are never divided and go with the following vowel: *pro-ble-ma.* Listen to and say these words:

car-ta	a-bri-go	jar-dín
par-que	con-cur-sos	pa-dres
in-fan-til	des-can-sar	

When there are three or more consonants between vowel sounds, the first two go with the vowel that precedes them and the third goes with the vowel that follows them: *trans-por-te.* When the second and third consonants form a blend, however, the first consonant goes with the vowel before it and the other consonants go with the vowel that follows them: *en-tre.* Listen to and say these words:

es-cri-to-rio	com-pli-ca-do
en-tre-vis-tas	com-pras-te

Try it out! See if you can separate the following words into the correct syllables.

1. emocionante
2. rápidamente
3. computadora
4. problema
5. electrónico
6. comunicamos

Track 13: *Repaso del capítulo*, Student Book, p. 470, (5:16)

Listen to these words and expressions that you have learned in this chapter. You will hear each word or expression once.

See student page 470 for vocabulary list.

Track 14: *Preparación para el examen*, Student Book, p. 471, (1:24)

Escuchar
Practice task.
You overhear people expressing their opinions about

computers. Tell whether each person likes or dislikes
using computers.

MALE TEEN 1: A mí me gusta más hablar cara a cara con
mis amigos. Así, puedo ver si están aburridos,
interesados o impacientes. No puedo verlos si uso la
computadora.

FEMALE TEEN 1: Prefiero usar mi computadora para
escribir correos electrónicos a mis amigas. Es más
rápido y económico.

MALE TEEN 2: Con las computadoras puedo buscar
información para mis presentaciones en clase. Es más
práctico que ir a la biblioteca.

FEMALE TEEN 2: A veces las computadoras no funcionan
bien o hay muchas personas en el laboratorio. Me gusta
más escribir las composiciones en mi cuaderno.

Video Script

A primera vista: *¿Cómo se comunica?*, (6:59)

ANA: Hola, Javier. ¿Cómo estás?

JAVIER: Regular, ¿y tú?

ANA: Muy bien. Mira. Tengo una cámara nueva. Es digital. Acabo de comprarla. ¿Qué piensas?

JAVIER: A ver. No conozco este tipo de cámara.

ANA: Es fascinante. Saca fotos digitales.

JAVIER: ¡Qué interesante!

ANA: ¿Adónde vas?

JAVIER: Voy a enviar una tarjeta a mi amigo, Esteban.

ANA: Ah, sí. El chico de San Antonio, ¿verdad?

JAVIER: Exacto. Mira. Tengo una foto de él.

ANA: Hmmm. Parece muy simpático. ¿Te acompaño?

JAVIER: ¡Claro!

ANA: Quiero sacar unas fotos con mi cámara. Aquí. ¡Sonríe!

JAVIER: Ana, por favor.

ANA: Vamos, Javier. Uno, dos, tres. Y mira. Aquí estás. ¿Te gusta?

JAVIER: ¡Increíble! Funciona muy bien.

ANA: Y rápidamente. Otra foto.

JAVIER: Está bien. ¿Puedo sacar una foto?

ANA: ¿Por qué no? ¿Qué te parece?

JAVIER: Me gusta. No es muy complicado.

ANA: Una más.

JAVIER: Un momento. Voy a enviar la terjeta.

ANA: ¿Por qué no te comunicas con Esteban por correo electrónico?

JAVIER: No tengo un ordenador en casa.

ANA: No importa. No necesitas un ordenador en casa. Aquí en Madrid hay muchos cibercafés. Hay uno cerca de aquí. Vamos. Mucha gente viene aquí a usar los ordenadores. Mira. Puedes navegar en la Red. ¿Quieres ver mi página Web?

JAVIER: Sí. ¿Tú hiciste esto?

ANA: Sí, yo lo hice. Es fácil.

JAVIER: Está muy bien, pero, ¿para qué sirve?

ANA: El ordenador sirve para mucho. Sirve para escribir por correo electrónico. Puedes visitar salones de chat. Puedes jugar juegos. Y hay mucha información en la Red.

JAVIER: No sé.

ANA: Tengo una idea. Tu amigo en San Antonio, Esteban. Tiene una dirección electrónica, ¿no?

JAVIER: Creo que sí. Aquí está su dirección.

ANA: ¡Eso es! Tú vas a escribirle por correo electrónico. Y le vamos a enviar esta foto de nosotros.

JAVIER: *Hola, Esteban. Un saludo desde un cibercafé en Madrid … Y aquí está una foto de mi buena amiga, Ana.*

ESTEBAN: *Es evidente que Javier está contento en Madrid … ¿Qué tal la familia? Y el cumpleaños de Cristina, ¿cómo lo pasaste?*

GramActiva Videos: the present tense of *pedir* and *servir*; *saber* and *conocer*, (6:00)

The present tense of *pedir* and *servir*

HOST: Here's the 15-second intro. *Pedir*, "to ask for" or "to order," and "*servir*," "to serve," are stem-changing verbs. The *e* in the stem changes to *i* in all forms except *nosotros(as)* and *vosotros(as)*.

EXCLAMATION MAN: Conjugation!

HOST: *Pido. Pides. Pide. Pedimos. Pedís. Piden.* Here's something to tuck in your brain: *pedir* is a boot verb. If you circle the forms with stem changes, it makes a boot.

HOST: *Sirvo. Sirves. Sirve. Servimos. Servís. Sirven. Servir* is also a boot verb.

HOST: Now let's check out a few not-quite real-life examples.

HOST: *El camarero le sirve a Carmen el plato principal. ¿Cuál es el plato principal? ¡Una lechuga!*

HOST: *Carmen le pide al camarero una ensalada. ¿Tiene el camarero una ensalada? ¡Sí, él tiene una!*

CARMEN: Gracias.

HOST: Quick quiz before we end.

Quiz

HOST: Fill in the blank with the correct form of the verb.
(pedir) Martín _____ espaguetis en el restaurante.
Martín pide espaguetis en el restaurante.
(servir) El camarero _____ la carne.
El camarero sirve la carne.
(servir) Marisa y yo _____ ensalada en el almuerzo.
Marisa y yo servimos ensalada en el almuerzo.

Saber and *conocer*

HOST: I know the capital of New Zealand. I know the name of the first person I ever kissed. I know how much wood a woodchuck could chuck if a woodchuck could chuck wood. I also know that in Spanish, there are two verbs that mean "to know."

HOST: These verbs are *saber* and *conocer*. Similar to how *ser* and *estar* both mean "to be," *saber* and *conocer* both mean "to know." And like *ser* and *estar*, each verb has specific situations that you use them in.

EINSTEIN: Use *saber* to say you know a fact and to say what you know how to do.
Nosotros sabemos el nombre de la capital de Chile.
Mi esposa sabe navegar en la Red.
And as for me, *sé bailar el tango.*

HOST: Use *conocer* to say you know or are familiar with a person, thing, or place. If you are talking about knowing a person, remember to use the personal *a*.

HOST: *Conocemos al profesor.*
Conoce esa película.
Conozco Nueva York.

GUITAR HOST: *Saber* and *conocer* are irregular in their *yo* forms, but regular in all other forms. Here's the conjugation for *saber*.

HOST: *Sé. Sabes. Sabe. Sabemos. Sabéis. Saben.*

GUITAR HOST: Now for the conjugation of *conocer*.

HOST: *Conozco. Conoces. Conoce. Conocemos. Conocéis. Conocen.*

HOST: You know what's coming next … bouncy ball!

SINGING: Bouncy ball, bouncy ball, look at it bounce, bouncy ball!

HOST: And you know what's coming after that? Examples!

PERSON 1: *¿De dónde son tus padres?*

PERSON 2: *Mi madre es de aquí, de San Antonio. Mi padre es de Bolivia. ¿Conoces Bolivia?*

PERSON 1: *Sí, conozco Bolivia. Mi hermana vive allí.*

PERSON 2: *Interesante.*

JENIFER: *¡Martín! ¡Martín! Hay un concurso mañana. ¿Sabes hablar español?*

MARTÍN: *No, pero mi amigo Luis sabe hablar español muy bien.*

JENIFER: *¡Conozco a Luis! ¿Es el chico alto con el pelo verde?*

MARTÍN: *Sí.*

JENIFER: *¡Gracias, Martín!*

HOST: Keep an eye out for the difference between *saber* and *conocer*.

Quiz

HOST: *Saber* or *conocer*? Fill in the blank with the correct form of *saber* or *conocer*.

HOST: (yo) _____ hablar español.
Sé hablar español.

HOST: (tú) ¿ __ al grupo musical Mono Rojo? (yo) Sí, lo __.
¿Conoces al grupo musical Mono Rojo? Sí, lo conozco.

Videomisterio: ¿Eres tú, María?, Episodio 10, (12:53)

GIL: *¿Listos?*

GIL: *Policía.*

MARÍA: *¿Qué…? ¿Qué pasa?*

GIL: *¿Es usted María Requena?*

MARÍA: *Sí.*

LOLA: *No. Usted es Julia Romero Díaz. María Requena murió hace un año en el hospital San Carlos.*

GIL: *¿Qué? ¿Cómo?*

LOLA: *Deténgala, Inspector …*

JULIA: *No, no fue idea mía. No quería, no quería. Fue él, fue Luis Antonio. Yo no quería … no quería.*

GIL: *Gracias. Bien, señorita, es evidente que Ud. sabe mucho.*

LOLA: *Y, Inspector, puede llamarme Lola.*

GIL: *Bueno, Lola, ¿qué sabe Ud.?*

LOLA: *Hace un año dos chicas tuvieron un accidente de coche. Sabemos ahora que las dos chicas se llamaban María Requena y Julia Romero Díaz. Las llevaron al hospital San Carlos. Y allí, alguien las reconoció.*

GIL: *Y, ¿quién las reconoció?*

LOLA: *Luis Antonio Llamas.*

PACO: *¿Luis Antonio? El hombre del café …*

LOLA: *Sí. Mire, aquí tengo una foto de Luis Antonio y Julia.*

GIL: *Sí, es ella. Y, ¿este hombre es Luis Antonio?*

LOLA: *Luis Antonio trabajó en el hospital como enfermero. También, él y Julia son novios.*

PEÑA: *Eso parece.*

LOLA: *Y los dos son de Barcelona. Y Luis Antonio conoce a la familia. Sabe que la familia y doña Gracia tienen una fortuna. Sabe que doña Gracia tiene muchas joyas. María estaba muy grave. Iba a morir. Entonces Julia tomó la identidad de María.*

GIL: *María murió ¿y esa tal Julia tomó la identidad de María? ¡Es increíble! Y vio una oportunidad. ¡Qué casualidad! Está trabajando en el hospital, el accidente, María y Julia en la misma habitación. Y después, la muerte de María. Ummm. Ahora todo es muy lógico.*

LOLA: *Sí. Luis Antonio tiene mucha suerte. Reconoce a María. María y Julia tienen la misma edad. Las dos tienen el pelo moreno, tienen la misma altura.*

PACO: *La verdadera María muere y Julia toma su identidad en el hospital.*

LOLA: *Sí. Va a vivir con doña Gracia. Es muy fácil. Sabemos que la pobre doña Gracia no puede ver nada.* (flashback)

DOÑA GRACIA: *¡María!*

MARÍA: *Tía Gracia.*

DOÑA GRACIA: *¿Estás bien ya?*

MARÍA: *Sí. Él es Luis Antonio.*

LUIS ANTONIO: *Encantado.*

DOÑA GRACIA: *Pasad, pasad, por favor.*

Ella piensa que Julia es María. Pero no la conoce porque antes María vivía en América. Y ella está muy contenta cuando sabe que "María" va a vivir con ella.

PEÑA: *Pero en realidad, es Julia.*

LOLA: *Sí. Pero, hay un problema. Luis Antonio y Julia saben que María va a recibir las joyas. No fue necesario robarlas. Pero, … Luis Antonio no quiere esperar.*

GIL: *¿Esperar qué?*

LOLA: *La muerte de doña Gracia. Ella tiene ochenta y cinco años y está de muy buena salud. No puede ver mucho, pero es su único problema. Parece que va a vivir muchos años más.*

GIL: *Pero Luis Antonio quería el dinero y las joyas—ahora.*

LOLA: *Sí, ahora. Por fin, él pierde la paciencia. Y decide actuar. Entra en el piso de doña Gracia, ataca a la señora y roba las joyas.*

PACO: *El domingo pasado.*

LOLA: *Sí, el domingo pasado.*

GIL: *Y ese tal Luis Antonio, ¿dónde está ahora?*

LOLA: *No lo sé. Tiene que hablar con la chica, con Julia. Ella debe saberlo todo.*

POLICÍA 1: *¿Es Ud. Luis Antonio Llamas?*

LUIS ANTONIO: *Sí. ¿Por qué?*

POLICÍA 1: *Venga Ud. con nosotros.*

LUIS ANTONIO: *Pero, ¿por qué? ¿Qué quieren?*

POLICÍA 1: *Ud. no va a París. Ud. va a la cárcel.*

POLICÍA 1: *¿Es ésta su maleta?*

LUIS ANTONIO: *Sí.*

POLICÍA 1: *Ajá, ¿qué es esto? Parece que son joyas—joyas muy valiosas. ¿Son suyas?*

LUIS ANTONIO: *No voy a decir nada. Quiero un abogado.*

POLICÍA 1: *Parece que va a necesitar un buen abogado. Vamos.*

LUIS ANTONIO: No voy a decir nada. Quiero un abogado.

POLICÍA 1: Parece que va a necesitar un buen abogado. Vamos.

PEDRO: Hola, Lola.

LOLA: Sí, ¿Pedro? Sí.

PEDRO: ¿Qué tal?

LOLA: Bien. Tengo buenas noticias.

PEDRO: Qué bien. Oye, Lola. ¿Por qué no cenamos juntos esta noche? Tenemos que hablar. La policía quiere hablar conmigo, pero … bueno, tú me lo puedes explicar todo mucho mejor.

LOLA: Voy a ir a la oficina. ¿Por qué no te pasas por allí a las ocho? Vale. Sí, Adiós.

MARGARITA: Lola … ¿por qué tan elegante?

PACO: ¿Por qué estás tan contenta? ¿Adónde vas esta noche?

LOLA: A cenar.

PACO: ¿Con quién?

LOLA: ¿A ti qué te importa? Con un cliente.

PACO: Ah, ¿sí?

PEDRO: Para la mejor detective de Madrid.

LOLA: No, de España … no, de Europa, sí …

DOÑA GRACIA: ¿Eres tú, María?

PEDRO: No abuela, soy Pedro.

DOÑA GRACIA: Hijo, ¡qué alegría!

Realidades ❶

Nombre _____

Capítulo 9B

Fecha _____

Communicative Activity **9B-1**

Estudiante **A**

What are your Internet habits? What does your partner like to do on the Internet? Write your answers on line A. Then ask your partner the same questions and write his or her answers on line B.

1. ¿Prefieres comunicarte cara a cara o por la Red?

    A. _____

    B. _____

2. ¿Qué prefieres hacer, estar en línea o hablar por teléfono?

    A. _____

    B. _____

3. ¿Quién en tu familia tiene miedo de usar la Red?

    A. _____

    B. _____

4. ¿Sabes las direcciones electrónicas de tus amigos?

    A. _____

    B. _____

5. ¿Cuál es tu página Web preferida? ¿Por qué?

    A. _____

    B. _____

6. ¿Prefieres tener una computadora portátil o una cámara digital?

    A. _____

    B. _____

7. ¿Qué te parece visitar los salones de chat?

    A. _____

    B. _____

8. A tus amigos, ¿les envías tarjetas o correo electrónico?

    A. _____

    B. _____

Realidades ❶

Capítulo 9B

Nombre _____

Fecha _____

Communicative Activity **9B-1**
Estudiante **B**

What are your Internet habits? What does your partner like to do on the Internet? Write your answers on line A. Then ask your partner the same questions and write his or her answers on line B.

1. ¿Te comunicas con cartas a menudo? ¿Por qué sí o por qué no?

   A. _____

   B. _____

2. ¿Navegas la Red más en un laboratorio en la escuela o en casa?

   A. _____

   B. _____

3. ¿Qué prefieres hacer con la computadora, grabar un disco o hacer un informe?

   A. _____

   B. _____

4. ¿Qué te gusta bajar más, canciones o gráficos?

   A. _____

   B. _____

5. ¿Es complicado crear una presentación de fotos en la Red? ¿Por qué sí o por qué no?

   A. _____

   B. _____

6. ¿Cuál es tu sitio Web favorito?

   A. _____

   B. _____

7. ¿Cuántais veces al mes buscas información en la Red para la escuela?

   A. _____

   B. _____

8. ¿Qué te gusta más, visitar salones de chat o escribir por correo electrónico?

   A. _____

   B. _____

Realidades **1**

Capítulo 9B

Nombre _____

Fecha _____

Communicative Activity **9B-2**

Estudiante **A**

In this activity, you and your partner take turns. Your are **O** and he or she is **X**. Begin by having your partner choose a number from 1 to 9. Read the sentence in that box and wait for his or her answer. For each sentence, your partner must say the correct form of the verb. If you partner responds correctly, mark **X** in the box. If the response is incorrect, make no marks and do not tell the correct answer. Your partner may choose that number again later. During your turn, your partner will mark **O** in the appropriate box if your answer is correct. The first person to have three correct answers in a row is the winner!

La tecnología

1 La profesora (<u>pedir</u>) informes cada semana. (pide)	**2** Ud. no (<u>saber</u>) grabar un disco. (sabe)	**3** Nosotros (<u>saber</u>) bien navegar en la Red. (sabemos)
4 Yo (<u>conocer</u>) a mucha gente cuando visito salones de chat. (conozco)	**5** Las páginas Web (<u>servir</u>) para comunicarse con el mundo. (sirven)	**6** Tú no (<u>conocer</u>) la cuidad de México pero puedes buscar información en la Red. (conoces)
7 Pepita y yo (<u>pedir</u>) las direcciones electrónicas de nuestros amigos. (pedimos)	**8** La Red (<u>servir</u>) para bajar mucha información. (sirve)	**9** Josefina y Mateo (<u>saber</u>) dónde está el laboratorio. (saben)

Realidades ❶

Capítulo 9B

Nombre _____

Fecha _____

Communicative Activity **9B-2**

Estudiante **B**

In this activity, you and your partner take turns. Your are **X** and he or she is **O**. You begin by choosing a number from 1 to 9. Listen to the sentence in that box as your partner reads it, and say the correct form of the verb. If you respond correctly, your partner will mark an **X** in the box. If the response is incorrect, the box will be left with no marks. You may choose that number again later. During your partner's turn, you will read the sentence that he or she chooses and will mark **O** in the appropriate box if the answer is correct. The first person to have three correct answers in a row is the winner!

La tecnología

1 Marco y yo (conocer) bien las cámaras digitales. (conocemos)	2 Nosotros (servir) refrescos cuando hay presentaciones. (servimos)	3 Tú (saber) entrar en mi página Web. (sabes)
4 Los gráficos (servir) para hacer las presentaciones interesantes. (sirven)	5 Luisa y Carmen (conocer) muchos programas de software. (conocen)	6 Yo le (pedir) ayuda al profesor cuando escribo informes. (pido)
7 Yo (saber) crear presentaciones en la computadora. (sé)	8 Los profesores (pedir) información de la Red. (piden)	9 Rita (saber) enviar fotos por correo electrónico. (sabe)

Situation Cards

2A

Realidades 1

Capítulo 9B

Describing computer technology

You are talking with a friend who has had little experience with computers.

— Ask your friend if he or she knows how to use a computer.

— Explain to your friend what kinds of things you can do with a computer.

— Give your friend your general opinion of computers.

2B

Realidades 1

Capítulo 9B

Describing computer technology

You are a student who has had little experience with computers and needs information.

— Respond to your friend's question.

— Ask your friend questions about his or her explanations.

— Agree or disagree with your friend's opinion.

1A

Realidades 1

Capítulo 9B

Describing the computer

You and a friend are talking about computers.

— Ask your friend if he or she uses a computer.

— Respond to your friend's question.

— Answer your friend's question and then explain why you feel that way.

1B

Realidades 1

Capítulo 9B

Describing the computer

You and a friend are talking about computers.

— Respond to your friend's question and then ask about his or her computer use.

— Ask your friend if he or she thinks that computers are bad or good.

— Tell your friend if you agree or disagree with his or her opinion and explain why you feel that way.

GramActiva

La tecnología
La computadora y tú, p. 454

La computadora y tú

1. ¿Cómo te comunicas más con otras personas? _____
   a. Les hablo cara a cara.
   b. Les envío cartas o tarjetas.
   c. Les escribo por correo electrónico.
   d. Visito salones de chat.

2. ¿Cómo buscas información cuando escribes informes? _____
   a. Voy a la biblioteca por un libro.
   b. Les pido ayuda a mis amigos.
   c. Navego en la Red y busco sitios Web.
   d. Bajo documentos que me sirven mucho.

3. ¿Qué sabes hacer en la computadora? _____
   a. Sé encender* la computadora.
   b. Sé escribir una composición.
   c. Sé crear una presentación usando diapositivas.
   d. Sé crear un sitio Web.

4. ¿Para qué te sirve la computadora? _____
   a. No me sirve para nada.
   b. Me sirve para jugar juegos.
   c. Me sirve para navegar en la Red.
   d. Me sirve para buscar y bajar información.

5. ¿Cuál es tu opinión de las computadoras? _____
   a. Tengo miedo de las computadoras.
   b. Las computadoras son demasiado complicadas.
   c. Las computadoras me ayudan a hacer cosas más rápidamente.
   d. Las computadoras son necesarias para la comunicación.
   *to turn on

Puntos _____

El Centro de Computación tiene cursos ideales para ti. Según el resultado de la prueba, debes estudiar uno de estos cursos:

Puntos	Tu curso ideal
de 5 a 10	Básico 1
de 11 a 16	Básico 2
de 17 a 23	Intermedio
de 24 a 30	Avanzado

Evaluación
Cada a = 1 punto
Cada b = 3 puntos
Cada c = 4 puntos
Cada d = 6 puntos

Vocabulary Clip Art

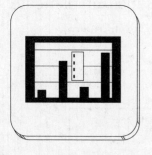

Vocabulary Clip Art

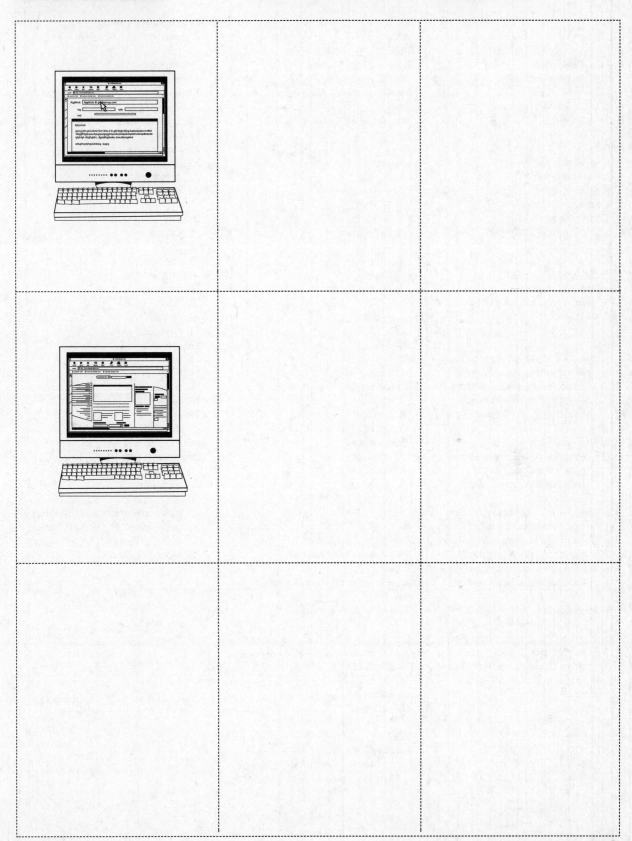

Practice Workbook Answers

9B-1

A.
1. la computadora portátil
2. la diapositiva
3. el correo electrónico
4. la carta
5. la tarjeta
6. los gráficos

9B-2
1. el laboratorio
2. salón de chat
3. estar en línea
4. tomar un curso
5. navegar en la Red
6. la página (el sitio) Web
7. hacer gráficos
8. cara a cara
9. una tarjeta
10. comunicarse
11. grabar un disco compacto
12. los gráficos

9B-3

    portátil / navegar / correo
    electrónico / bajar / digital /
    dirección / parece / tomar /
    gráficos / miedo / saben /
    informes / cara a cara

9B-4
1. Alejandro usa la computadora
    para crear documentos
    (escribir por correo
    electrónico).
2. Diego usa la computadora para
    usar una cámara digital.
3. Caridad usa la computadora para
    grabar un disco compacto.
4. Ramiro usa la computadora para
    navegar en la Red (estar en
    línea).
5. Esperanza usa la computadora
    para visitar salones de chat.
6. Lucita usa la computadora para
    escribir por correo electrónico.
7. Rodrigo usa la computadora para
    preparar presentaciones.

9B-5

A.
Row 1: ____ / sirvo
Row 2: pides / sirves
Row 3: pide / ____
Row 4: pedimos / servimos
Row 5: ____ / ____
Row 6: piden / sirven

B.
1. —pides
   —pido
2. —sirve
   —Sirve
3. —sirven
4. —Pedimos
5. —sirvo
6. —sirven
   —pido
7. —sirve
   —Sirve / pedir
   —pido

9B-6

A.
1. saber
2. saber
3. conocer
4. conocer
5. saber
6. conocer
7. conocer
8. conocer
9. saber
10. conocer

B.
Row 1: sé / conozco
Row 2: sabes / conoces
Row 3: ____ / ____
Row 4: sabemos / conocemos
Row 5: ____ / ____
Row 6: saben / conocen

C.
1. sabes
2. conoce
3. sabe
4. sabemos
5. Sabes

9B-7
conocen / conozco / sé / sabes /
    Saben / sirven / sé / sirven /
    pido / pides / pedir / conocer

Crucigrama (9B-8)

Across:
1. tomar
5. miedo
7. en línea
11. salón
13. sirve
15. comunicarse
17. carta
20. cara a cara
22. saber
23. laboratorio
24. portátil

Down:
1. tarjeta
2. pide
3. conocer
4. grabar
6. informe
8. dirección
9. correo
11. navegar / la Red
12. canción
13. sitio
14. bajar
16. buscar
18. gráficos
19. crear
21. diapositiva

Organizer (9B-9)

I. Vocabulary Answers will vary.

II. Grammar

1.

col 1	col 2.	col 1.	col 2.
pido	pedimos	sirvo	servimos
pides	pedís	sirves	servís
pide	piden	sirve	sirven

2. saber / conocer

Realidades 1

Capítulo 9B

Nombre _____

Hora _____

Fecha _____

VIDEO

Antes de ver el video

Actividad 1

How do you communicate with your friends from far away? Using the word bank below, write two sentences about how you might stay in touch with long distance friends.

cámara digital	correo electrónico
ordenador / computadora	cibercafé
navegar en la Red	página Web
información	salones de chat
dirección electrónica	foto digital

Answers will vary.

_____

_____

_____

_____

¿Comprendes?

Actividad 2

Javier is becoming accustomed to living in Spain, but he has a lot to learn about technology. What does Ana teach him? Write **cierto** (*true*) or **falso** (*false*) next to each statement.

1. Javier conoce muy bien las cámaras digitales. **falso**

2. Él va a enviar una tarjeta a su amigo Esteban. **cierto**

3. Javier le saca una foto de Ana y le gusta la cámara. **cierto**

4. Él piensa que no es muy complicada la cámara digital. **cierto**

5. Ana lo lleva a un cibercafé, para ordenar un café. **falso**

6. Empiezan a navegar en la Red. **cierto**

7. Ana busca su página Web, pero Javier no la quiere ver. **falso**

8. No hay mucha información en la Red. **falso**

Realidades 1

Capítulo 9B

Nombre _____

Hora _____

Fecha _____

VIDEO

9. Pueden visitar los salones de chat, pero prefieren escribirle un correo electrónico a Esteban. **cierto**

10. Esteban ve la foto digital de su amigo y piensa que está triste. **falso**

Actividad 3

Complete the sentences below with information from the video.

1. Javier va a enviar **una tarjeta** a su amigo Esteban.

2. Ana saca muchas fotos con su **cámara digital**.

3. A Javier le gusta la cámara de Ana porque no es muy **complicado**.

4. Ana y Javier van a un **cibercafé** para escribirle a Esteban por **correo** electrónico.

5. Según Ana, el ordenador **sirve** para mucho.

6. Javier quiere saber qué tal fue el **cumpleaños** de Cristina.

Y, ¿qué más?

Actividad 4

You heard Ana and Javier talk about the many ways they use computers. Write a paragraph describing your two favorite ways to use a computer. Use the model to give you an idea of how to start.

Modelo *En mi casa todos usan la computadora. Para mí el uso más importante es...*

Answers will vary.

_____

_____

_____

_____

_____

VIDEO

Actividad 5

While navigating a new web site, two friends click on a link to a self-quiz to find out if they are "CiberAdictos." Based on their discussion of each question, write in the chart below whether you think they answered **sí** or **no**. According to the web site, a score of more than six **sí** answers determines that you are a "CiberAdicto." You will hear each set of statements twice.

	1	2	3	4	5	6	7	8	¿Es CiberAdicto?
Rafael	sí	sí	sí	sí	no	sí	no	sí	sí
Miguel	sí	no	no	no	sí	no	no	no	no

Actividad 6

Victor has studied for the first quiz in his beginning technology class. As the teacher reads each statement, he is to answer **falso** or **cierto**. Listen to the statements and write the answers in the boxes, and take the quiz too. Would you be able to score 100%? You will hear each statement twice.

1	2	3	4	5	6	7	8	9	10
cierto	falso	falso	cierto	falso	cierto	cierto	cierto	falso	cierto

Actividad 7

Listen to the following conversations that you overhear while sitting at a table in the Café Mariposa. After listening to what each person is saying, write what they asked for in the first column and what they were served in the second column. You will hear each statement twice.

Persona	Comida pedida	Comida servida
1. Señor Cruz	bistec	espaguetis
2. Señora Vargas	una ensalada de frutas	pescado
3. Señor Ávila	espaguetis con mantequilla solamente	espaguetis con salsa de tomate
4. Marcelo y Daniele	espaguetis	sopa fría
5. Señor Urbina	pollo	bistec
6. Señora Campos	una ensalada de lechuga y tomate	una ensalada de frutas
7. Señora Suerte	arroz con pollo	arroz con pollo

Nombre _____ Hora _____

Fecha _____

WRITING

Actividad 10

Read the following ad about a computer of the future. Then, answer the questions below.

CEREBRADOR: ¡EL FUTURO AHORA!

¿Está cansado de ver las computadoras del futuro en una película o de leer sobre ellas en una novela? ¿Quiere el futuro ahora? ¡Pues **Cerebrador** lo tiene!

◆ La información, los gráficos, la música en la Red... ¡todo sin límite!

◆ Grabar un disco, escribir un informe, navegar en la Red... ¡sólo hay que que pensarlo y se logra en poco tiempo!

◆ ¿Tiene problemas de conexión o detesta sentarse a usar la computadora? Sólo necesita **Cerebrador** y dos metros de espacio para poder ver todo en la pantalla: documentos, correo electrónico, su página Web, etc. Conecte a su propia cabeza.

Con **Cerebrador** puede sacar fotos con una minicámara digital y crear diapositivas con ellas.

Llame ahora para pedir este fenómeno.

Answers will vary.

1. ¿Cómo se llama la computadora del anuncio?

   Se llama Cerebrador.

2. ¿Qué dice el anuncio que Ud. puede hacer con esta computadora?

   Dice que sólo hay que que pensar lo que quieres y la computadora lo hace en
   poco tiempo.

3. ¿Qué necesita para usar una computadora? ¿Es una computadora portátil?

   Sólo necesita Cerebrador, dos metros de espacio y su propia cabeza.
   Sí, es portátil.

4. ¿Cree Ud. que es posible comprar una computadora como ésta? ¿Por qué?

   Answers will vary.
   _____

Nombre _____ Hora _____

Fecha _____

AUDIO

Actividad 8

Listen as teenagers talk to each other about what they need to learn how to do. The second teenager is always able to suggest someone whom the first teenager should ask for help. Match the person who is suggested to the correct picture. You will hear each set of statements twice.

3   2

4   6

1

5

Actividad 9

Listen as two people discuss how the computer and the Internet have changed our lives. As you listen, organize their points into two columns by summarizing what they say. You will hear each set of statements twice.

Answers will vary but main idea will be same.

Antes de la computadora y la Red	Después de la computadora y la Red
1. Escribimos cartas bonitas	Escribimos correo electrónico muy corto.
2. Recibimos una carta en dos semanas.	Recibimos una carta en un minuto.
3. Hablamos directamente con nuestros amigos en una conversación	No cuesta nada una conversación con una persona de otro país.
4. Pasamos horas en la biblioteca.	Todos están muy impacientes.

Actividad 11

Your favorite restaurant has great food, but the wait staff is always messing up the orders. Using the pictures as clues and the correct forms of the verbs **pedir** and **servir**, write what happens when the following people order their meals. Follow the model and remember to use the proper indirect object pronouns in your sentences.

Modelo

Yo   El camarero

Yo pido pescado pero el camarero me sirve pollo.

1. Tú   Ellos

Tu pides pastel pero ellos te sirve helado.

2. Nosotros   La camarera

Pedimos un sándwich pero la camarera nos sirve huevos.

3. María   Uds.

María pide una ensalada de frutas y Uds. le sirven uvas.

4. Ellos   Nosotros

Ellos piden un bistes pero nosotros les servimos tocino.

5. Ramón y Yo   Los camareros

Ramón y yo pedimos papas pero los camareros nos sirven guisantes.

Actividad 12

Answer the following questions in 2–3 complete sentences using the verbs **saber** and/or **conocer.**   **Answers will vary.**

1. ¿Eres talentoso(a)? ¿Qué sabes hacer? ¿Tienes unos amigos muy talentosos? ¿Qué saben hacer ellos?

_____

_____

_____

2. ¿Conoces a alguna persona famosa? ¿Quién? ¿Cómo es? ¿Alguien más en tu familia conoce a una persona famosa?

_____

_____

_____

3. ¿Qué ciudades o países conocen tú y tu familia? ¿Cuándo los visitaste? ¿Qué lugares conocen tus amigos?

_____

_____

_____

4. ¿Qué sabes de la geografía de Latinoamérica? (¿Sabes cuál es la capital de Uruguay? ¿Sabes cuántos países hay en Sudamérica?)

_____

_____

_____

Realidades 1

Nombre _____ Hora _____

Capítulo 9B

Fecha _____ **WRITING**

Actividad 13

Describe the cibercafé below. First, tell three things that you can do there. Next, tell three items that they serve at the café, using the verb **servir** and the food items in the picture. Finally, tell what you can do if you need assistance at the cibercafé. Use the verb **pedir**, and the verbs **saber** and **conocer** to discuss how knowledgeable the staff is (**Ellos saben ayudar.../ Ellos conocen bien la Red...**).

Ud. puede _____ Answers will vary. _____

_____

_____

Allí ellos _____ Answers will vary. _____

_____

_____